我国民间融资的刑法规制

赵新宇◎著

知识产权出版社

全国百佳图书出版单位

图书在版编目（CIP）数据

我国民间融资的刑法规制/赵新宇著. —北京：知识产权出版社，2018.11

ISBN 978 - 7 - 5130 - 5979 - 4

Ⅰ.①我… Ⅱ.①赵… Ⅲ.①民间—融资—刑法—研究—中国 Ⅳ.①D924.334

中国版本图书馆 CIP 数据核字（2018）第 270063 号

内容提要

为了维持正常的金融秩序和经济秩序，刑法在规制民间融资时存在着入罪门槛过低、司法适用不统一和法定刑设置不合理等问题，在某种程度上影响了民间金融和经济的发展。本专著从研究我国民间融资刑法规制的现状为起点，分析我国刑法规制民间融资存在的问题和必要性，并在借鉴外国相关立法经验的基础上，提出完善我国民间融资刑法规制的立法建议。

责任编辑：蔡　虹　张利萍

封面设计：邵建文　　　　　　　　　　　　　　**责任印制：孙婷婷**

我国民间融资的刑法规制

赵新宇　著

出版发行：	知识产权出版社有限责任公司	网　址：	http：//www.ipph.cn
社　址：	北京市海淀区气象路 50 号院	邮　编：	100081
责编电话：	010 - 82000860 转 8324	责编邮箱：	caihong@ cnipr.com
发行电话：	010 - 82000860 转 8101/8102	发行传真：	010 - 82000893/82005070/82000270
印　刷：	北京虎彩文化传播有限公司	经　销：	各大网上书店、新华书店及相关专业书店
开　本：	787mm×1092mm　1/16	印　张：	15.25
版　次：	2018 年 11 月第 1 版	印　次：	2018 年 11 月第 1 次印刷
字　数：	230 千字	定　价：	69.00 元

ISBN 978-7-5130-5979-4

前　言

关于民间融资问题的关注始于对农村融资状况的了解，随着研究的不断深入发现民营经济日益发达，为了维持自身发展和扩大经营规模，民营经济主体需要金融资本的支持。但是我国长期实行金融抑制政策，金融抑制问题是由经济学家爱德华·肖和罗纳德·麦金农在20世纪70年代提出的，麦金农通过对大量发展中国家的经济发展情况进行分析，认为政府对金融体系干预过多压抑了金融体系的发展，同时阻碍了经济的发展，从而造成金融抑制与经济落后的恶性循环，即金融抑制理论。我国目前在金融领域仍然普遍存在着金融抑制现象，导致民营经济体无法从正规金融机构获得发展所必需的资金。与此同时，我国民间积累了大量的私人财富，需要有合理的投资渠道，但投资渠道比较狭窄，因此，大量民间资本投向了风险相对较低且回报率相对较高的民营经济领域。中国人民银行于2011年做了专项调查，调查得出的结果是我国民间融资总量已经高达3.38万亿元❶。另外，我国是"熟人"社会，基于血缘、地缘、人缘和族缘建立起了"熟人圈"，并形成"熟人"文化，"熟人"之间进行资金的借贷以解决资金短缺问题，典型代表就是浙江温州。随着网络的发达，网络借贷打破了传统地缘限制，依靠覆盖面广、门槛低、成本低、交易便捷等优势发展迅猛，在2017年，网络借贷行业历史累计成交量突破6万亿元大关。民间融资为民营经济等非公有制经济的发展提供了助力。

但是，民间融资被一些不法分子利用，引发了大量犯罪，破坏了

---

❶　叶吉红：《民间融资法律规制研究》，2015年华中师范大学硕士学位论文。

国家金融秩序和金融安全，使人民群众遭受了巨大的经济损失，具有严重的社会危害性。国家出台了相关政策、法律法规、司法解释和部门规章等对民间融资进行规制（具体内容将在书中详细介绍）。相关法律规制存在一系列问题，主要包括前置法律不完善、注重金融安全而忽视金融公平和金融效率、非法经营罪成为"口袋罪"、非法吸收公众存款罪和集资诈骗罪等罪的司法适用存在较多争议等，法律规制效果并不尽如人意。造成这种情况的原因主要表现在法律规制精神、法律规制模式等方面存在不合理之处。

本书主要围绕着民间融资刑法规制展开研究，根据我国现有《刑法》的规定，我国规制民间融资领域犯罪行为的罪名主要包括欺诈发行股票、公司、企业债券罪，擅自设立金融机构罪，高利转贷罪，集资诈骗罪，非法吸收公众存款罪，擅自发行股票、公司、企业债券罪，以及非法经营罪等，本书对司法实践中高发的非法吸收公众存款罪和集资诈骗罪展开研究，同时也对民间融资领域广泛存在的高利贷行为进行研究。

第一章"我国民间融资概述"。主要介绍关于民间融资的基础理论。通过对国内外不同观点的评析明确民间融资的概念和特征；从不同角度对民间融资进行分类介绍；重点阐述了我国民间融资的产生背景和发展现状；引用相关数据概括介绍我国民间融资中的非法融资活动。

第二章"我国民间融资的法律规制概况"。主要介绍非刑法规制概况和刑法规制概况两方面。按照时间顺序介绍我国在民间融资领域的相关政策、宪法规定、民商事法律规范、司法解释、行政法规和部门规章的规制演进和主要内容。重点介绍了刑事法律规制演进及规制特点。

第三章"我国民间融资刑法规制的必要性、限度、效果评述和缺陷"包括四个部分内容。在"我国民间融资刑法规制的必要性"中通过介绍民间融资领域的犯罪行为对金融秩序和金融安全、公私财产、社会正常秩序和社会诚信体系建立造成的危害，以及非刑法规制手段无法对抗非法民间融资，阐述民间融资刑法规制的必要性。在"民间融资刑法规制的限度"中介绍了刑法介入民间融资领域的限度标准，即不应妨碍金融自由、不应妨碍金融效率、应贯彻公平原则，同时提出刑法介入民间融资领域的具体限度。在"我国民间融资刑法规制实践效果评述"中阐述了目前刑法规制的负面效应。在"我国民间融资刑法规制缺陷"中阐述了立法理念上存在的缺陷，即片面强调金融安全而忽视金融效率；过度倚重刑法手段，忽视其他配套制度的建设；规制模式的缺陷造成刑法打击犯罪圈一方面缩小而另一方面又扩大；犯罪构成存在缺陷；刑罚过于严厉等问题。

第四章"非法吸收公众存款罪刑法规制解析"。首先介绍非法吸收公众存款罪现状、基本、特征、立法沿革等内容。其次对犯罪构成进行了解析，通过对不同学者相关观点的介绍和评析进而阐述本书的观点。再次通过对非法吸收公众存款罪与民间借贷行为、非法经营罪、擅自设立金融机构罪的区分进一步明确该罪的相关理论。最后在阐述非法吸收公众存款罪扩大化适用之弊端即扩大适用与"口袋化"倾向、立法理念分析和扩大化适用弊端的基础上，提出具体完善建议。

第五章"集资诈骗罪刑法规制解析"。"集资诈骗罪概述"介绍了集资诈骗罪的定义和特征，重点介绍了集资诈骗罪的危害。"集资诈骗罪的立法沿革"系统地介绍了规制集资诈骗罪的刑事法律和司法解释等内容。"集资诈骗罪构成要件解析"对集资诈骗罪的四个构成要件中的重点内容进行了界定。"集资诈骗罪疑难问题解析"对"非法占有为目的"的时间认定、非法占有目的的司法认定、集资诈骗罪数额的种类、集资诈骗罪数额的司法认定等内容进行了界定。"集资诈骗罪与相关行为的区分"阐述了集资诈骗罪与合法集资、民间借贷、诈骗罪、合同诈骗罪和非法吸收公众存款罪的区分。"集资诈骗罪中被害人过错与刑罚适用问题"将"被害人过错"的观点引入集资诈骗罪刑事责任的认定中，在此基础上重新界定集资诈骗罪的责任分担。

第六章"高利贷刑法规制解析"。"高利贷概述"介绍了高利贷的含义、特征、种类、表现形式、与相关行为的区分以及罪数界定等基础问题。"高利贷的产生原因及危害"阐述了高利贷的产生原因，即产业利润率非理性地呈现两极化、民营企业发展空间和路径选择上存在政策性局限、资金供求存在矛盾以及个人信用制度建设不完善。同时介绍了高利贷对利率市场、实体经济发展和社会秩序的危害。"我国高利贷法律规制的现状及存在的问题"介绍了我国规制高利贷的相关法律法规和制度框架，并指出法律规制方面存在的问题。"我国高利贷处置模式及犯罪化的争议"介绍了我国对高利贷行为处置的主要模式，即按照非法经营罪处理，按照非法吸收公众存款罪处理，按照高利转贷罪处理，按照敲诈勒索罪处理以及按照高利贷引发或涉及的其他犯罪进行处理。对反对高利贷入罪的观点和支持高利贷入罪的观点进行介绍和评析。"外国关于高利贷的法律规制"主要介绍和总结了德国、瑞士、美国、日本、我国香港地区和我国台湾地区关于高利贷行为的刑法规制情况。"高利贷刑法规制设想"论述了高利贷入罪的必要性；阐述了对高利贷进行分类规制；探讨了高利贷的入罪途径即在刑法中增设"高利贷罪"；设定了高利贷罪的犯罪构成要件和法定刑。

CONTENTS

目 录

第一章 我国民间融资概述

第一节 我国民间融资概况

一、民间融资的概念和特征

(一) 民间融资的概念

明确民间融资的概念是对我国民间融资刑法规制展开研究的基础，美国统一法学派的代表人物博登海默认为，概念是解决法律问题不可或缺的工具，没有准确的法律概念，我们就不能清晰地思考法律问题。任何学术理论的构建都建立在对概念准确界定的基础之上❶。因此，对于民间融资概念的界定显得尤为重要，国内外众多学者从不同的角度对民间融资的概念进行了理解和分析，形成了不同的观点。

在国外学者的众多观点中，比较有代表性的包括如下几种。德国的 Heiko Schrader 认为，金融市场（而非机构）如果掌握在国家信用体系和相关金融法规控制之下，就是正规金融；反之，即为非正规金融。Kropp 等认为，对正规金融机构而言，国家或政府通常会建立中央银行来进行调控，而那些在此调控之外的金融市场则被定义为非正规金融。Anders Isaksson 认为，非正规金融部门就是某些经济部门的

---

❶ ［美］博登海默：《法理学——法律哲学与法律方法》，邓正来译，中国政法大学出版社 2004 年版，第 486 页。

金融活动没有得到国家的官方认可和控制。世界银行则认为，非正规金融可以被定义为那些没有被中央银行监管当局所控制的金融活动❶。从以上观点可以看出，外国学者或机构基本形成了一致的观点，以是否受到政府监管为标准，将民间融资界定为游离于现行制度法规边缘的、未经政府批准和不受政府监管的非正规金融行为。

与国外情况不同，我国学者对于民间融资概念没有形成一致的界定。李有星认为民间融资本身是一种以货币资金为标的的私人交易的中性行为，但由于选择的交易对象不同，交易目的、交易方式不同，履行的程序和采取的交易手段不同，民间融资可能存在合法和非法的情况。认为民间融资是指在国家依法批准设立的金融机构之外，未由专门法律调整的，出资人与受资人之间以货币资金为标的的价值转移及以本息支付为形式的融资行为❷。甘培忠认为民间融资问题不仅涉及以货币借贷为核心的某一类行为，更重要的是还涉及整个交易系统和金融体系，应当将对民间融资问题的探讨范围拓展到具有系统整体性的民间金融范围。因此将民间融资定义为：主体、标的或者交易工具未被纳入当局金融规制与监管制度的，以货币资金为标的的价值转移与本息支付❸。陈蓉从金融监管的角度出发，认为民间金融是指不受政府金融监管机构（一般为中央银行）控制，以私人借贷、合会、私人钱庄为代表的传统金融组织及其资金融通活动❹。中国人民银行将民间融资界定为民间融资是相对于国家依法批准设立的金融机构而言的，泛指非金融机构的自然人、企业及其他经济主体（财政除外）之间以货币为标的的价值转移及本息支付❺。

---

❶ 李有星，张传业：《民间融资的类型及其法律特征》，载《法制与经济》2011 年第 8 期。

❷ 李有星，张传业：《民间融资的含义、类型及其法律特征》，载《山西青年管理干部学院学报》2011 年第 3 期。

❸ 甘培忠，吴韬：《民间融资法律规制问题研究》，北京大学出版社 2016 年版，第 10 页。

❹ 陈蓉：《"三农"可持续发展的融资拓展：民间金融的法制化与监管框架的构建》，法律出版社 2010 年版，第 55 页。

❺ 高晋康，康清利，等：《我国民间金融规范化的法律规制》，法律出版社 2012 年版，第 31 页。

综合以上观点，将民间融资界定为存在于国家正规金融机构之外，不受国家金融法律体系监管，发生在个人之间、个人和企业之间以及企业之间的民间资本融通活动。

（二）民间融资的特征

1. 以个人信用为基础，具有典型的地缘性特征，手续简便快捷

民间融资具有典型的地缘性特征，民间融资活动主要发生在具有一定的地缘、血缘关系的主体之间，以个人信用作为担保，使民间资本在一定区域内的熟人之间进行融通，进而解决其资金短缺问题。典型代表是我国浙江省的温州商人之间，有资金需求的商人因为在银行等正规金融机构很难快速且便捷地实现融资，因而就会向熟人或者通过熟人介绍寻求所需资金，作为熟人或经熟人介绍的资金供给方，基于个人之间的信任，同意将资金出借，双方签署借款合同，在合同中约定借款的数额、利息、期限、是否有抵押等内容，此时熟人之间的一次民间融资活动就已完成。有些熟人之间的民间融资活动则更为快速和便捷，借贷双方不需要签订书面合同，同时借款方也不需要提供担保，仅以口头约定的方式即可完成一次资金借贷。

2. 民间融资规模扩张迅猛，交易量大幅增加

随着我国经济迅猛发展，非公有经济也获得了巨大发展，民间积累了大量资金，与经济发展速度和体量同步增长相伴的是民间融资的涉及范围面越来越广，交易量也大幅增加。早在 2003 年，据中央财经大学课题组对全国 20 个省份的地下金融状况的抽样调查结果显示，2003 年全国地下信贷的规模在 7400 亿～8200 亿元之间，占到正式金融规模的近 30%。中国地下钱庄目前控制的资金保守估计有上万亿元❶。2013 年西南财经大学中国家庭金融调查与研究中心发布的《银行与家庭金融行为》调查结果显示，我国民间借贷参与率高，有 33.5% 的家庭参与了民间借贷活动，借贷总额达 8.6 万亿元。中国家庭金融调查与研究中心尹志超认为，民间借贷总额高达 8.6 万亿元，

---

❶　滕昭君：《民间金融法律制度研究》，中央民族大学 2011 年博士学位论文。

说明我国的银行金融服务远远没有跟上家庭的需求，从银行获得贷款的难度大，所以才会有近一半的资金都是通过从民间借贷渠道获得❶。

3. 融资主体呈现出民间性和多样化的特征

在民间融资领域，出借方具有典型的民间性特征，拥有大量自有资金的自然人或私人企业是出借资金的主要力量，民间融资主体并不包括银行、信用合作社、保险、证券等传统意义上的正规金融机构。借贷方主要是无法从正规金融机构获得资金支持的私营企业或自然人。同时，民间融资的主体又呈现出多样化的特征，除了私营企业、个体户、城镇居民和农户等传统借贷主体以外，还出现了小额贷款公司、典当行、融资担保公司、信托公司等专门从事贷款业务的民间机构。

4. 民间融资的利率呈现两极化特点，期限灵活

民间融资的利率呈现出两极化的特点：一方面是在亲友之间进行的无息或低息借贷，另一方面则是高利贷。高利贷因过高的利息而蕴含着巨大的经济风险，低息甚至无息的亲友之间的借贷也隐藏了相应的社会成本。以血缘或亲缘关系为纽带的亲友借贷一旦违约，伤害的是社会的道德基础❷。民间融资的利率与从正规金融机构贷款不同，并没有法定的确定利率，利率的确定一般是以银行基准利率为基础，由借贷双方根据融资用途、融资金额、融资期限等因素来具体确定。通常情况下，民间借贷的利率普遍高于法律规定的24%的标准，有的能够达到50%的利率甚至更高。民间融资的期限较为灵活，由融资双方根据需要自行商定，利率的高低与借款期限的长短密切相关，即如果借款期限长则利率就相对低一些，如果借款期限短则利率就相对高一些。

5. 民间融资形式由单一的线下模式发展为线上与线下共存模式

随着互联网与投资者生活联系的日益密切，民间融资已经由单一

---

❶ 北京乐居网：《我国民间借贷高达 8.6 万亿 近 5 成用于购房》，http：//bj. leju. com/news/2013 - 07 -07/0822888653. shtml，2017 年 7 月 28 日访问。

❷ 新浪财经：《调查显示：国内约 166 万户家庭对外高息放贷》，http：//finance. sina. com. cn//money/lczx/20140506/162019017435. shtml，2017 年 7 月 29 日访问。

的线下模式，发展为线上与线下共存模式，并且网络借贷的规模在不断地壮大。据零壹研究院监测，P2P 网贷平台数量从 2013 年年底的 692 家上升到 2014 年年底的 1983 家，年度增长率达 187%；2014 年撮合贷款规模 3000 亿元左右，年增长率超过 172%；贷款余额更是比上年翻了两番❶。截至 2015 年年底，2015 年全年网贷成交量达到了 9823.04 亿元，相比 2014 年全年网贷成交量（2528 亿元）增长了 288.57%。2015 年 10 月网贷历史累计成交量首次突破万亿元大关，而截至 2015 年年底历史累计成交量已经达到了 13652 亿元。随着网贷成交量稳步上升，P2P 网贷行业贷款余额也随之同步走高。截至 2015 年年底，网贷行业总体贷款余额已经达到了 4394.61 亿元，而 2014 年年底总体贷款余额为 1036 亿元，增长幅度为 324%。这组数据表明网贷行业吸引了大量的投资者进入，网贷行业正在飞速地发展❷。2017 年全年网络借贷行业成交量达到了 28048.49 亿元，相比 2016 年全年网贷成交量（20638.72 亿元）增长了 35.9%。在 2017 年，网络借贷行业历史累计成交量突破 6 万亿元大关，单月成交量均在 2000 亿元以上，且 3 月和 7 月成交量均超过了 2500 亿元，这些突破性数据表明投资人对网络借贷行业的信心未减。预计 2018 年上半年网络借贷行业成交规模将趋于稳定，伴随着网贷平台备案登记的陆续完成，下半年或迎来成交量新高，全年网贷成交量将突破 3 万亿元。随着成交量稳步上升，网络借贷行业贷款余额也同步走高。截至 2017 年年底，网络借贷行业总体贷款余额已经达到了 12245.87 亿元，同比 2016 年上升了 50%。这主要是由于行业集中度较高，而体量大的平台一般借款期限较长，业务扩张速度快，从而带动行业贷款余额上了一个新的台阶❸。网络平台迅猛发展的同时也伴生着巨大的风险，由于网络平台自身虚拟的特点导致不利于监管，同时借贷双方信息不对

---

❶ 零壹研究院：《中国 P2P 借贷服务行业白皮书（2015）》，东方出版社 2015 年版，第 3 页。

❷ 网贷之家：《2015 年中国网络借贷行业年报》，https://www.wdzj.com/news/baogao/25661.html，2017 年 7 月 30 日访问。

❸ 网贷之家：《2017 年中国网络借贷行业年报》，https://www.wdzj.com/news/yc/1757515.html，2018 年 3 月 5 日访问。

称，又导致发生大量的集资诈骗类案件，危害了金融秩序和金融安全。

二、民间融资的主要类型

（一）从实现融资的渠道进行划分

1. 民间直接借贷

直接借贷泛指社会上自发的、分散的、一对一的借贷，是民间融资最原始和最普遍的形式，其主要用途是解决家庭困难或用于生活消费、小本生产、小本经营，也有部分企业资金周转临时急需[1]。民间直接借贷可以分为民事性借贷和商事性借贷。民事性借贷一般指公民个人之间、公民与法人之间，公民与其他组织之间进行的以金钱转移和到期还本付息为内容的借贷活动[2]。民事性民间直接借贷的发生一般是基于亲缘、地缘或朋友关系，出借人是基于人情而出借资金，因而通常不具有营利的性质，由民事法律予以调整。商事性民间直接借贷主要发生在个人与企业之间、企业与企业之间，一般是因为企业为了解决生产对资金的需求而进行的借贷，根据不同借贷主体之间的商定，借贷周期有长有短，利息也有高有低。

2. 合会融资

合会是指由会首邀请若干人为会脚或会员，按约定的时间举行，每次各缴一定数量的会款（会钱或会金）以合同约定的方式决定合会金使用顺序的一种资金融通方式。实质上，合会既是会员的一种共同储蓄活动，也是一种为会员轮流提供信贷的活动，起到了储蓄和信贷的双重作用[3]。合会一般由一个自然人作为会首，出于某种目的，组织起有限数量的人员，每人每期拿出约定数额的会钱，每期有一个人

---

❶ 李有星，张传业：《民间融资的含义、类型及其法律特征》，载《山西青年管理干部学院学报》2011 年第 3 期。

❷ 黄茂钦，李晓红：《民间借贷的软法治理模式探析》，载《西南政法大学学报》2013 年第 5 期。

❸ 郑启福：《中国合会法律问题研究》，福建师范大学 2010 年博士学位论文。

能得到集中在一起的全部当期会钱，并分期支付相应的利息。谁在哪一期收到会钱由抽签或者对利息进行投标等方式来确定。合会在我国大约起始于唐宋年间，其形成与发展的历史中饱含着深厚的历史和人文背景，具有鲜明的互助性质。近年来由于现实经济发展的需要，合会又有了新的发展。作为一种重要的资金融通形式，合会在一定程度上解决了个体、私有经济发展初期的资金不足问题，为我国中小企业的发展提供了重要的金融支持❶。

3. 典当融资

根据商务部、公安部于2005年联合颁布的《典当管理办法》第3条第1款的规定，典当是指当户将其动产、财产权利作为当物质押或者将其房地产作为当物抵押给典当行，交付一定比例费用，取得当金，并在约定期限内支付当金利息、偿还当金、赎回当物的行为❷。典当行在我国民间金融业中曾扮演了重要角色，与钱庄、票号一起被列为传统金融的三大支柱。在新时期市场经济条件下，典当行已逐渐恢复起来。1988年9月成都出现了我国第一家当铺后，当铺在北京、上海、太原、开封等数十个大中城市相继成立。截至1993年，全国已发展到300多家。典当行业是为中小企业融资服务的重要主体。2010年典当行累计发放典当金6000亿元，中小企业的融资占典当业务的80%以上❸。根据商务部发布的2014年全国典当经营数据显示，2014年，全国典当业累计发放典当金3692.1亿元，同比增长10.7%；房地产典当业务、动产典当业务和财产权利典当业务分别占典当业务的52.4%、29.8%和17.8%；截至2014年年底，全国共有典当企业7574家，同比增长10.8%；全国典当余额为1012.7亿元，同比增长16.9%❹。

---

❶ 高晋康，唐清利：《我国民间金融规范化的法律规制》，法律出版社2012年版，第89页。
❷ 刘鑫：《论民间融资的刑法规制》，华东政法大学2012年博士学位论文。
❸ 甘培忠，吴韬：《民间融资法律规制问题研究》，北京大学出版社2016年版，第73页。
❹ 中国典当联盟：《增速放缓 典当已在逐渐转身》，http://www.cnpawn.cn/pawn-news/shou.php? itemid＝53496，2017年5月5日访问。

4. 企业内部集资

从目前所观察到的情况来看，企业集资在我国各地普遍存在，它是指未经依法批准，企业以还本付息为条件向社会不特定对象进行的有偿集资活动。企业集资盛行于 20 世纪 80 年代，其在一定程度上满足了当时非国有经济特别是民营经济起步阶段对资金的需求，对民营经济的崛起和快速发展发挥了重要作用❶。倘若企业不是出于非法集资的目的向职工筹集资金，则该筹集行为是被法律所允许的。根据相关法律的规定，这种内部集资行为必须满足一定的条件，遵守相关的审批程序，否则此种行为就是非法的，是被禁止的。2012 年 8 月 7 日温州市中级人民法院出台的《温州市中级人民法院关于审理民间借贷纠纷案件若干问题的意见》的规定较之 1999 年最高人民法院的相关规定有明显的进步，可谓是一大创新，这一规定首次明文确定了企业内部集资的合法性❷。

5. 通过互联网平台进行的融资

互联网金融是互联网与金融结合的产物，是借助互联网实现资金融通、支付和信息中介功能的金融活动，包括网上支付、网上借贷、网上投资理财等。互联网金融近年来在我国迅速发展，成为社会公众及国家高度关注的重大社会问题，并正式写入 2014 年政府工作报告❸。根据中国人民银行 2014 年 4 月发布的《中国金融稳定报告(2014)》，互联网金融活动可以总结为六种形态：一是互联网支付，具体包括第三方支付、移动支付、手机银行等；二是 P2P 网络借贷；三是 P2P 的网络小额贷款；四是众筹融资；五是互联网金融机构平台；六是理财产品销售服务。其中属于互联网融资性质的主要有 P2P 网贷、众筹、第三方支付、互联网金融理财等❹。互联网金融的发展

---

❶ 陈蓉：《"三农"可持续发展的融资拓展：民间金融的法制化与监管框架的构建》，法律出版社 2010 年版，第 63 页。

❷ 王奕刚：《金融发展理论视角下的民间金融规制问题研究》，江西财经大学 2016 年博士学位论文。

❸ 岳彩申：《互联网时代民间融资法律规制的新问题》，载《政法论坛》2014 年第 3 期。

❶ 胡睿喆：《中国互联网金融的现状与发展》，载《上海经济》2014 年第 7 期。

在助力经济发展的同时，也是某些金融类犯罪的高发地带，需要政府加强法律规制。

（二）从是否通过中介的角度进行划分

1. 直接融资

在直接融资中，有资金需求的个人或企业会向多个出资者或者出资信息知情者发出资金需求信息，如出资者与借贷者的条件相符合，则直接融资即实现。但是直接融资的成功，依赖于资金供给者对资金需求者的信任，在一个陌生人的社会中，这种信任关系往往很难建立，需要法律制度和金融制度的支持。对于直接融资，法律一般通过证券法予以调整，证券法的核心在于强制性的信息披露制度，要求资金需求者通过注册，披露广泛信息，以让资金供给者自己做出是否提供资金的投资判断。为了保证信息披露的真实、准确和完整，证券法还规定了一套严格的反欺诈制度和相应的便利诉讼程序。需要注意的是，尽管不少国家对于证券的公开发行采取某种实质审核制度，对发行人提出了资质要求，但是证券法很少对发行人在获得资金之后的持续经营进行监管，也不限制发行人资金运用的风险状况❶。

2. 间接融资

间接融资是指通过银行等金融中介机构进行的融资，在这种模式下，资金供给方不是直接将资金交给需求方，而是在一定条件下将资金交给金融中介机构，由后者将资金交给需求方，典型的如通过银行贷款获取资金的行为。对于间接融资，法律则设置了与证券法完全不同的监管思路。此类法律强调对于金融中介机构的安全性和健康性进行持续监管，以保证金融中介机构能够审慎经营。最为典型的就是《商业银行法》《保险法》等，严格限制商业银行、保险公司的资金运用，要求保证一定的资本充足率或者净资产比例。此外，还通过特殊的市场准入和市场退出措施，以减少金融中介机构破产的可能性以及破产所带来的不利影响。

---

❶ 彭冰：《非法集资活动规制研究》，载《中国法学》2008 年第 4 期。

（三）从民间融资的法律性质进行划分

1. 合法的民间融资

合法的民间融资是指被法律所认可的民间融资，其外延应该包括所有被法律法规明文许可、保护的以及尚无规范加以调整的民间融资活动。随着经济的发展，合法的民间融资获得了快速发展，具体表现包括民间融资市场规模不断扩大、民间融资中介呈现多元化、民间融资活动趋向专业化等方面。其中最为突出的表现是民间融资形式更加多样化，其具体形式主要包括民间借贷、民间集资、民间信用组织等民间融资。

2. 非法集资

根据最高人民法院2010年12月13日发布的《关于审理非法集资刑事案件具体应用法律若干问题的解释》（下文简称《非法集资解释》）第一条将非法集资概括为"违反国家金融管理法律规定，向社会公众（包括单位和个人）吸收资金的行为"，具体表现为四个方面：（1）未经有关部门依法批准或者借用合法经营的形式吸收资金；（2）通过媒体、推介会、传单、手机短信等途径向社会公开宣传；（3）承诺在一定期限内以货币、实物、股权等方式还本付息或者给付回报；（4）向社会公众即社会不特定对象吸收资金。这四个方面就是非法集资活动必须同时具备的四个特征：非法性、公开性、利诱性和社会性❶。近年来，我国非法集资犯罪呈现爆发式增长态势，根据统计数字显示，2014年和2015年全国各级法院分别新收非法吸收公众存款案件2122件、4825件，集资诈骗案件684件、1018件。2015年的收案数量分别同比增长127%、48.83%。2015年全国检察机关共批准逮捕涉嫌非法吸收公众存款案6928件、10771人，案件及人数同比均上升112.4%；批准逮捕涉嫌集资诈骗案件872件、1210人，同比分别上升54.9%和52.4%。其中，2014年，涉案金额近1600亿元，参与集资

---

❶ 李晶：《非法集资的界定与集资犯罪的认定——兼评非法集资的司法解释（法释[2010]18号）》，载《东方法学》2015年第3期。

人数逾 70 万人；2015 年涉案金额近 2500 亿元，参与集资人数逾 150 万人❶。在这样的背景下，加强对非法集资犯罪的打击显得尤为重要。

三、我国民间融资的产生背景与发展现状

（一）我国民间融资的产生背景

1. 金融资源垄断下的金融抑制政策

金融抑制问题是由经济学家爱德华·肖和罗纳德·麦金农在 20 世纪 70 年代提出的，这一理论对金融发展在经济增长中的关键作用进行了深刻的阐释。爱德华·肖和罗纳德·麦金农在 1973 年分别出版的《经济发展中的金融深化》和《金融发展中的货币与资本》中，对发展中国家在实现经济增长中面临的金融问题，尤其是对货币信贷体系的发展与金融资源的分配进行了深入的分析❷。麦金农通过对大量发展中国家的经济发展情况进行分析，认为政府对金融体系干预过多抑制了金融体系的发展，同时阻碍了经济的发展，从而造成金融抑制与经济落后的恶性循环，即金融抑制理论。在麦金农的金融抑制理论中认为，发展中国家的政府运用各种手段对金融市场进行干预，导致金融市场没有按照市场规律进行金融资源的配置，金融资源被垄断，进而减弱了金融对经济发展的推动力。

金融抑制的产生有其现实的原因，类似的金融抑制政策几乎是实现经济快速发展与实施赶超战略的发展中国家一致采取的实用主义手段，不同社会制度和意识形态的国家选择了类似的金融战略❸。我国目前仍然是发展中国家，在经济发展初期，由于经济基础薄弱和经济积累缺乏，为了保证工业等关系国计民生行业的发展，必然选择将有限的金融资源优先投入国家重点产业，导致金融抑制现象较为普遍，如利率管制、非金融企业间借贷的明令禁止、外资金融机构的严格准

---

❶ 李玉敏：《假创新之名非法集资案发攀峰值 14 部委联手"剥羊皮"拟建预警"打早打小"》，载《21 世纪经济报道》2016 年 4 月 28 日 10 版。

❷ 甘培忠，吴韬：《民间融资法律规制问题研究》，北京大学出版社 2016 年版，第 18 页。

❸ 王曙光：《金融发展理论》，中国发展出版社 2010 年版，第 63 页。

入、国有商业银行的垄断等❶。体现出政府对金融领域进行严格的限制，包括严格控制金融市场准入资格、严格控制优质金融资源流向、严格控制利率等。

随着我国经济不断发展，非公有制经济也获得了蓬勃发展，进而产生了较大的融资需求。但是我国金融体制改革滞后于经济发展，金融体系还不健全，金融体制改革仍需进一步深入，还没有形成金融市场化，金融垄断现象仍然普遍存在，国有商业银行在政府的保护下形成独大地位，竞争机制缺乏，优质金融资源仍然被国有大中型企业垄断，资金配置率极低。长期以来，我国金融体制的最主要特点是以银行间接融资为主导、严格监管下的高度集中的金融体系。在这一体系中，金融监管当局对市场准入有着严格的要求，银行形成了在政策优势下的高度市场垄断地位，间接融资成为金融体系的主导，而与之对应的直接融资市场发展缓慢，尽管近几年中国资本市场加快了发展步伐，但仍然没有给中小企业多少直接融资的可操作性空间，即金融制度本身就严重限制了我国中小企业的金融供给，导致资金问题成为困扰中小企业发展的瓶颈❷。正规金融机构在融资中的歧视做法使急需资金支持的中小企业等民间经济体只能寻找其他更快速、更便捷的资金来源，才能满足自身的发展需要，这为寻求更高投资回报率的民间资本提供了良机。同时，由于中小企业、个体工商户等经济实体的风险抵御能力差，国有商业银行鉴于资金安全和收益的考虑，对其发放资金的意愿并不高。另外，中小企业需要获得手续简便、周转及时的资金，而正规金融机构发放贷款的条件严、手续繁琐、费时长，不能充分适应其需求❸。此外，严格市场准入导致正规金融体系不发达，融资渠道单一，在资本短缺的情况下，很多借款者只能在正规金融之外寻求资本，而民间借贷这种非正式金融的存在正好填补了正规金融的空隙。

---

❶ 汪丽丽：《非正规金融法律规制研究》，华东政法大学 2013 年博士学位论文。
❷ 蔡清新：《中国中小企业融资方式的选择研究》，载《时代金融》2008 年第 1 期。
❸ 任森春：《非正规金融的研究与思考》，载《金融理论与实践》2004 年第 9 期。

2. 民间资金大量积累背景下的国内投资渠道狭窄

改革开放后，我国经济快速发展，在民间积累了大量的闲置资金，需要有合理的投资渠道，而我国目前正规金融尚不能满足民间资金的投资需求。我国对利率实行长期严格控制政策，虽然我国对利率规制进行了相应市场化的改革，但也只是实现了贷款利率、国债利率等市场化，而存款利率仍然没有实现市场化，银行存款利率偏低，导致银行无法吸引民间资本。民间资本转而投向了具有更高回报率的股市、房地产、银行理财产品等领域，但这些领域有的伴生着高风险，有的被垄断，有的回报率未达预期。因此，大量民间资本投入具有发展潜力和高回报率的民间融资市场。

3. "熟人"文化因素的影响

费孝通先生曾经说过：我国是一个基于血缘、地缘、人缘和族缘为根基，历来重视亲情、人情和面子的乡土社会结构。以家庭为核心的亲缘网络或熟人圈子，具有安全可靠、风险共享、互惠互利等综合功能，以亲缘、地缘为中心的人际关系网络成为民间经济活动最根本的信用基础❶。在这种特殊的"熟人"文化背景下，人们之间因血缘、亲缘和地缘等建立起交际圈并形成特定的信任文化，在"熟人"圈内的人以及与之相关的人之间进行资金的借贷以解决生活或生产中的资金短缺问题，融资速度快，利率高。"熟人"深知如果自己出现违约或失信行为将要面临个人信用和社会声誉的损毁，甚至可能被排除在"熟人"圈，违约者将要付出巨大的成本，因此每个人都不敢轻易违约。但是，随着互联网的飞速发展，社会关系网大大突破"熟人"圈，民间融资也不断出现新的形式并面临新的风险。

（二）我国民间融资的发展现状

1. 整体发展规模逐渐扩大，成为中小企业重要融资渠道

从 20 世纪 80 年代我国实行改革开放以来，经济体制改革不断深

---

❶ 胡必亮，刘强，李晖：《农村金融与村庄发展——基本理论、国际经验与实证分析》，北京商务印书馆 2006 年版，第 189 页。

入，社会主义市场经济建设取得了阶段性成果，随着经济的发展，民间融资的整体规模也呈现出逐渐扩大的趋势。据统计，1994 年全国民间融资至少有 500 亿元，1995 年已增至 800 亿～1000 亿元❶。进入 21 世纪后，我国民间融资规模更是以惊人的速度在快速增长。根据有关机构调查，2003 年，我国地下金融（地下信贷）的绝对规模估计在 7405 亿～8164 亿元❷。2004 年，全国民间融资规模已增至 7400 亿～8300 亿元。2005 年，我国地下金融规模高达 8000 亿元，也就是相当于正规融资规模的 28.07%❸。中国人民银行于 2011 年 6 月也做了专项调查，调查的对象是我国 6300 多家民间融资的中间机构和民间融资企业，调查得出的结果是我国民间融资总量已经高达 3.38 万亿元，占企业贷款余额比重的 10.2%❹。从上述数据可以看出，民间融资发展速度非常之快，并形成了相当大的规模。

在民间融资规模不断扩大的同时，我国众多的中小企业等民间经济体由于难以从正规金融获得融资，转而投向了民间资本的怀抱，民间金融成为中小企业重要的融资渠道。中央财经大学对民间融资问题做过专项的课题，课题组对全国 20 个省、82 个县、206 个乡村、110 家中小企业、1203 位个体工商户进行了实地调查，对各地区"地下金融"规模进行测算，通过数据显示，民间融资的平均比重在 36% 左右，这也就意味着在企业贷款资金中有超过三分之一的资金都来源于民间融资。随着经济不断发展，居民收入相应稳步提高，进而将资金大量投入民间融资领域，为民间融资的发展提供了大量的资金储备。以我国民间资本最为活跃的温州为例，中小企业进行融资时 80% 以上的资金都是来自民间融资。所以民间融资逐步发展成为融资的重要渠道，对中小企业更是如此❺。另据调查显示，非正规金融是自筹资金

---

❶ 樊天辉：《民间金融谈》，载《上海投资》1997 年第 1 期。

❷ 张承惠：《非公有资本应当成为推动中国金融业发展的生力军》，载《中国金融》2005 年第 15 期。

❸ 中央财经大学金融学院课题组：《中国地下金融调查》，上海人民出版社 2006 年版，第 56 页。

❹ 叶吉红：《民间融资法律规制研究》，2015 年华中师范大学硕士学位论文。

❺ 魏倩：《中国金融管制的历史与变革》，2007 年复旦大学博士学位论文。

的重要来源，自筹及民间投资一直占我国固定资产投资资金来源的50%以上，由 1986 年的 59.9% 上升到 2005 年的 79.01%，比重是逐年增加的趋势，鉴于非正规金融在企业投资资金来源中占据了主导地位，而且在经济发展中的社会功能得到进一步的体现，我们就不得不承认非正规金融对中国经济增长所做的贡献。从近年来经济增长贡献度的分析和比较可以看出，中国改革开放以来的经济增长在很大程度上是依靠非正规金融的支持❶。

2. 民间融资地域性差异明显

民间融资是在因地缘和亲缘而产生的个人之间信任关系的基础上发展起来的，所以民间融资带有明显的地域性。我国中小企业等民营经济体进行融资时一般都会受到地缘和亲缘的限制，呈现出典型的地域性。但是，不同地域间的经济发展水平和市场化程度有着较大的差别，民间融资也因而呈现出明显的地域性差异。在我国的浙江、广东、福建等沿海省份，因为经济较为发达，民间积蓄了大规模的资本。在民营化程度最高的浙江省，在 2008 年大约有 8000 亿元的民间资本，整个长江三角洲地区的民间资本高达 2.5 万亿～2.6 万亿元❷。在浙江省，民间资本大量囤积，2011 年全省的民间投资占社会固定投资的 58%。尤其在温州的民间融资规模发展更为迅猛，据 2011 年官方统计可知，总额达 4500 亿～6000 亿元，但据温州市中小企业发展促进会会长周德文估算约 8000 亿元，浙江全省的民间金融规模达1 万亿～2 万亿元❸。在经济欠发达的西部地区，因为经济发展水平相对落后，居民收入也较东部发达地区低很多，相应地民间融资的规模要小很多。

3. 民间融资逐渐由"地下"转向公开

民间融资虽然在我国民间存在和发展了很长时间，但是目前民间

---

❶ 车丽华：《我国非正规金融规制研究》，2012 年中南大学博士学位论文。

❷ 李富有：《民间金融的比较优势、发展动因与前景探析》，载《经济体制改革》2008 年第 4 期。

❸ 邓永生：《民营中小企业民间融资风险防范研究——以××公司为例》，2015 年重庆理工大学硕士学位论文。

融资的专门立法仍然缺失，已有的相关法律规定存在着基本概念不明，罪与非罪、此罪与彼罪界限不清，刑法过度介入等问题，导致民间融资长期处于"地下"状态。随着我国改革开放的不断深入，经济进一步发展，民间融资规模愈发壮大，对民间融资的观念也发生了一定的变化，国家对待民间融资的态度也在发生积极的变化，从国务院批准设立浙江省温州市金融综合改革试验区到广州金融街的设立再到上海陆家嘴金融贸易区的设立，表明国家对民间融资在尝试着进行规范化的引导和支持，民间融资逐渐由"地下"转向公开。

第二节　我国民间融资中的非法融资活动

一、非法集资类活动

目前，非法集资类犯罪案件频发，已经成为社会公众关注的热点。因为此类犯罪大多数涉案金额较高，牵扯的人员范围广、数量大，对社会正常经济秩序造成了较为严重的负面影响，甚至会引发群体性事件。在越来越多且越来越严重的非法集资案件频发的形势下，我国连续出台相关司法解释对相关犯罪行为进行规制。从1996年最高人民法院颁布的《关于审理诈骗案件具体应用法律的若干问题的解释》（下文简称《诈骗解释》）首次规定非法集资概念开始，不断对非法集资相关规定进行完善，根据最高人民法院颁布的《非法集资解释》第1条的规定，非法集资是指违反我国金融管理相关法律规定的，向社会公众吸收资金的行为，其成立要求必须同时满足"非法性、公开性、利诱性、社会性"四个要件。我国从1992年开始建立起社会主义市场经济体制，出现了经济过热和盲目投资现象，随之在1993年发生了改革开放后非法集资第一案的"沈太福案"，北京市长城机电科技产业公司总裁沈太福在公司发展过程中在民间非法集资13.7亿元，涉及的人数超过20万人。此后在无锡又发生了邓斌非法集资案，邓斌在经营新兴工贸联合公司五年的时间里非法集资金额更是达到了32亿元，横跨全国12个省份，造成更为严重的负面影响。

此后又历经了 1997 年的东南亚经济危机和 2008 年的金融危机，为了维护金融安全，遏制非法集资犯罪，减少其对我国实体经济发展的负面影响，国家采取行政、民事、刑事等手段对非法集资进行综合治理，但各种非法集资活动仍有愈演愈烈之势。以下就一些主要的非法融资活动进行简单介绍，在后文将进行详述。

（一）集资诈骗活动

根据我国《刑法》第一百九十二条❶的规定，集资诈骗罪是指以非法占有为目的，使用诈骗方法非法集资，骗取集资款数额较大的行为。行为人在实施集资诈骗活动时，往往是以超高利息回报为诱饵，向社会不特定对象募集资金，然后通过肆意挥霍等方式将资金非法占为己有，再用后续投资者的资金偿还前面投资者的本息。在超高回报率的诱惑下，集资诈骗案件涉及的人数较多，数额较大，严重危害国家金融秩序、金融安全和正常经济秩序。根据公安部数据显示，2014年，各地报送新发涉嫌非法集资案件共 3500 多起，涉案金额近 1600亿元，参与集资人数逾 70 万，其中公安机关立案近 3300 起，司法审理 243 起，审结 52 起。2015 年，全国非法集资新发案数量近 6000起，涉案金额近 2500 亿元，参与人数逾 150 万人。特别是以 e 租宝、泛亚为代表的重大案件涉案金额几百亿、涉及几十万人，波及全国绝大部分省份❷。

（二）非法吸收公众存款或者变相吸收公众存款活动

根据我国《刑法》第 176 条的规定，非法吸收公众存款罪是指非法吸收公众存款或者变相吸收公众存款，扰乱金融秩序的行为。自

---

❶ 《刑法》第一百九十二条：以非法占有为目的，使用诈骗方法非法集资，数额较大的，处五年以下有期徒刑或者拘役，并处二万元以上二十万元以下罚金；数额巨大或者有其他严重情节的，处五年以上十年以下有期徒刑，并处五万元以上五十万元以下罚金；数额特别巨大或者有其他特别严重情节的，处十年以上有期徒刑或者无期徒刑，并处五万元以上五十万元以下罚金或者没收财产。

❷ 腾讯网：《2015 年非法集资案件达历史最高峰值》，https://new.qq.com/cmsn/20160427/20160427052894，2017 年 8 月 2 日访问。

1997 年入罪至 2016 年年末，非法吸收公众存款罪犯罪案件数量连年攀升。尤其是伴随着互联网金融的兴起，非法吸收公众存款从传统的线下借贷向 P2P 网络借贷、股权投资以及境外上市等新领域延伸。据相关数据统计，2013 年非法吸收公众存款罪结案数量为 413 件，2014 年结案数量为 1266 件，2015 年结案数量为 1622 件。非法吸收公众存款犯罪高发，既折射出民间借贷在现行金融垄断机制下的生存困境，又凸显了作为刑事司法适用规则的教义解释的局限。同时，非法吸收公众存款罪适用扩大化也违反了刑法的谦抑性原则，侵犯了刑法罪刑法定原则下的公平与正义，制约了民间融资市场的繁荣与发展❶。

二、非法放贷活动

（一）私人钱庄擅自经营资金放贷活动

私人钱庄是指没有经过政府授权且不受政府金融监管约束的，以自有资金从事经营存、贷款以及其他业务的金融组织❷。私人钱庄在我国古代由来已久，具有一定的规模和融资能力，私人钱庄有些由个人或者由一个家庭和几个朋友所合伙拥有，从事一些金融放贷和当铺等相关金融活动。改革开放后，私人钱庄在浙江等省份兴起，但是法律并未承认其合法地位，在 2002 年中国人民银行发布《关于取缔地下钱庄及打击高利贷行为的通知》（下文简称《取缔通知》）中，明令禁止地下钱庄和高利贷活动。在高利息的诱惑下，加之民间融资的巨大需求，仍然有不法分子为牟求高利而不惜铤而走险，擅自设立地下金融机构从事资金借贷。

（二）典当行违规放贷活动

典当融资在我国是一种历史悠久的融资方式，典当行曾经是我国

---

❶ 钱一一，谢军：《非法吸收公众存款罪适用扩大化及回归》，载《长白学刊》，2017 年第 3 期。
❷ 肖琼：《我国民间金融法律制度研究》，中南大学 2012 年博士学位论文。

主要的金融机构，后来受到近现代银行业的冲击才开始衰落。但典当融资与银行等正规金融机构相比具有一定的优势：一是手续简便，典当行仅根据当物的价值发放当金，既不查证当户的信用程度，也不追踪和监督资金的去向和用途；二是放款速度快捷，当户在提供合法的抵押物或质押物后即可获得当金；三是融资方式灵活，当户既可以提供贵重首饰等动产进行典当融资，也可以进行房产质押和权利质押。因此典当融资受到中小企业和个人的欢迎，成为我国金融体系的有益组成部分。但是，实践中存在典当行从事违规放贷业务的现象，放贷资金的来源各种各样，有典当行的资金，也有典当行向社会公众违法吸收的资金，典当行的违规放贷活动严重冲击了正规金融机构的信贷业务，扰乱了正常金融秩序。

（三）高利放贷行为

高利贷是指贷款利率畸高或利息总量过大，高于法律关于利率限制的借贷，包括具有贷款业务资格的金融企业和非金融企业变相从事高利贷活动以及不具有贷款业务资格的自然人、法人、其他合法组织和非法设立的机构、组织从事的高利贷活动❶。高利贷有着悠久的历史，在我国春秋战国时期，高利贷就已经颇具规模。目前，我国高利贷主要集中在经济较为发达的东南沿海城市。东部的富裕带来游资增加并寻找新的投资方向，于是高利贷成了"民富"之后的游戏：据估计，温州地区的民间借贷规模已达到 1500 亿～2000 亿元，越富裕的群体越喜欢投资高利贷、房地产等虚拟经济，甚至较为富裕的普通家庭都已经成了高利贷发放的三大人群之一❷。高利贷的利率一般均高于银行同期贷款利率。这类行为既给借款者造成沉重的财务负担，损害了借款者的合法财产权益，又容易引发其他犯罪，因而我国法律不承认高利贷的合法性，但是目前并没有专门规制严重高利贷行为的专门罪名，而是以非法经营罪对构成犯罪程度的高利贷行为进行刑法规制。

---

❶　刘道云：《民间借贷的法律类别及其区分意义》，载《新金融》2013 年第 1 期。
❷　周韶龙：《对高利贷的法律规制》，载《西南政法大学学报》2013 年第 2 期。

（四）高利转贷行为

根据《刑法》第一百七十五条规定，高利转贷罪是指以转贷牟利为目的，套取金融机构信贷资金高利转贷他人，违法所得数额较大的行为。我国 1979 年刑法并没有规定高利转贷罪。随着改革开放后经济的巨大发展，信贷资金成为稀缺资源，各类企业都想获得充足的资金以维持自身发展，但是获得正规金融机构贷款的难度很大，因此就出现了高利转贷现象，有些企业和个人利用金融机构业务交叉广泛，对信贷资金的管理措施不力，制度不够健全等漏洞，通过多头开户、多头贷款的方式，长期占有金融机构大量贷款，然后转手以高于银行利率投入民间融资市场，从中赚取息差。高利转贷行为使银行直接遭受了利差损失，更为严重的是，由于最终用款人的还贷能力未经严格审查，经常导致银行资金到期无法返还，严重影响了金融机构的资金安全。

第二章 我国民间融资的法律规制概况

第一节 我国民间融资非刑法规制概况

一、我国民间融资规制演进概况

（一）新中国成立初期至改革开放前：民间融资压制期，法律规制空白

从 1949 年至 1978 年改革开放前，新中国成立之初，为了适应当时尚存的私营工商业经营之需，以及解决农村借贷困难的情况，对民间融资活动采取了有条件地加以利用和积极引导的政策，国家对私营行庄采取了严格管理和业务疏导的政策，民间经济呈现出短暂复苏。到社会主义改造时期，我国实行计划经济体制，对经济实行集中统一的管理。在这种以国家经济为主要表现形式的计划经济条件下，国家统领生产、流通、管理和分配的经济运行全过程，是社会经济的直接参与者，是社会经济的主体。任何个人、单位或者组织的活动都必须服从于国家的计划安排，在国家计划的范围内进行活动，都有义务履行国家的指令性计划❶。与此相对应，政府以绝对主导者的姿态对金融制度进行重新构建并着手整顿和改造金融市场，同时金融部门建立了高度集中的金融体制，典型表现是中国人民银行统一办理融资与借

---

❶ 柯葛壮：《中国经济刑法发展史》，黑龙江人民出版社 2009 年版，第 32 页。

贷。以当时的农村私人借贷为例，到1954年后，国家开始逐渐加紧对农村自由借贷的限制，认为在小农经济基础上发展起来的私人借贷，如继续让其自流地发展，必然会走向高利贷剥削的道路，特别是在农村已经开始实行社会主义改造之后，这种借贷关系是不应该再予一般地提倡了，而应积极发展社会主义性质的信用合作社，配合国家银行农贷工作，去代替私人借贷❶。随着社会主义改造的全面完成，非国有性质的经济体已经不存在，民间融资活动也基本消失。

（二）改革开放后至20世纪90年代改革开放初期：民间融资短暂复苏期，法律规制萌芽

1978年开始实施改革开放政策，我国经济体制也逐渐转型，从1978—1984年的计划经济为主、市场调节为辅的阶段到1984—1988年的确立社会主义商品经济的阶段，再到1989—1992年的正式确立建立社会主义市场经济体制❷阶段。在改革开放的初期阶段，我国经济体制进行市场化改革，形成以计划经济为主、市场经济为辅的经济格局，所有制结构从单一的公有制结构变为以公有制为主的多种所有制共同发展的经济体制结构，民营经济获得了发展的机会和空间。伴随非公有制经济体的不断壮大，民营企业等非公主体产生了融资需求，但却无法从国有银行获得融资，只能转而向民间寻求金融支持，因而民间融资活动在我国重新兴起。同时，在民间融资市场中，由于经济的发展，一些企业和个人手中出现了闲置资金并寻找投资渠道，由此民间融资的供需关系得以形成。另外，为了调节资金供需关系的冲突，中央也出台了一系列支持民间融资的金融政策。1984—1992年，中央连续在1985年中央1号文件、1986年中办发27号文件、1987年中央5号文件、1990年中央19号文件等四个中央文件中允许和鼓励农村地区合作基金的建设，以及中国农业银行于1986年也下发了（1986）农银函字第414号文件、1991年11月中央十三届八中

---

❶ 卢汉川：《中国农村金融历史资料（1949—1985）》，湖南出版社1986年版，第56页。
❷ 肖琼：《我国民间金融法律制度研究》，中南大学2012年博士学位论文。

全会《决定》、1992 年国务院在做出的《关于发展高产优质高效农业的决定》及财政部和农业部在 1991 年联合下发的两个文件中都对农村合作基金会的发展给予了充分肯定和支持❶。

在这一时期我国民间融资的形式主要包括民间私人借贷、各种形式的"会"、私人钱庄、农村各种合作经济组织。但由于处于刚刚复苏时期，规模不大，风险也不高，我国政府对民间融资采取了有条件支持的态度，相关法律法规中也予以体现。1986 年颁布的《民法通则》明确了对合法借贷关系进行法律保护；1991 年最高人民法院《关于人民法院审理借贷案件的若干意见》（下文简称《审理意见》）明确规定自然人之间、自然人与企业之间不超过银行同期利率 4 倍的借贷属于合法行为，予以保护，而企业之间的借贷行为属于非法金融行为。政府对私人钱庄和合会的态度一直在不断变化，这一时期的私人钱庄和合会多以隐形方式存在。在 1986 年国务院发布的《中华人民共和国银行管理暂行条例》明确规定，个人不得设立金融机构和从事金融业务，将私人钱庄和合会列入了取缔之列，使得公开挂牌的私人钱庄被迫转入地下活动。温州出现的四家经当地工商行政管理部门批准公开营业的苍南县的"钱库钱庄""金乡钱庄""肥膳信用钱庄"和乐清县的"乐成钱庄"挂牌后被监管当局摘牌就是典型例证❷。综上，这一时期的民间融资短暂复苏，在一定程度上依然存在压制状

---

❶ 1985 年中央 1 号文件提出："放活农村金融政策，提高资金的融通效益。"1986 年中办发 27 号文件对此予以有条件的认可："近年来，一些农村合作经济组织自愿把集体闲置资金集中起来，采用有偿使用的办法，用于支持乡、本村合作经济组织和农户发展商品生产。这种办法只要不对外吸收存款，只在内部相互融资，应当允许试行。"中国农业银行于 1986 年也下发了（1986）农银函字第 414 号文件，要求"各地农业银行和信用社对农村合作经济组织内部融资活动不要干预，并通过信贷业务给予引导"。1987 年中央 5 号文件进一步指出："一部分乡、村合作经济组织或企业集体建立了合作基金会；有的地方建立了信托投资公司，这些信用活动适应发展商品生产的不同要求，有利于集中社会闲散资金，缓和农业银行、信用社资金供应不足的矛盾，原则上应当予以肯定和支持。"1990 年中央 19 号文件又一次指出，要"办好不以盈利为目的的合作基金会，管好用好集体资金"。1991 年 11 月中央十三届八中全会《决定》要求，各地要继续办好农村合作基金会。1992 年国务院在做出的关于发展高产优质高效农业的决定中，又一次提出了"继续发展农村合作基金会，满足高产优质高效农业发展的需要"的要求。

❷ 何璐伶：《我国民间金融的发展历程及社会背景分析》，载《广西青年干部学院学报》2008 年第 5 期。

态，政府开始出台了一些法律法规对民间融资进行规制。

（三）20世纪90年代初至21世纪初：非法集资频发，民间金融严格监管期

1993年后我国继续进行经济体制改革，市场经济体制不断扩大发挥作用，计划经济体制的影响力越来越小，经济获得了持续且巨大的发展，伴随着经济建设的热潮，民营经济也快速成长起来，在股票、房地产、开发区等领域都出现了投资过热现象。顺应潮流的民间金融市场在农村地区和非公有制经济集中的地区尤为活跃，民间融资组织和活动迅速发展。民间融资的存在与发展影响了以国有四大银行为代表的正规金融机构利益，同时不利于国家对经济的宏观调控和货币政策的实行。同时，由于缺乏规范的组织机构和运作机制，民间融资活动的机会主义短期化行为较为明显，在全国范围内出现了被政府称作"乱集资""乱办金融机构""乱办金融业务"的金融"三乱"现象。另外，融资主体间信息严重不对称的情况增加了金融风险，相应的监管体系和法律法规明显滞后于民间融资的发展速度，出现了各种非法集资活动，国家在1993年为抑制经济过热形势，开始对金融市场予以严格监管。

在国务院1993年4月11日颁布的24号文件《关于坚决制止乱集资和加强债券发行管理的通知》中，禁止各种有偿乱集资行为和对以债券形式集资的行为进行规制；在国务院1993年9月3日颁布的62号文件《关于清理有偿集资活动坚决制止乱集资问题的通知》中，对各种乱集资行为进行规制；1993年6月，中共中央、国务院下发《关于当前经济情况和加强宏观调控的意见》，要求坚决制止乱集资活动，各地区、各部门对1992年以来进行的未经授权部门批准的各种形式集资，要进行一次全面清理，集资利率不得超过国家有关规定。此后又通过了一系列法律、法规和规章，从刑事、行政等方面加强对非法集资活动的惩治。1993年由全国人大常委会通过的《公司法》对擅

自发行股票或公司债券的行为规定了附属刑法性质的条款❶。农业部和中国人民银行于 1994 年 11 月 8 日发布的《关于加强农村合作基金会管理的通知》提出对合作基金会进行限制并规定只能在当地社区范围内设立乡（镇）一级的只限于本乡镇范围内业务，并且资金互助的占用费不得高于国家金融部门规定的利率标准。中国人民银行 1996 年 6 月 28 日颁布的《贷款通则》中再次明确企业和企业之间的相互借贷属于非法行为。民间以借贷式和标会式等方式进行集资的活动也大规模出现，鉴于此种形势，1995 年《商业银行法》第七十九条第一款规定："未经中国人民银行批准，擅自设立商业银行，或者非法吸收公众存款、变相吸收公众存款的，依法追究刑事责任。"

1997 年，东南亚爆发了严重的金融危机，并蔓延至世界各个地区，全球经济增长速度因此减缓。在此背景下，我国政府更加重视对金融秩序、金融安全的维护。1998 年，国务院发布了《非法金融机构和非金融业务活动取缔办法》（下文简称《取缔办法》），首次提出了变相吸收公众存款的概念，规定了未经批准，不得以任何名义向社会不特定对象非法集资的兜底条款，其结果就是几乎所有未经批准的融资行为都被纳入了监管范围，同时规定了取缔措施和法律责任。1997 年后，中国人民银行采取撤销、更名、重组等手段，对一些高风险的中小金融机构、农村基金会进行了整顿。中国人民银行在 1998 年和 1999 年分别出台并转发了《整顿乱集资乱批设金融机构和乱办金融业务实施方案》《中国人民银行关于取缔非法金融机构和非法金融业务活动有关问题的答复》《关于取缔非法金融机构和非法金融业务活动中有关问题的通知》，主要规定未经中国人民银行批准，擅自设立从事或者主要从事金融业务的机构及其筹备组织都被视为非法金融组织，擅自向社会不特定对象进行的企业集资、发放贷款、办理结算、票据贴现、资金拆借、信托投资、金融租赁、融资担保、外汇买

---

❶ 1993 年《公司法》第二百一十条规定：未经本法规定的有关主管部门的批准，擅自发行股票或者公司债券的，责令停止发行，退还所募集资金及其利息，处以非法所募资金金额 1% 以上 5% 以下的罚款。构成犯罪的，依法追究刑事责任。

卖都被列入非法金融活动等。通过采取上述一系列措施，金融"三乱"现象在很大程度上得到了整治，金融秩序有所好转，而民间融资活动的规模也因此有了较大幅度的下降，并且基本上转入了地下活动。

（四）21 世纪初至今：民间融资逐步开放，法律规制体系完善期

进入 21 世纪后，我国房地产行业经历了爆发式的发展，投资房地产可以获得数倍的收益，吸引了大量民间资本涌入；煤炭等具有高回报率的能源行业也成为民间资本新的投入领域；2005 年股市的连涨态势也成功吸引了大量的民间资金。我国民间融资在经历几番反复之后形成了较大规模，对经济发展产生了较大助力。政府逐渐认识到民间融资的积极意义和作用，对待民间融资的态度也逐渐发生了改变。2008 年的全球经济危机又使得政府更重视金融安全，因此对民间融资开始采取引导和监管并重的政策。

2003 年，党的十六届三中全会通过的《中共中央关于完善社会主义市场经济体制若干问题的决定》指出，在加强监管和保持资本金充足的前提下，稳步发展各种所有制金融企业。在 2005 年 4 月中国人民银行发布的《2004 年中国区金融报告》中指出，关于全国民间融资的整体情况介绍和调研数据显示出我国民间融资相当活跃，并在以数据分析作为论证条件之下正式在官方金融机构的文件中提出正确认识民间资本的补充作用，要积极引导和规范，发挥优势作用。2008 年，中国人民银行向国务院提交了《放贷人条例》草案，意图使符合条件的放贷人注册经营放贷，从而使民间放贷规范化。2009 年 1 月召开的中国人民银行 2009 年工作会议上，强调要充分重视发挥直接融资和民间金融的作用，多渠道增加资金供给能力，要规范和引导民间金融健康发展，发挥民间金融在支持中小企业发展、扩大民间多样化需求中的独特优势。2011 年 11 月，央行负责人公开表态为民间借贷定调，指出民间借贷具有制度层面的合法性，是正规金融有益和必要的补充。2012 年，时任国务院总理温家宝在全国金融工作会议的讲话

中明确指出，民间借贷是正规金融的补充，有一定的积极作用，要完善法律、法规等制度框架，加强引导和教育，发挥民间借贷的积极作用。

在此期间，一些不法分子利用各种形式和手段实行非法集资等违法犯罪活动，在损害公私利益的同时又损害了金融安全和破坏了金融秩序，甚至引发了较大规模的群体性事件进而影响了社会稳定。尤其是在2008年爆发全球性金融危机后，政府对房地产行业进行了严格的调控，股市进入了持续的低迷状态，很多企业纷纷倒闭，典型的案例包括发生在2011年的湘西非法集资事件、温州民营企业跑路事件以及鄂尔多斯民间集资崩盘事件。这些事件的发生引起了国家的高度重视，出台了一系列法律法规对民间融资进行规制。国务院在2006年3月发布《2006年全国整顿和规范市场经济秩序工作要点的通知》，要取缔地下钱庄，打击非法集资。最高人民法院在2008年发布《关于为维护国家金融安全和经济全面协调可持续发展提供司法保障和法律服务的若干意见》，指出在打击违法违规金融活动前提下保证金融市场的可持续发展。中国银监会和中国人民银行在2008年5月联合发布《关于小额贷款公司试点的指导意见》（以下简称《指导意见》），规定小额贷款公司可以由自然人、企业法人与其他社会组织投资设立，但是不得吸收公众存款，其性质是有限责任公司或股份有限公司。小额贷款公司的成立意味着降低了民间借贷的准入条件，潜在地合法化了公司之间的借贷行为。但是由于其定性为公司法人制，其活动的实质是进行资金融通的金融活动性质，难免在监管上陷入公司法人治理与金融行为定性两难境地。国务院在2012年下发《关于进一步支持小型微型企业健康发展的意见》指出，要有效遏制民间借贷高利贷化倾向以及大型企业变相转贷现象，依法打击非法集资、金融传销等违法活动，严格禁止金融从业人员参与民间借贷。

综上可见，民间融资对促进经济发展和金融体制改革都有着重要的作用和意义，国家已经正视民间融资的存在并通过相关法律法规试图对其进行合理引导和规制，但是法律制度并不完善，民间融资仍然存在很多问题，金融体制改革和法制完善成为下一步工作的重点。

二、我国民间融资非刑事法律规制概况

我国目前尚未出台规制民间融资的专门法律法规，对民间融资进行规制的相关规定分别体现在民事法律、行政法律和刑法等规范中，采取的是"以行政管理为主、刑法为辅"的管理模式。

（一）宪法的相关规定

《宪法》中保护私人财产不受侵犯的条款为民间融资合法化提供了根本依据。民间融资的交易对象是货币或者说资金，这些货币或者资金从法律上讲是私人拥有财产的主要形式。2004年十届人大二次会议通过第二十二条宪法修正案，将《宪法》第十三条修改为："公民的合法的私有财产不受侵犯。国家依照法律保护公民的私有财产和继承权。国家为了公共利益的需要，可以依照法律规定对公民的私有财产实行征收或者征用并给予补偿。"《宪法》上的公民合法私有财产不受侵犯的规定包括两方面含义：一是宪法保护私人合法之"物"不受非法侵害，二是宪法保护私人依法享有的财产权不受侵犯，这里的财产权包括私人对自己拥有的合法财产的占有、使用、收益、处分的权利。大多数民间融资行为本质上就是所有人使用和处分自己合法拥有的货币或资金，并获取一定收益的行为，而国家应当保护公民行使这种财产权的自由❶。

（二）民商事法律规范

我国《民法通则》对民间融资只做了比较笼统的规定，第九十条对民间融资做了原则性的规定：合法的借贷关系受法律保护，但对合法借贷关系的范围以及如何受法律保护等内容却没有做出规定。

《合同法》在第十二章中对借贷合同进行了专门的规定。《合同法》第196条规定："借款合同是借款人向贷款人借款，到期返还借款并支付利息的合同。"规定表明我国法律保护自然人之间发生的合

---

❶ 淳安，郑侠：《民间融资的法律分析》，载《特区经济》，2008年第6期。

法借贷行为，但是对于其他主体之间所形成的借贷关系并未做出相应规定，也就是说《合同法》并没有对借贷合同的借款人和贷款人的范围做出限制。合同法属于私法，私法适用的是法无禁止即自由的原则，可以理解为企业和自然人发生的借贷关系也是自由的，合同法上借款合同的主体应当包括自然人、银行业金融机构和其他企业或组织。因此，根据契约自由精神，民间融资作为平等民事主体之间资金借贷的一种方式，只要双方的借贷合同不存在《合同法》第三章所规定的导致合同无效或被撤销瑕疵，并符合第 197 条有关合同形式规定的要求，就应当受到《合同法》的保护。

（三）相关司法解释

最高人民法院于 1991 年发布的《审理意见》第六条规定："民间借贷的利率可以在超过银行同类贷款利率的四倍以下的范围内适当高于银行的利率。"最高人民法院这一规定是对《民法通则》及《合同法》的具体补充。中国人民银行于 1996 年制定的《贷款通则》明确禁止民间融资活动，规定贷款人必须是依法批准设立的金融机构，且必须经中国人民银行批准方能经营贷款业务。同时第六十一条明令禁止非金融企业从事融资行为。另外，最高人民法院于 1990 年印发的《关于审理联合合同纠纷案件若干问题的规定》和 1996 年发布的《关于对企业借贷合同借款方逾期不归还借款应如何处理问题的批复》等法规对企业之间的借贷行为都采取了否定态度。最高人民法院在发布的《非法集资解释》中，对集资诈骗罪和非法吸收公众存款罪等非法集资行为的相关概念、特征、表现形式及界定等内容进行了明确规定。2014 年最高人民法院、最高人民检察院和公安部联合印发了《关于办理非法集资刑事案件适用法律若干问题的意见》（下文简称《2014 年意见》），在 2010 年最高人民检察院、公安部《关于公安机关管辖的刑事案件立案追诉标准的规定（二）》（下文简称《追诉标准规定（二）》）和《非法集资解释》规定的基础上，结合司法实践，进一步明确了非法集资犯罪的有关法律适用问题。最高人民法院在 2015 年发布的《最高人民法院关于审理民间借贷案件适用法律若干问题的规定》（下文简称《2015 年规定》）中第二十六条规定："借贷双方约定的利率超过年利率 24%，出借人请求借款人按照约定的利率支付利息的，人民法院应予支持。借贷双方约定的利率超过年利率 36%，超过部分的利息约定无效。借款人请求出借人返还已支付的超过年利率 36% 部分的利息的，人民法院应予支持。"民间借贷的利率规定为固定利率而不再参照央行同期贷款基准利率，划了"两线三区"❶并明确规定年利率超过 36% 以上的部分不受法律保护。

（四）行政法规和部门规章

国务院于 1998 年颁布的《取缔办法》中，主要规定了对非法金融机构和非法金融业务活动取缔的程序、债权债务的清理清退办法以及违背条例办法规定的处罚措施和相关规定，并对全国的基金会、投资公司等机构的清理工作进行了明确规定，强调了依法清理的严肃性。明确了民间金融的主体需要经有权机关批准，未经过批准的主体可能被界定为非法，但是在实践中，大多数的民间融资主体因为其半公开性，其行为都是未经过批准的，如果一概而论，民间融资的发展空间将受到严重挤压。非法吸收公众存款和变相吸收公众存款这两类行为在《取缔办法》中有一个兜底性的规定，即只要没有按照法律的规定经过批准而向社会大众进行集资，无论以什么名义，这种行为都不合法。这一规定的后果就是拓展了监管主体的边界，导致金融监管更赋有任意性，严重地限制了民间融资的发展，民间融资成本被推高，民营企业融资的难度变大，同时也增加了民间融资活动的法律风险。

国务院于 2005 年颁布的《国务院鼓励支持非公有制经济发展的若干意见》规定，将我国非公有制经济纳入正式的激励政策中去，承认并且鼓励非公有制经济的巨大作用，民营经济作为非公有制经济的

---

❶ "两线三区"：第一根线是民事法律应予保护的固定利率为年利率的 24%；第二根线是年利率 36% 以上的借贷合同无效，通过这两线，划分了三个区域，一个是无效区，一个是司法保护区，一个是自然债务区。

重要组成部分，促进民间融资迅猛发展。

2003 年中国共产党第十六届中央委员会第三次全体会议通过《中共中央关于完善社会主义市场经济体制若干问题的规定》，提出要进一步深化金融改革。其中，第二十二条的规定指出要进一步深化金融企业改革，鼓励社会资金参与中小金融机构的重组改造，在加强监管和保持资本金充足的前提下，稳步发展各种所有制金融企业。第二十三条的规定指出要健全金融调控机制，稳步推进利率市场化，建立健全由市场供求决定的利率形成机制。改进中央银行的金融调控，建立健全货币市场、资金市场、保险市场有机结合、协调发展的机制，维护金融运行和金融市场的整体稳定，防范系统性风险。第二十四条的规定指出要完善金融监管体制，依法维护金融市场公开、公平、有序竞争，有效防范和化解金融风险，保护存款人、投资者和被保险人的合法权益，强化金融监管手段，防范和打击金融犯罪。

中共中央和国务院于 2004 年印发了《关于促进农民增加收入若干政策意见》，文件规定，为了实现农民收入较快增长，尽快扭转城乡居民收入差距不断扩大的趋势，鼓励有条件的地方在严格监管、有效防范金融风险的前提下，通过吸收社会资本和外资，积极兴办直接为"三农"服务的多种所有制的金融组织。

国务院于 2005 年颁布的《关于鼓励支持和引导个体私营等非公有制经济发展的若干意见》规定，允许非公有资本进入服务业。在加强立法、规范准入、严格监管、有效防范金融风险的前提下，允许非公有资本进入区域性股份制银行和合作性金融机构，符合条件的非公有制企业可以发起设立金融中介服务机构，允许符合条件的非公有制企业参与银行、证券、保险等金融机构的改组改制。2005 年央行发布的《2004 年中国区域金融运行报告》首次正式承认民间金融对正规金融的重要补充作用。

2006 年中央 1 号文件《中共中央、国务院关于推进社会主义新农村建设的若干意见》指出：在保证资本金充足、严格金融监管和建立合理有效的退出机制的前提下，鼓励在县域内设立多种所有制的社区金融机构，允许私有资本、外资等参股；大力培育由自然人、企业法人或社团法人发起的小额贷款组织；引导农户发展资金互助组织；规范民间借贷。

中国银监会于 2008 年发布了《关于小额贷款公司试点的指导意见》，指出小额贷款公司的企业法人性质，是指由自然人、企业法人与其他社会组织投资设立，不吸收公众存款，经营小额贷款业务的有限责任公司或股份有限公司。同时对小额贷款公司的设立条件、资金来源、资金运用、监督管理和公司的终止等内容进行了明确规定。

国务院于 2010 年颁布《关于鼓励和引导民间投资健康发展的若干意见》，指出要进一步拓宽民间投资的领域和范围，鼓励和引导民间资本进入基础产业和基础设施领域、市政公用事业、社会事业领域、金融服务领域、商贸流通领域、国防科技工业等领域。同时，规定为民间投资创造良好发展环境，加强对民间投资的服务、指导和规范管理。

第二节　我国民间融资刑事法律规制演进和特点

一、我国民间融资刑事法律规制演进

（一）新中国成立初期到十一届三中全会前：民间融资刑法规制体系缺位时期

我国第一部刑法典是在 1979 年制定的，因此从新中国成立初期到 1978 年十一届三中全会以前，我国没有规制金融犯罪的统一刑法典。在新中国成立初期，民间融资形态简单，非法民间融资活动相应地也较少，因此在当时仅有极少数的单行刑事法规对相关活动进行规制，政务院于 1951 年 4 月 19 日公布的《妨害国家货币治理暂行条例》被刑法理论界认为是新中国第一部系统规定惩罚金融犯罪的法规。但其中仅对伪造货币及相关罪名做了规定，对普遍存在的高利贷行为、民间融资过程中出现的不法行为等均未涉及。后来，我国实行计划经济体制，对经济成分实行全面国有化改造，民间融资活动空间被极大压缩，加上"文革"时期整个公检法系统的不健全，导致对于民间融资活动的刑法规制的缺位。

（二）1979—1992年：民间融资刑法规制体系初始时期

党的十一届三中全会召开之后，在国家各个领域进行改革，在刑法领域最重大的变化就是1979年《刑法》的颁布和施行。但是在此期间实行的是高度的计划经济体制，所有资源的配置都由国家按照计划严格进行配置，国有经济成分居于绝对垄断地位，民营经济仍处于复苏状态，因而民间融资活动并不是非常活跃，发生的规模也很小，系统性的非法民间融资行为也未出现。在相关立法中还未引入"金融犯罪"概念，刑法典中也没有专门设立金融犯罪。在司法实践中，集资诈骗犯罪只是呈现出偶发的态势，由于没有相应的金融犯罪罪名，只能是按照1979年《刑法》第一百五十一条的诈骗罪的规定予以追究，而对当时已被界定为非法性质的高利贷则以1979年《刑法》第一百一十七条规定的投机倒把罪追究。在1979年《刑法》施行后，全国人大常委会又先后以"补充规定"和"决定"的形式颁布实施了二十余部单行法。

（三）1993—1996年：民间融资刑法规制体系渐成体系时期

在1992年后，我国开始引入市场经济体制，经济规制模式从计划经济体制和市场经济体制并行模式，逐渐向市场经济体制主导的模式转变。与经济发展相对应的是金融事业的发展和金融体制改革的进行，金融立法开始日益受到国家的重视。同时，随着改革的不断深入，生产力被大大释放出来，民营经济获得了高速发展，民间融资也重新活跃起来，民间融资的规模急速膨胀，同时各种不合法的融资行为也大量涌现。为了维护金融秩序和金融安全，促进经济健康发展，立法机关开始加紧制定金融法律法规，并将具有普遍性的几类非法集资行为予以犯罪化。1993年国务院发布了《企业债券管理条例》，明确规定对于未经批准发行或者变相发行企业债券行为构成犯罪的，应依法追究刑事责任。1995 年 5 月通过的《商业银行法》规定，对于非法吸收公众存款、变相吸收公众存款行为构成犯罪的应依法追究刑事责任。1995 年 6 月 30 日，第八届全国人大常委会第十四次会议通过了《关于惩治破坏金融秩序犯罪的决定》，将使用诈骗方法非法集资的犯罪作为一种特殊的诈骗犯罪，规定为集资诈骗罪，最高可处死刑；针对社会上大量发生的无非法占有目的的非法集资行为，又明确规定了擅自设立商业银行或金融机构罪、非法吸收或变相吸收公众存款罪。

（四）1997 年至今：民间融资刑法规制体系完备时期

随着中国特色社会主义市场经济体制改革的不断深入，我国的法制建设也在不断地完善，我国民间融资刑法规制体系逐渐完备，在这一阶段，我国通过修订和颁布刑法典、附属刑法、行政法规、司法解释以及相关规范性文件，民间融资刑法规制已经形成比较完备的体系。具体如下：

1. 刑法典

我国全国人民代表大会第八届第五次会议在对 1979 年刑法典做了全面修订的基础上，于 1997 年 3 月 15 日颁布新的《中华人民共和国刑法典》。新刑法典第三章破坏社会主义市场经济秩序罪中全面吸收了全国人大常委会《关于惩治违反公司法的犯罪的决定》《关于惩治破坏金融秩序的犯罪的决定》中规定的五个罪名，并对个别罪名的构成要件及法定刑做了部分修改；此外还增设了高利转贷罪。具体包括：

（1）《刑法》第一百六十条规定的欺诈发行股票、债券罪。

（2）第一百七十四条规定的擅自设立金融机构罪。

（3）第一百七十六条规定的非法吸收公众存款罪。

（4）第一百七十九条规定的擅自发行股票、公司、企业债券罪。

（5）第一百九十二条规定的集资诈骗罪。

（6）第一百七十五条增设了高利转贷罪，规定对于以转贷牟利为目的，套取金融机构信贷资金高利转贷他人，违法所得数额较大的行为予以定罪处罚，这使得套取银行资金后为图高利而投放民间融资市场的行为也被纳入了刑法规制的范围之中。

2. 附属刑法

主要包括以下规定：

（1）2003 年 12 月修正的《商业银行法》第八十一条规定，未经国务院银行业监督管理机构批准，擅自设立商业银行，或者非法吸收公众存款、变相吸收公众存款，构成犯罪的，依法追究刑事责任。

（2）2004 年 8 月修正的《证券法》第一百七十五条规定，未经法定的机关核准或者审批，擅自发行证券的，或者制作虚假的发行文件发行证券，构成犯罪的，依法追究刑事责任。

（3）国务院于 1998 年发布的《取缔办法》规定，设立非法金融机构或者从事非法吸收公众资金、非法集资、非法放贷等非法金融业务活动，构成犯罪的，依法追究刑事责任。

3. 司法解释❶

我国针对非法民间融资行为的司法解释主要有：

（1）由于民间融资犯罪基本上以客观方面达到情节严重为要件，而刑法典中未明确规定具体的标准，为了便于司法机关操作，最高人民检察院、公安部分别于 2001 年、2010 年发布了《关于公安机关管辖的刑事案件立案追诉标准的规定（一）》《追诉标准规定（二）》，上述文件对非法吸收公众存款，集资诈骗，擅自发行股票、公司、企业债券，高利转贷以及非法经营等罪名所涉的"数额较大""数额巨大""数额特别巨大""情节严重""情节特别严重"都规定了明确的标准。

（2）最高院、最高检、公安部、中国证券监督管理委员会于 2008 年 1 月发布的《关于整治非法证券活动有关问题的通知》规定，未经依法核准，擅自发行证券，涉嫌犯罪的，依照《刑法》第一百七十六条、第一百九十二条之规定，以非法吸收公众存款罪、集资诈骗

---

❶ 司法解释是指国家最高司法机关在适用法律解决具体案件时，对如何应用法律所做的具有法律约束力的阐释和说明。

罪追究刑事责任。

4. 司法实践中适用其他罪名的规定

从司法实践情况来看，对于民间融资领域内常见的高利贷行为，有些地方的司法机关是以《刑法》第二百二十五条规定的非法经营罪定罪处罚。

至此，我国对非法融资犯罪的刑法规制体系最终形成，具体包括非法吸收公众存款罪，集资诈骗罪，擅自发行股票、公司、企业债券罪，高利转贷罪，非法经营罪，擅自设立金融机构罪，欺诈发行股票、债券罪等7个罪名。

二、我国民间融资刑法规制特点

（一）立法模式上采用了刑法典与附属刑法规定相结合的模式

犯罪的立法模式，是指国家在法律上规定某种犯罪的方式，立法模式属于立法技术问题，科学的立法模式能够正确反映犯罪的本质，便于刑法的适用。民间融资类犯罪属于金融犯罪，从世界各国有关金融犯罪的规定来看，对金融犯罪的立法模式主要存在以下几种：一是刑法典规定型，即国家以刑法典中的条文对金融犯罪的罪状和法定刑加以明文规定；二是特别刑法规定型，即针对某一种或几种金融犯罪及其刑事责任制定单行刑事法律；三是附属刑法规定型，即在有关金融的经济、行政法律法规中附带规定金融犯罪的罪状及法定刑；四是刑法典与附属刑法规定结合型；五是特别刑法与附属刑法规定结合型❶。从现在相关法律、法规来看，我国对民间融资类犯罪采取了刑法典与附属刑法规定相结合的模式，具体而言，刑法典明确规定了非法吸收公众存款，集资诈骗，擅自发行股票、公司、企业债券等罪名的罪状和法定刑；在《公司法》《商业银行法》《企业债券条例》以及国务院关于《取缔办法》等经济、行政法律法规中又规定了几种非

---

❶ 刘宪权：《金融犯罪刑法学专论》，北京大学出版社 2010 年版，第 68－70 页。

法融资行为的定义、范围和法律责任。

与其他几种立法模式相比较，我国目前对民间融资类犯罪采取的立法模式具有稳定性、适应性兼顾的优势，且符合此类犯罪的内在机理。一方面，以刑法典明文规定有关罪名的罪状和法定刑具有稳定性强，且便于社会公众了解、司法实务部门操作的优势；同时，由于附属刑法的修改程序相较于刑法典而言更为简便，如果由于经济生活的发展变化需要对某种罪名的规定做出调整，可视情况及时对附属刑法进行修改，故这种模式还具有适应性强的优点。另一方面，融资类犯罪属于法定犯[1]，即因触犯其他非刑事的经济、行政法律的规定而构成犯罪，故应在附属刑法中做出相应的规定。

（二）立法和司法中的行政主导色彩均较为深厚

我国对民间融资犯罪的刑法规制体系具有浓厚的行政色彩。这体现在以下两个方面：一是在立法层面上采取了行政前置的模式，即首先在行政法规中规定部分非法融资行为的刑事责任，然后在刑法中规定相应的罪名。如关于擅自发行股票、公司、企业债券罪，国务院在1993年8月2日发布的《企业债券管理条例》中，对企业债券的发行条件及未经批准发行或变相发行债券行为的刑事责任做了规定。二是在司法层面，表现为对此类案件的查处以行政机关为先导，如根据1998年国务院颁布的《取缔办法》第六条、第九条之规定，对非法金融业务活动的取缔工作由地方人民政府负责组织、协调和监督，对非法吸收公众存款以及非法集资行为，由人民银行调查、核实并做出初步认定后，再行提请公安机关立案侦查；2007年1月，国务院又发文批准了《处置非法集资部际联席会议制度》《处置非法集资部际联席会议工作机制》，规定对于非法集资案件的定性一般由省级人民政府组织当地银监、公安、行业主管或监管部门做出认定，对于重大、

---

[1] 法定犯："自然犯"的对称，又称"行政犯"。它是指并非当然具有侵害社会秩序的性质，大多为适应形势的需要，或者为贯彻行政措施的需要，而特别规定的犯罪。法定犯本身，并非当然具有反社会性与反道义性，只是由于违反行政法规的规定才构成犯罪，故又称行政犯。

疑难、跨区域且规模达到一定程度的几类案件则报部际联席会议组织有关部门进行认定。

（三）入罪思路上侧重对经济秩序的保护

与抢劫、盗窃等传统的财产类犯罪不同，民间融资类犯罪从本质上而言，除了集资诈骗罪兼有传统财产犯罪性质外，多数属于违反经济行政法规的不法经济行为。对于此类不法经济行为，相关法规中一般均规定了行政处分的措施，如《取缔办法》对于非法集资行为就规定了取缔、没收违法所得和罚款等措施。对已有行政处分措施的不法经济行为为何还要入罪？其基准是什么？这是有经济刑法以来世界各国刑法理论界始终关注的一个重要问题。从国外立法例来看，多数国家是以这些行为侵犯了抽象的经济秩序而非具体的、可目测的个人法益为由而予以犯罪化。

我国刑法对民间融资中的不法行为予以入罪主要也是出于保护金融秩序的考虑，这由相关刑法规定及立法机构自身对立法意图的解读可见端倪。具体体现在以下方面：

（1）从刑法中犯罪的体例安排来看，对于民间融资所涉的非法吸收公众存款、擅自发行股票、公司、企业债券，集资诈骗，高利转贷等罪名均是规定在破坏社会主义市场经济秩序罪之中，这表明在立法者眼里，上述几种犯罪的主要客体是经济秩序。

（2）从具体条文的罪状描述来看，上述几个罪名具有一个共同特征，即只要实施了相关行为，并达到情节严重的程度即可构成犯罪，所谓"情节严重"主要是指达到了扰乱金融秩序或数额较大或巨大的程度，而非要求对个人法益造成实害性结果。如《刑法》第一百七十六条规定的非法吸收公众存款罪，只要行为人实施了非法吸收公众存款或变相吸收公众存款的行为，并达到了扰乱金融秩序的程度，就可定罪处罚，此处的"扰乱金融秩序"仅是一种抽象的主观评价性规定。

（3）从有关行政法规的规定来看，国务院《取缔办法》第1条规定："为了取缔非法金融机构和非法金融业务活动，维护金融秩序，保护社会公众利益，制定本办法。"将社会公众利益置于维护金融秩序之后，也反映了立法者规定对非法集资行为追究刑事责任，首先是出于维护金融秩序的考虑。

（4）从立法机构自身对立法目的的解读来看，对金融犯罪刑事立法的主要目的是为了维护金融秩序的考虑。如立法机构在对《决定》立法意图的解释中指出，随着我国社会主义市场经济体制的建立和发展，金融的地位和作用越来越重要。回顾实践，金融有序、稳定，能够有力地促进国民经济的持续、快速、健康发展。反之，金融无序、混乱，会破坏经济秩序，妨害经济发展，甚至影响社会安定。当时在金融领域中的违法犯罪活动十分突出，如伪造货币、非法集资等犯罪活动明显增加，危害十分严重，为打击这些严重扰乱金融秩序的犯罪活动，保障金融体制改革的顺利进行，促进社会主义市场经济体制的健康发展，故制定该决定❶。

（四）在刑罚配置上具有刑罚偏重、注重运用财产刑等特点

我国对金融犯罪一向实行重刑主义的刑事政策，对民间融资的刑法规制亦不例外。相较于国外对同类罪名的规定而言，我国对民间融资犯罪规定的刑罚偏重，具体而言，集资诈骗罪为无期徒刑（曾经最高刑为死刑），被用以追究高利贷行为的非法经营罪最高刑为有期徒刑十五年，非法吸收公众存款罪、擅自设立金融机构罪均为有期徒刑十年，擅自发行股票、公司、企业债券罪为有期徒刑五年，高利转贷罪为有期徒刑七年。而国外则明显更轻，如日本对于违法吸收存款的，最高刑则仅为三年惩役；德国对于未取得《信用业法》许可而故意从事银行业务如吸收不特定多数人钱款的行为，最高刑亦为三年有期徒刑。

我国有关民间融资犯罪刑罚体系的另一显著特点是普遍规定了罚金以及没收财产的附加刑。具体而言，从罚金的适用对象来看，对于此类犯罪均可并处罚金，对于犯非法吸收公众存款，擅自发行股票、

---

❶ 郎胜：《关于惩治破坏金融秩序犯罪的决定》释义，中国计划出版社 1995 年版。

公司、企业债券，擅自设立金融机构等罪情节一般的，还可单处罚金；从罚金的规定方式来看，则使用了限额罚金制、倍比罚金制、百分比罚金制等方式；从没收财产刑的适用对象来看，仅适用于集资诈骗罪、非法经营罪的情节加重犯。此外，现行刑法对民间融资类犯罪的刑罚均涉及了两个以上的量刑档次，集资诈骗罪规定了三个量刑档次，其适用的界限标准主要是数额的大小及其情节的严重程度。

第三章　我国民间融资刑法规制的
必要性、限度、效果评述和缺陷

第一节　我国民间融资刑法规制的必要性

民间融资作用具有两个方面：一方面民间融资缓解了中小企业的融资困难，助力经济发展；另一方面由于法律规制不完善、缺乏监督等原因，民间融资被不法分子利用，引发大量非法集资案件，破坏了国家金融秩序和金融安全，使人民群众遭受了巨大的财产损失，非刑法规制手段已经无法对抗非法民间融资造成的社会危害，亟需刑法进行规制。民间融资的社会危害性主要表现为以下几个方面。

一、严重扰乱国家正常金融秩序，威胁资金安全

民间融资非法进入存贷款领域，影响银行等正规金融机构正常业务开展，进而影响国家正常金融秩序，威胁资金安全。从事非法融资活动的主体即非法融资者为了增加自身的融资能力，往往采用承诺支付远远高于银行同期利率的手段去吸收大量社会闲置金，直接分流了大量存款资源，导致银行存款来源萎缩；银行等正规金融机构为了争夺存款资源，往往是违反国家规定，用发放赠品、提前返还利息、给银行员工派发吸收储蓄额度指标等手段，进行不正当竞争，扰乱国家正常金融秩序。另外，民间融资之所以蓬勃发展，重要原因之一就是与银行等正规金融相比，民间融资手续简便、放款速度快、融资条件相对较低等，这使得大量无法从银行获得贷款的中小企业等民营经济

体纷纷投入民间融资领域。与之相对的是银行是依靠贷款利息高于存款利息即赚取利息差的模式来实现盈利的，大量民间融资的存在既影响了银行的存款来源也影响了贷款客户，进而影响银行的盈利能力。

银行放贷条件较高的现实使得银行贷款成为稀缺资源，想要获得银行贷款但又不符合条件的主体却大量存在，如此情势催生了一些非法民间融资行为，符合银行放贷条件的借款人通过正常途径获得银行相对低息的贷款，然后再将贷款以高利息投入到民间融资领域以赚取高额利息差；有的借款人本身不符合银行放贷条件，通过编造各种名目的方式骗取到银行贷款后，将资金进行高利放贷；有的借款人的借贷资金中既包含民间借贷又包含银行贷款，当债务超过现有资金时，往往选择的是优先偿还民间借贷，银行贷款得不到清偿等。在这样的情况下，民间融资的风险就被转嫁到了银行系统，既威胁银行的资金安全，也危害国家整体金融秩序和金融安全。在对 2011 年温州民间借贷危机的调查中发现，此次危机导致银行信贷"窟窿"约 200 亿元。据温州官方统计，截至 2011 年 8 月末，温州市各银行机构贷款余额 6123 亿元，而民间资本超过 6000 亿元，且以每年 14% 的速度继续增长。如果"窟窿"全部转为坏账，当地银行不良贷款率将在 8 月底 0.37% 的基础上飙升 10 倍❶。

二、严重侵害公私财产，危害社会稳定

非法集资类融资活动严重侵害了社会公众的财产，导致群体事件爆发，严重危害社会稳定。实践中多发的非法集资类活动主要包括集资诈骗活动和非法吸收公众存款活动等，往往直接造成投资者的财产损失。随着经济的发展，投资者手中积累大量的财富，在当前正规融资渠道狭窄而投资者追逐高投资回报率心理等因素共同影响下，以各种合法形式为掩护而实则进行非法集资的个人和企业，以超高回报率为诱饵吸引的民间融资的金额越来越高，涉及人员和地域范围越来越

---

❶ 翁仕友，杨中旭：《温州钱殇》，http://www.doc88.com/0p-068817344.html，2017 年 8 月 28 日访问。

广。进行非法融资的个人或企业一旦发生资金链断裂，便会导致投资者的资金血本无归，借贷双方的严重对立，造成家庭、亲朋之间的矛盾；有些投资者是以平生积蓄甚至从银行、亲友处借贷的钱款、动迁款参与集资，一旦无法取回集资款，基本生活都失去保障，从而严重影响社会和谐和稳定。有些非法集资参与者中甚至还包括当地地方政府的官员，有些非法集资者请明星进行代言并通过广告进行大肆宣传，这两种方式都使投资者误以为其得到了官方的认可而更为放心地进行投资，一旦事发而无法回收投资和利息时，遭受损失的投资者往往会将矛头指向地方政府，以致酿成大规模的社会群体性事件，严重影响社会秩序；有的地方政府迫于压力，由国家财政提供资金为参与集资者弥补损失，从而造成国家财产的重大损失。

三、严重扰乱社会正常秩序

非法民间融资活动容易诱发绑架罪、洗钱罪等其他犯罪活动，严重扰乱社会正常秩序。实践中发现，民间融资中的各种利益交错关系，使得民间融资过程中所发生的犯罪不仅与单纯的融资行为相关联，还存在因金融传销、洗钱、偷税、逃税、绑架等各种违法行为所导致的其他犯罪现象的发生。非法民间融资活动绝大多数处于法律无法监管的灰色地带，已经成为贪污贿赂等犯罪分子进行洗钱的重要工具。从实践中发生的案件来看，在民间融资行为本身构成犯罪的情况下，往往还伴随着融资企业逃税的问题，原因在于融资行为本身即以非法获利为目的，后续的经营行为必然要继续围绕非法获利而进行，逃税也就成为非法获利的重要途径之一。在民间融资过程中，因当事人暴力催债而引发的非法拘禁罪和绑架罪等暴力型犯罪，在近年来的民间融资刑事犯罪中也不断发生，有些地方甚至出现了带黑社会性质的讨债公司，严重扰乱了社会正常秩序。2016 年发生在山东聊城的"辱母杀人案"就是较为典型的案例。案件的起因是由于双方的债权债务纠纷，苏银霞作为当地民营女企业家，由于个人信息已经被计入失信"黑名单"，既无法从银行获得贷款，也无法通过一般性的正常民间借贷获得资金，为了偿还债务，只能向房地产公司老板吴学占进行高利贷融资。由于苏银霞无法偿还到期的高利贷利息，吴学占就召集了十多个社会闲散人员多次到苏银霞的工厂进行讨债，期间更是对苏银霞进行辱骂、殴打等人身伤害行为。苏银霞的儿子于欢在面对此种辱母情形时，由于激愤而实施了故意杀人行为。

四、严重影响社会诚信体系的构建

非法民间融资活动严重冲击社会诚信体系，影响诚信体系的构建和金融体系的健全。社会诚信体系是一种以社会诚信制度为核心的维护经济活动、社会生活正常秩序和促进诚信的社会机制，支撑和从事整个社会生产活动。在市场经济体制下，社会的诚信体系健全程度直接影响经济活动的开展和社会生活的正常进行。近年来，由于市场经济的快速发展，大大地增加了社会诚信的透明度，如全国法院建立了"失信名单制度"，凡是被列入失信名单的被执行人，将会被减少或限制其社会生产活动，在一定程度上遏制了非法民间融资活动的态势。但是在非法民间融资活动中，很多集资者都采用了欺诈性的手段进行集资，集资者夸大自身的资金偿付能力、虚构资金用途，以高额回报为诱饵向社会公众吸收资金。集资者往往将矛头指向信任度较高的亲友和同事，因此集资的开端一般是建立在熟人关系之上，并以此为基础逐渐扩展到社会的不特定多数人范围。而一些被骗投入资金的参与者或者为了谋求集资者给予的回扣，或者为了挽回自身的损失，在意识到被骗后，仍鼓动自己的同事、亲友投入资金。因此，非法民间融资活动的泛滥损害了建立在血缘、亲缘、地缘基础上的信任关系，对社会诚信体系构成了严重的冲击。而且，在司法实践中，由于非法集资者采用隐蔽性较深的欺诈性手段，使得公安机关难以察觉，往往只能是在集资者资金链断裂导致投资人报案的情况下才能对其进行处置，造成对此类案件的处置存在明显的"成王败寇"的倾向，即只有当集资者因资金链断裂而无法偿还资金时，非法集资活动才可能受到刑事追究；而一些具有明显欺诈性的集资活动，由于暂时能够维系资金链的运转，就不会进入司法机关的视野，这就给社会公众造成了一种无论集资手段是否正当，只要最终能返还资金就无可厚非的错觉，从而削弱了社会公众乃至非法集资者自身对欺诈性集资的道德非难，这对社会诚信体系的建立无疑具有严重的不良影响。

五、非刑法规制手段无法对抗非法民间融资造成的社会危害

我国对民间融资活动尚无专门的法律法规予以规制，现有规制民间融资活动的相关规定并没有形成统一体系，而是散见于《民法通则》《合同法》《证券法》和有关司法解释当中。杂乱分散的行政、民事法律规范体系对合法的民间融资行为的规制遵循的是保护与监管并行的规范模式。对于使投资者"血本无归"的非法民间融资行为，民事法律的救济手段只能是让融资人承担赔偿的民事责任，而实际上融资人正是因为无力偿还出资人的本息才案发的，导致民事救济流于形式。行政机关则是根据规定对融资人承担行政处罚的后果，即没收违法所得、取缔非法从事金融业务的机构并处以行政罚款，受害人的经济损失仍然无法得到弥补。

综上所述，由于非法民间融资活动的社会危害性已经达到了相当的程度，除了该类活动直接造成的严重社会危害以外，还诱发了一系列相关犯罪和社会群体事件的发生，非刑法手段的调控已经不足以对其进行规制，因此刑法有必要介入非法民间融资领域并对其进行规制，以维护国家正常的金融秩序和金融安全，保护广大投资人的合法权益。

第二节　民间融资刑法规制的限度

在我国刑法理论界，关于刑法的调控范围是应当缩小还是扩大，一直存在较大的分歧，从另一个角度可以称之为犯罪化与非犯罪化之争。犯罪并不是一个绝对不变的概念，它是动态的，具有相对性。它根据时代、民族和社会的变迁而变化，也根据公众的根本利益的变化而发生变化。伴随着社会的变迁，社会危害性的标准随之改变，犯罪

与非犯罪的立法评价也跟着改变❶。所谓犯罪化是指，将不是犯罪的行为在法律上作为犯罪，使其成为刑事制裁的对象。非犯罪化作为与犯罪化相对应的刑事政策层面的概念，意指将以前作为犯罪加以处罚的行为不再作为犯罪处罚❷。犯罪化和非犯罪化是作为刑事政策特别是刑事立法政策确定刑法关于范围、划定犯罪圈的一体两面，分别代表了两种不同的刑事政策方向：犯罪化代表扩张刑法干预的扩张主义的刑事政策方向，非犯罪化代表收缩刑法干预范围的缩减主义的刑事政策方向❸。我国民间融资领域的具体情况较为复杂，市场经济要求尊重市场的规律，倡导金融的自由发展，对于民间融资行为的"犯罪化"与"非犯罪化"问题的探讨，实际上就是如何界定刑法规制民间融资限度的问题。

刑法的谦抑原则要求，作为一种强制力最高的社会规制手段，刑法对社会生活的干预应当保持适度、克制，正如刑法学者指出："刑法之规制，不必企求囊括一切或及于生活领域之每一部分，反而应仅限于维持社会秩序所必要且最小限度之领域。"❹ 在民间融资问题上，应坚持刑法的谦抑原则，在以刑法手段介入民间融资领域时充分保持必要的限度。当前我国对民间融资领域的刑法干预有过度之倾向，片面强调对金融秩序和国有金融企业垄断利益的保护，对于正规金融体制外的大多数民间融资行为采取"一刀切"的规制模式，即只要某种融资行为在形式上不符合法律规定的要求，不问其实质上是否具有合理性，就扣上"非法集资"等罪名。刑法对民间融资的过度干预并未起到有效遏制各种非法融资犯罪的效果，以集资诈骗罪为例，曾经对多起案件适用了死刑，但集资诈骗罪的高发态势仍然没有得到改变。而且，对民间融资的过度干预阻塞了正当经营活动的资金融通渠道，

---

❶ 陈谦信：《中国刑法：犯罪化与非犯罪化》，载《云南财贸学院学报（社会科学版）》2008 年第 1 期。

❷ 郑丽萍：《犯罪化和非犯罪化并趋——中国刑法现代化的应然趋势》，载《中国刑事法杂志》2011 年第 11 期。

❸ 梁根林：《刑事法网：扩张与限缩》，法律出版社 2005 年版，第 217 页。

❹ 陈子平：《刑法总论》，中国人民大学出版社 2009 年版，第 10 页。

降低了社会资金的利用率，直接影响社会经济的正常发展。因此，刑法对民间融资活动的介入应当保持必要的限度，而不应当由于其中存在一些利用民间融资进行集资诈骗、非法吸收公众存款等犯罪活动的情况，就简单地以打击犯罪、维护秩序为名加以过度的干预。

一、刑法介入民间融资领域的限度标准

民间融资属于金融活动的性质，自由、安全、效率和公平是金融领域具有普适性的价值标准，以刑法手段介入民间融资领域，对于保护金融安全无疑会起到重要作用，但同时也应以不妨碍金融自由、效率和公平作为限度标准。

（一）刑法对民间融资领域的介入不应妨碍金融自由

金融自由实际上就是金融行为自由，从法律角度来看，是指金融主体可以按照自己的意志在法律规定和允许的范围内设立、变更和终止金融权利和义务❶。金融自由是金融市场的本质要求，对于保障市场主体的合法利益、促进金融效率都具有重要意义。金融自由最主要的内容是融资自由，因为资金是进行经济活动不可或缺的条件，公民、企业有进行融资的自由，应是宪法、物权法保护公民、企业合法财产权利的应有之意。因此，刑法对民间融资领域的介入应以不妨害公民、企业进行合理融资为边界，这不仅是经济发展的需要，也是尊重和保护宪法规定的公民财产权的必然要求。而从我国现行刑法规制体系来看，凡是在形式上符合非法集资或者违法发行股票、债券的行为，无论行为人的集资目的是否正当，均可按非法吸收公众存款罪、擅自发行股票、公司、企业债券等罪处罚，这显然妨害了公民、企业的融资自由，阻塞了社会资金的合理融通。

（二）刑法对民间融资领域的介入不应妨碍金融效率

金融活动的经济性决定了效率是金融法律规制的生命力所在，而

---

❶ 张宇润：《金融自由和安全的法律平衡》，载《法学家》2005 年第 5 期。

从金融业的发展历程来看，对金融领域的法律监管一直处于金融效率和安全的博弈之中，要么在某一阶段强调金融安全，要么在某一时期重视金融效率，二者很难同时达到最优组合❶。理想的状态是安全而高效，这就要求刑法不能以维护安全为由过度干预金融领域。金融效率的实现主要在于不同金融组织间的良性竞争和资金的合理流动，前者能够促进金融业务创新，后者则可促进资金的合理配置。因此，刑法对民间融资的干预不能妨害正常的金融竞争，阻碍资金的正常融通。从我国现行刑法的规定来看，非国有金融机构并不能从事存贷款业务，以借款、转让股权等方式向社会公众筹集资金的行为也容易触及非法吸收公众存款罪，擅自发行股票、公司、企业债券罪等罪名，这就妨碍了资金的合理流动和金融领域内良性竞争的形成。

（三）刑法对民间融资领域的介入应贯彻公平原则

刑法对民间融资领域的介入应贯彻公平原则，以不妨害不同权利主体依法追求经济利益为边界。对不同所有制主体的合法利益诉求予以同等保护，是市场经济的一项基本要求。对金融领域同样应坚持这一原则，要打破国有金融机构对金融业务的垄断，向民间资本开放金融领域，使不同所有制性质的权利主体都能分享金融业务的收益。而我国长期实行金融垄断政策，向社会公众吸存及放贷等金融业务一直被国有金融机构垄断，刑法为了维护这种垄断局面，也规定了非法吸收公众存款罪，尽管立法机关强调设立本罪主要是为了正常金融秩序❷，但背后蕴藏的意图主要在于排除非国有性质的资本进入金融领域，以此保护国有金融机构对金融业务的垄断以及由此产生的垄断利益，这并不符合市场经济条件下对不同所有制主体进行同等保护的公平原则的要求。

---

❶ 陈蓉：《对中国民间融资法律规制理念的思考》，载《武汉金融》2011 年第 8 期。

❷ 郎胜：《关于惩治破坏金融秩序犯罪的决定》释义，中国计划出版社 1995 年版，第 48－49 页。

二、刑法介入民间融资领域的具体限度

根据上述标准，刑法对民间融资领域的介入应保持一定的限度。针对当前刑事立法和司法实践的情况，可从以下几个方面限制刑法介入民间融资领域的范围和力度：

第一，限缩非法吸收公众存款罪的规制范围，为出于生产经营需要且未采用欺诈手段的正常集资活动预留合法空间。根据我国《刑法》第一百七十六条、最高院公布的《非法集资解释》第一条和第二条的规定，未经有关部门批准，采用公开宣传手段，承诺在一定期限内还本付息或者给予回报，以此向社会公众吸收资金的，可构成非法吸收公众存款罪。在实际情况中，吸收公众资金的情形多种多样，从手段来看，有的是采取了虚构资金用途、夸大偿付能力等欺诈手段，有的则如实披露了集资的有关信息；从资金用途来看，有的集资人是将集资款以更高的利率转贷给其他人，甚至非法从事向社会公众发放贷款的金融业务，有的则是用于企业的正常生产经营活动。但根据现行刑法的规定，只要未经批准吸收公众资金，且具备公开性、利诱性、社会性等特征，无论行为人是否采取了欺诈手段、集资款用于何处，均不影响本罪的构成。在这种"一刀切"的模式下，近些年来，很多处于正常经营需要而向社会集资的民营企业家被司法机关以非法吸收公众存款罪定罪处罚，如2003年发生的孙大午案即为最突出的例子。从非法吸收公众存款罪的立法本意来看，主要在于禁止公民和企业未经批准从事吸收公众资金的业务，保护国有金融机构对向社会公众吸存、放贷等金融业务的垄断。就违反规定吸收公众资金的行为而言，只有当行为人将集资款用于资本和货币经营，才可能扰乱金融管理秩序；以生产经营为目的的集资行为则不仅未对金融秩序造成实质性的损害，还促成社会闲置资金的有效融通，如予以合理引导，对社会经济的发展还能起到促进作用。因此，应限缩非法吸收公众存款罪的适用范围，对于非法吸收公众资金的行为做区别对待，而不宜一律以犯罪处理。具体而言，对非法吸收公众存款罪的适用范围可限定于欺诈性集资、以发放贷款为目的的集资、金融机构非法吸储等行

为，这些行为不仅严重扰乱了金融秩序，破坏了社会诚信体系，且严重威胁公众资金的安全；对于未采用欺诈手段、以正常生产经营活动为目的，且能及时清退资金的，由于这些行为并未对金融秩序造成实质性的损害，且未侵害集资者的财产权利，故不应以犯罪处理。

第二，限缩擅自发行股票、公司、企业债券罪的适用范围，为股权融资等正常转让股权等行为预留合法空间。股权融资是指公司股东通过出让部分股权，换取他人向企业注入资金的融资活动。股权融资是银行贷款、民间直接借贷之外重要的融资方式，在市场经济成熟国家被广泛采用。除了以转让股权方式融资外，在现实生活中，还有些股东在企业存续期间出于种种原因需要撤回投资，往往也会采取在公开市场上寻求股权受让者的方式。而在我国，根据《刑法》第一百七十九条、最高院《非法集资解释》第六条的规定，未经国家有关主管部门批准向社会不特定对象转让股权的，属于变相发行股票或者公司、企业债券性质，可以擅自发行股票、公司、企业债券罪定罪处罚。从实际生活来看，确有一些不法分子采取夸大公司实力，虚构公司将在境内外上市的事实，以大大超过实际价值的价格向社会公众兜售股权，从中牟取暴利；此外还有极少数公司由于不符合证券法规定的上市条件，避开监管，采用各种方式向社会大规模变相发行股票。上述行为扰乱了金融秩序，侵害了社会公众的财产权利，确有必要以刑法手段予以规制。但是，将公开转股一律界定为变相发行股票或债券无疑有矫枉过正之嫌，这不仅阻塞了众多非上市公司通过股权转让筹集生产经营资金的融资通道，也妨碍了公司股东出于各种合理情由而撤回出资，制约了社会资产的有效流通。为此，应当限缩擅自发行股票、公司、企业债券罪的适用范围，将刑法打击的对象限定为虚假的股权转让、逃避监管大规模发行股票、债券的行为，将出于正常经营和生活需要，未采取欺诈手段向社会公众转让股份的行为合法化，以充分发挥股权融资在盘活社会资金、丰富融资渠道方面的作用，保障公民、企业合理处置合法财产的自由。

第三，限缩高利转贷罪的适用范围，为小额贷款公司获得银行资金的支持解除法律"枷锁"。在世界范围内，小额贷款组织对于丰富社会融资渠道，分散银行信贷风险都起到了重要作用。在我国，小额贷款公司是指由自然人、企业法人与其他社会组织投资设立，不吸收公众存款，经营小额贷款业务的有限责任公司或股份有限公司。自2006年中央1号文件提出"大力培育由自然人、企业法人或社团法人发起的小额贷款组织"后，全国各地出现了多家小额贷款公司。2008年5月中国银监会和中国人民银行出台的《关于小额贷款公司试点的指导意见》进一步推动了我国小额贷款公司的发展。小额贷款公司在一定程度上缓解了广大农民、小微企业的融资困难，对金融起到了补充作用。但是，我国的小额贷款公司在资金来源上受到很大限制，根据中国银监会和中国人民银行在2008年联合发布的《关于小额贷款公司试点的指导意见》的规定，小额贷款公司的主要资金来源为股东缴纳的资本金、捐赠资金以及来自不超过两个银行业金融机构的融入资金，而且从银行融入的资金不得超过资本净额的50%。如果小额贷款公司违反上述规定向银行融入资金，然后以高出银行贷款利率发放贷款，就可能构成《刑法》第一百七十五条规定的高利转贷罪，这就极大限制了小额贷款公司作用的发挥，因为作为资金密集型行业的商事性民间借贷经营者必须通过适度负债融资才能保证持续经营……如果仅仅允许其使用资本金放贷，意味着其财务资源的严重浪费❶。从世界多数国家的经验来看，由银行将资金批发给小额贷款组织，是较为通行的做法。如在日本建立了多层次的储蓄和信贷体系，拥有较多资金的地方银行往往会把资金转借给贷款业务更为密集的小额贷款机构❷。这对于充分发挥资金的使用效率，分散金融风险都具有重要作用。我国应借鉴上述经验，构建多层次的贷款渠道，培育商业银行的贷款零售商，以充分发挥小额贷款公司的功能。而这就要求刑法缩小高利转贷罪的适用范围，将依法从事小额贷款业务的组织排除出本罪的犯罪主体。

---

❶ 岳彩申：《民间借贷规制的重点及立法建议》，载《中国法学》2011年第5期。
❷ 滕昭君：《民间金融法律制度研究——由湘西非法集资过程中法制缺位引发的思考》，中央民族大学2011年博士学位论文。

第四，对民间融资犯罪应贯彻慎刑轻刑，充分考虑民间融资犯罪的可宥性。我国刑法对民间融资类犯罪配置了较重的刑罚，对集资诈骗罪曾经设置了最高刑为死刑，现改为无期徒刑，对于非法吸收公众存款罪也规定了高达 10 年的重刑；在严厉打击非法集资犯罪的政策下，司法实践中对此类案件也往往不吝施以重刑。对民间融资犯罪施以重刑实际上并不符合罪刑相适应原则，并且忽略了民间融资犯罪可宥的一面。一方面，非法集资者是在无法通过正规金融渠道获取资金的情况下，为了维持正常经营活动而不得已采取不符合法律规定的集资方式，金融体制的僵化、滞后是造成此类犯罪的重要原因；另一方面，从犯罪实施的过程来看，在多数融资犯罪中，被害人的过错或自愿是犯罪得以顺利实施的一个重要因素，如在集资诈骗案件中，很多被害人为了追逐高额回报，在明知存在巨大风险的情形下仍积极投入资金；又如在高利贷情况下，很多借款人是基于对资金的急迫需求而自愿接受放贷者提出的超高利率。由此可见，金融体制的不合理以及被害人的过错或自愿接受是民间融资犯罪产生和实施的重要原因，在此情形下，应当减轻对行为人主观恶性和人身危害性的负面评价，不宜将犯罪的危害结果完全归咎于行为人并施以重刑。

第三节　我国民间融资刑法规制实践效果评述

自 1995 年全国人大常委会制定并颁布《关于惩治破坏金融秩序犯罪的决定》开始，我国逐步构建了民间融资罪刑体系，动用最严厉的制裁手段治理民间融资活动，主要目的是遏制民间融资犯罪，维护金融秩序，促进经济社会发展，实现保障人权的最终目标[1]。同时，我国政府还先后多次出台相关政策，对非法民间融资活动展开专项清理整顿活动，司法机关也非常重视对涉非法民间融资案件的审理。综合以上的各项措施反映出了国家对非法民间融资活动进行严厉规制的决心，法律法规出台快，各种处罚措施设置严，虽然取得了一些短期

---

[1] 袁琳，等：《民间融资刑法规制完善研究》，法律出版社 2016 年版，第 94 页。

效果，但犯罪发案率总是随着正规管制的松紧而不断反复变化，从长期展望来看，民间融资刑事立法的目的并未达到预期目标。

一、遏制效果有限，易引发负面效应

虽然压制型法为设置秩序提供了便利的工具，但是它在求得以认同为基础的稳定方面，还远远不能胜任❶。我国对民间融资犯罪的处罚一直坚持严厉打击的态度，甚至曾经不惜动用死刑进行威慑，但是并没有起到遏制犯罪率上升的目的，非法集资现象仍广泛存在。近年来我国非法集资活动愈演愈烈，全国很多地方都出现了非法集资大案。其中陆续被查处的大案有亿霖木业案、万里大造林案、蚁力神案、济正公司案、兴邦公司案、海天公司案、中科公司案、山川公司案、湘西自治州非法集资案等。据有关数据显示，2005年至2010年6月，我国公安机关立案的非法集资类案件超过1万件，涉案金额1000多亿元，每年以2000件、集资额200亿元的规模快速增加❷。人民法院近年来受理的非法集资犯罪案件呈逐年上升趋势，2011年共受理非法集资犯罪案件1274件，2012年共受理案件2223件，收案数上升约79%。从判处刑罚的情况来看，其中重刑（5年以上有期徒刑至死刑）适用比例较高。如2011年判决生效的非法集资犯罪案件中，判处重刑的被告人人数为583人，重刑率为35.88%；2012年，判处重刑的被告人人数为701人，重刑率为34.4%❸。据统计，2013年全国公安机关侦破非法集资案件3700多起，挽回经济损失64亿元，此外跨省案件增多，最多的一起甚至横跨20多个省份❶。新发案件更多集中在中东部省份，跨省案件增多，影响较大，并不断向新的行业、

❶ 张洪涛：《西方法律运行动力机制研究——西方走上法治之路的一种社会学解释》，载《湖北社会科学》2009年第3期。

❷ 罗书臻：《最高人民法院出台司法解释明确非法集资法律界定与适用》，载《人民法院报》2011年1月5日第1版。

❸ 中国法院网：《人民法院依法严厉惩处非法集资犯罪》，载 https：//www.chinacourt.org/article/detail/2013/11/id/1149998.shtml，2017年3月22日访问。

❶ 网易新闻：《非法集资案件高发 全国87%地市牵涉其中》，载 http：//news.163.com/14/0422/09/9QE52O4E00014JB5 - all.html，2017年3月18日访问。

领域蔓延❶。2014年以来，河北、陕西、甘肃、湖南等地发生多起非法集资案件，涉案金额上千万元，甚至过亿元。如河北邯郸金世纪被曝非法集资额超93亿元、河北邢台隆尧县三地农民专业合作社涉嫌非法集资80亿元、湖南娄底九龙集团涉嫌非法集资10亿余元。浙江省自2008年至2014年非法吸收公众存款罪与集资诈骗罪呈现大幅上升态势，非法吸收公众存款罪从2008年的40件上升到220件，集资诈骗罪从20件上升到102件❷。综上可见，非法民间融资案件出现了越治越多的局面，法律法规的严厉规制使许多原本处于灰色地带的民间融资活动采取了更为隐蔽的方式，从而酝酿出更大的金融风险，最终影响国家的金融秩序和金融安全。

我国政府将在很长的一段时间内，坚持反腐败的高压态势，使得地方政府的各级官员将维稳放到了重要位置，在工作中秉持"稳定压倒一切"的原则。在司法实践中，民间融资犯罪一旦案发，涉案范围广、人数多、金额大，地方政府为了维持社会秩序的稳定，不惜违反罪刑法定原则和罪责刑相适应原则而加重刑罚处罚力度，以期"平民愤"，甚至由政府出资弥补投资人的部分损失。这种治标不治本的规制模式，只能管得了一时，从长期来看，法律适用效果并未达到预期，而且会误导地方政府忽视通过建立科学而完善的法律规制体系来解决困境的模式。

二、民众对民间融资刑法规制效果不满意

以孙大午案、吴英案和曾成杰案为例进行阐释。孙大午作为董事长于1984年在河北徐水县成立大午集团，后因集团经营需要，在1995年先是从朋友处借钱，后来利用职工入股、村民入股等形式筹措款项，并给储户出具了统一的借据为凭证，存款年利率为2%～4%，约为同期银行存款基准利率的两倍，存款支取自由，大午集团对每笔存款均能按时还本付息，吸收的存款总额高达1.6亿元。2003年7

---

❶ 欧阳洁：《警惕伸向你财富的黑手》，载《人民日报》2014年4月22日第10版。
❷ 袁琳，等：《民间融资刑法规制完善研究》，法律出版社2016年版，第96页。

月，经当地检方批捕，2003 年 9 月，徐水县检察院以孙大午涉嫌"非法吸收公众存款罪"向徐水县法院提起公诉。2004 年 10 月徐水县法院做出一审判决，河北大午农牧集团有限公司犯有非法吸收公众存款罪，处罚金 30 万元；被告人孙大午犯非法吸收公众存款罪，判处有期徒刑 3 年，缓刑 4 年，处罚金 10 万元。孙大午被羁押在社会上引起很大反响，专家学者和社会公众对孙大午非法吸收公众存款案提出了不同的意见。2003 年 7 月，天则经济研究所召开了孙大午案件座谈会，经济学界、法学界的著名学者对我国现行的金融体制和金融刑法进行了猛烈的批判，孙大午的辩护律师则上书全国人大常委会，指称国务院颁布的金融监管法规逾越法律权限，申请立法机关对《刑法》第一百七十六条"非法吸收公众存款罪"进行解释。营救运动最终引起了中央最高决策者的关注❶。对民营企业家孙大午非法吸收公众存款案的审理，俨然成为一场对僵化、保守的金融体制的控诉，对粗糙、苛峻的刑法手段的批判。不仅如此，围绕这一案件的整个发生过程，众多学者（包括经济学家、法学家）和记者对民营企业的生存空间、草根金融的存在合理性、中国农村民生问题的严重性，甚至人权、自由等宪政问题进行了大量的反思❷。经济学家张曙光认为孙大午生存的状态就是目前大多数民营企业、民间企业生存的典型状态，民间企业的发展会受到非常大的限制，同时其发展也没有足够的保障❸。

2006 年浙江东阳本色集团董事长吴英一夜暴富成为"千亿富姐"，但是在 2007 年却因为非法吸收公众存款罪被逮捕，2009 年 12 月 18 日，浙江金华市中级人民法院一审判决，按照集资诈骗罪判处吴英死刑，剥夺政治权利终身，并且没收其全部财产。吴英不服一审

---

❶ 刘燕：《发现金融监管的制度逻辑——对孙大午案件的一个点评》，载《法学家》2004 年第 3 期。

❷ 茅于轼：《孙大午案揭示企业家命运的政治含义》，载 http：//people. chinareform. org. cn/m/mys/Article/201312/t20031224_22861. htm，2017 年 8 月 23 日访问。

❸ 张曙光：《由孙大午案件看中国民企的生存》，载 http：//www. aisixiang. com/data/1784. html，2017 年 8 月 24 日访问。

判决提出上诉，2011 年 4 月，浙江省高级人民法院对吴英案做出二审判决，裁定驳回吴英的上诉请求，维持死刑判决。2012 年 4 月 20 日，最高人民法院未核准吴英死刑立即执行，并将该案发回浙江省高级人民法院重审。2012 年 5 月 21 日，浙江省高级人民法院重审做出终审判决，以集资诈骗罪判处吴英死刑，缓期两年执行。在社会各界高度关注中小企业发展、民间融资合法与否的大环境下，此案一爆发，犹如一石激起千层浪，公众的反应非常强烈。"亿万富姐"吴英因犯集资诈骗罪被浙江省高级人民法院二审维持死刑判决后，这一判决结果在网络上引起了广泛的争议，有人甚至认为吴英是冤枉的❶。理论界与实务界则从司法导向、民间融资、金融垄断等多角度出发，为吴英求情。甚至许多学者认为吴英并不构成集资诈骗罪。凤凰财经频道所做调查显示，将近九成网友（87.8%）认为，吴英不应当被判死刑；超过一半网民（52%）认为，吴英倒下的原因是制度提供空子，吴英无知中"中套"；也有超过一半的网友（52.9%）认为，在未来民间集资将合法化❷。在 2012 年两会期间，温家宝总理在回答记者提问时，也表示了对此案的关注，更是引发社会各界对民间融资的关注，对于民间借贷行为到底应该如何定性成为研究的重点。经济学家张维迎在谈到吴英案时说："吴英案意味着中国公民没有融资的自由。在中国获得融资仍然是一种特权，而不是一种基本的权利。"❸

曾成杰是湖南三馆房地产开发集团有限公司总裁。从 2003 年 11 月到 2008 年 8 月，曾成杰先后使用了参与三馆项目、三馆物业认购、吉首商贸大世界房屋认购等集资形式向社会集资，集资利率从年息 20% 逐步提高到月息 10%，集资总额达 34.52 亿余元。后来，曾成杰因无法向集资户兑现承诺而停止还本付息，不仅造成集资户财产上的巨大损失，还引发了群体性事件和自焚恶性事件。曾成杰在一审、二审中均被认定为集资诈骗罪，并被判处死刑立即执行。经最高人民法

---

❶ 叶檀：《中国民间金融不需要吴英血祭》，载《南方都市报》2011 年 4 月 9 日第 1 版。

❷ 凤凰网：http://finance.ifeng.com/news/special/srwuyings/，2017 年 8 月 26 日访问。

❸ 张维迎：《吴英案意味着在中国没有融资自由》，载 http://finance.ifeng.com/a/201204/5534586_0.shtml，2017 年 8 月 27 日访问。

院复核核准二审的死刑立即执行判决。本案代理律师杜兆勇认为，曾成杰罪不该死，湘西集资案件突发，责任应由政府、企业家和民众共同承担，而不能仅用曾成杰一个人的生命来弥补。如果把所有责任都推到个人身上，实质性的内容会被掩盖起来，这样对民间融资的解决毫无益处。从最开始的盲目建设、吸引投资到之后的突然变卦和釜底抽薪行为，地方政府难以推脱责任，政府一刀切地强制所有企业不得支付本金和利息，导致一些资产优良的企业的努力付诸东流，企业风险成本增加，而监督草率的决策，更是切断了融资企业得到资金帮助的后路。学者冯鹏程认为曾成杰之后，经济不发达地区盲目的城市建设和对融资的那股热情仍在继续，杀鸡并没有起到儆猴的作用。这些由房地产融资带来的伤痛，并不会因为一纸判决书和一个生命的逝去而受到根本影响，巨大的问题没有得到根本解决。曾成杰便是这一特别时期的典型代表之一，我们应该引以为戒，改变思路，争取从立法、司法、行政等多个角度更加理性地推动金融改革。

从社会对孙大午案、吴英案、曾成杰案的评价来看，其中固然有很多是情绪性的宣泄甚至掺杂有个人利益的表达，但也不乏冷静的、专业性的思考，集中反映出现行民间融资刑法规制体系中某些犯罪的构成要件较为模糊、刑罚过重以及单一刑法手段不足以有效规制民间融资行为等制度性症结。

三、客观上创设和维护了金融垄断

现有的民间融资规制体系主要是为了维护金融监管秩序，客观上创设和维护了金融垄断，不能满足民营经济融资需求。我国金融法律、法规、部门规章大部分由金融监管部门制定，至于民间融资合法与非法、违法与犯罪的界限也由金融部门来划定。规制民间融资的刑法规范都强调"违反国家规定"，其罪状属于"空白罪状"，具体内容必须参照行政法规和行政规章，民间融资犯罪是典型的法定犯，这就给行政法规、行政规章，甚至部门规章上升为刑法留下了广阔的空间。梳理我国金融法规，不难发现，无论是设立金融机构，还是从事金融活动，都要得到相关主管机关的审核批准。我国的金融刑法规范又以相关的金融法规作为前置内容，这必然导致任何没有经过相关主管机关批准的集资型融资活动都会遭遇"身份危机"，很难具有"形式合法性"，都可以被打上"非法"的标签❶。所以，刑法规范构成要件的模糊化正来源于金融行政法规、规章的模糊化，民间融资的空间受到行政部门的严重打压，行政部门的意志、利益上升为刑法，有部门利益刑法化的嫌疑。从金融法律法规、规章的制定过程来看，民间金融、中小企业没有参与立法的途径，几乎全部是金融部门意志和利益的法制化。法律必须要有公共利益的基础，要维护公共利益，不能局限于部门利益，否则，法律必然失去公正性。

我国银行绝大多数都是国有银行或国有控股银行，而金融监管机构虽然有权对所有金融机构进行监管，但因为金融监管机构与正规金融机构利益相关，主要维护的是正规金融机构的利益。这种既当裁判员，又当运动员的现象是不公正的。从金融法律法规的实施结果来看，客观上保护国有金融机构的利益，维护了金融垄断。在金融垄断下，中小企业很难从国有金融机构融资，只好求助于民间融资。正规金融机构也是企业，有自己的利益诉求，不会容忍民间金融来"抢生意"，给自己造成损失。在利益驱动下，对民间金融进行严格限制甚至打击，是必然的选择。因此，我国金融改革的首要任务就是打破金融垄断。金融垄断限制了我国民营经济的发展，我国六大商业银行主要的放贷对象是国企，而中小企业的融资渠道狭窄、融资能力有限，融资难成为制约中小企业的"瓶颈"。中小企业虽然规模小，但是数量多，对经济社会发展的贡献大。统计表明，中小企业数量占全国企业总数的99%，中小企业所制造最终产品和服务价值占GDP的60%以上，提供了80%以上的城镇就业岗位，缴纳税金占全国的50%，发明专利占全国的66%，研发新产品占全国的82%，外贸出口占全国的68%。此外，中小企业在经济结构调整和产业优化升级方面发挥

---

❶ 张洪成：《非法集资行为违法性的本质及其诠释意义的展开》，载《法治研究》2013年第8期。

着不可或缺的作用❶。虽然中小企业对经济的贡献很大，但是政府对中小企业发展的金融支持力度相对于国企来说较小，金融垄断和配置方向的偏向性造成对中小企业的金融资源供给不足。

由于对民间融资犯罪刑事政策的严厉化，民间融资合法与非法、罪与非罪之间界限模糊，入罪门槛较低，刑罚的大棒总在民营企业头上，"非法集资"成为民营经济发展途中的"陷阱"。而国有企业、正规金融机构有合法、充足的资金来源，不必借助民间融资，基本上不触犯民间融资犯罪。刑法对非法民间融资的禁止和打击，使得民间金融转入地下，脱离监管，客观上又增加了民间融资的风险和成本。

第四节　我国民间融资刑法规制缺陷

由于民间融资犯罪对金融秩序和公众利益具有相当大的社会危害性，以刑法手段予以规制无疑是立法者的必然选择。但是，刑法作为最严厉的社会控制手段，兼具积极与消极的双重性，我国现行民间融资刑法规制体系之所以效果不佳，其症结就在于立法理念、规制模式、犯罪构成设置和刑罚配置等方面都存在明显缺陷。

一、立法理念上存在的缺陷

立法理念一般是指立法主体在立法时所要追求的价值目标和理想，也有学者提出还包括立法活动所必须遵守的基本程序或制度约束❷。立法理念的正确与否对法律的实施效果具有直接影响。从现行我国有关民间融资犯罪的规定来看，在立法理念上存在以下两方面的问题：

---

❶ 阙方平，曾繁华：《中小企业金融边缘化与融资制度创新研究》，中国金融出版社2012年版，第2－3页。

❷ 黄文艺：《谦抑、民主、责任与法制——对中国立法理念的重思》，载《政法论丛》2012年第4期。

（一）片面强调金融安全而忽视了金融效率

对不法经济行为大多选择犯罪化是我国经济犯罪刑事政策的典型特征，这在对待民间融资行为上得到了突出的体现。在 20 世纪 90 年代初出现系统性的社会集资问题后，国家一方面出台了密集的政策，采取传统的运动式措施施以治理；另一方面在未经充分论证的情况下，采取"一刀切"的方法，将所有未经国家批准的集资行为一律认定为违法，并以违反金融秩序为由而纳入犯罪圈中。这种轻率动用刑法手段的刑事立法理念实际上并不符合经济刑法的立法原理，立法者要对各类集资行为进行类型化，将其中确实有害的行为梳理出来予以入罪。而从我国现行规制体系的实践效果来看，在现行金融体制下，信贷资源大多向国有企业、大型企业倾斜，以广大中小企业为主体的民营经济很难通过正规金融如银行贷款、股市、债市获得资金，只能直接向拥有闲置资金的个人和单位筹资，但由于法律所允许的特定范围如集资人亲友、所在单位内部员工所能提供的资金毕竟有限，因此又只能向社会不特定公众筹资。这种出于正常经营需要、未虚构事实的集资活动本于社会无害，但被法律以保护秩序的名义予以禁止，使中小企业的融资渠道基本堵绝，从而在事实上剥夺了这类主体的融资自由，这无疑不利于社会经济的发展，也降低了社会资金的融通效率。而且，这种在入罪时单纯强调秩序侵害性的立法理念有时也难以得到社会民众的认同。由于融资类犯罪属于法定犯，其社会危害性并非如古老的杀人、盗窃犯罪那样不证自明，故对于违法融资的行为只有在其社会危害性达到社会共识的情况下才宜入罪。而前文所举出因正常经营需要向社会集资的行为显然不具有这种社会公认的社会危害性，将其以犯罪处理就难以得到社会的认可，从而削弱了法律适用的效果。

（二）过度倚重刑法手段，忽视其他配套制度的建设

刑法是一种具有补充性的社会控制手段，这种补充性不仅体现在刑法学者们一直强调的刑法应是防止犯罪的最后手段，还体现在刑法

手段要充分发挥效用，有赖于与其他手段如经济、行政制度的相互配合。而我国经济刑法领域的刑事政策存在的问题是在控制经济犯罪问题上，多表现为打击经济犯罪的政策宣言和处罚经济犯罪的刑事规范，鲜见防范经济犯罪的经济手段和行政对策。这在民间融资犯罪的刑法规制上得到突出的体现。对民间融资领域内非法吸收公众存款、集资诈骗、高利贷等脱轨现象的规制是个综合性工程，除了以刑法手段处置其中社会危害性达到犯罪的行为外，还需从改革金融体制，开拓民间融资渠道，建立社会征信体系等方面入手，建立民间融资犯罪的综合防治体系。而我国现行的融资法律管制体系过度倚重刑法手段，忽视了对上述配套制度的建设，这种做法存在以下弊端：

1. 单纯依赖刑法手段难以实现防治融资犯罪的预期目标

以民间融资犯罪中危害最严重的集资诈骗犯罪为例，从诈骗行为实施一方来看，均是出于贪利目的，而我们知道，刑罚的威慑效应难以从根本上遏制人性深处的贪利欲望。从被害人方面来看，一般是被集资人承诺的高利回报所诱而投入资金，对后者的资信、经营状况及资金的真实用途等信息并无切实的了解。如果存在完善的社会征信体系，出资人对集资人的信用状况能有比较全面的掌握，就可以在很大程度上降低集资诈骗犯罪成功的几率；如果国家为社会资金提供了更多投资渠道，拥有资金的人们就不会轻率选择将资金投入高风险领域。再如非法吸收公众存款行为，很多是因无法通过合法渠道筹集生产经营资金而不得已为之，如果开辟了合理的融资渠道，此类犯罪自然就会减少。

2. 过度倚重刑罚制裁不利于刑法手段的有效展开

法律学者指出，法律具有不完备性，如果仅依赖法庭被动执法，要想使法律被设计到最优是不可能的，如果仅依赖法庭被动司法，肯定会导致对违法行为或是阻吓不足，或是动辄采取非常严厉的法律措施，从而严重扼杀市场的发展❶。因此，引入监管机构以主动方式执

❶ 毛玲玲：《证券市场刑事责任研究》，法律出版社 2009 年版，第 66 - 67 页。

法可以改进法律效果，弥补法律不完备性之不足❶。在现行民间融资法律规制体系下，由于一面施加严刑峻罚，一面又未开辟新的融资和投资渠道，这迫使众多的非法融资者为了规避刑法制裁的风险，在融资时采取各种手段掩饰其非法实质，以至于司法部门难以识别其非法性；或者因完全转入地下而脱离了有效监管，从而削弱了刑法的适用效果；同时，在刑法万能主义错误思想的指导下，监管者一味注重刑法手段，而忽略了对非官方社会控制力量的使用，导致民间融资领域内社会监督力量缺位，不法融资者反而更易实施各种融资犯罪活动。

二、规制模式上存在的问题

针对融资行为的不同模式，立法者确立了不同的监管模式。对于规制犯罪的刑事立法亦应如此，而从我国目前的刑事立法来看，存在用规制间接融资的模式来规制直接融资的弊端。

如前文所述，以资金供需是否通过中介完成为标准，民间融资活动可以分为直接融资和间接融资。二者的交易形成机制、风险性均有明显不同，具体而言，直接融资能否成功，主要取决于资金供给方对资金需求方的信任程度，在熟人社会，借贷双方基于地缘、血缘、业缘关系相对容易达成这种信任；而在陌生人社会一般就难以建立起信任，尤其是我国当前民间融资活动具有借贷链条拉长的显著特征，即资金供给者与最终使用者中间还存在多个层级的中间人，这使得借贷双方信息不对称的情况更为严重，交易成本和信用风险也因此大幅提高。而间接融资由于通过国家进行监管的金融中介机构进行，信息不对称和交易成本均得到了控制。由于直接融资与间接融资存在的上述区别，因此对其进行监管的模式和制度也应有所不同。我国对于直接融资主要是通过《证券法》《债务管理条例》进行规制，其核心是严格的审批制，要求发行者具有规模、效益达到一定程度等条件，并实行严格的信息披露制度，使投资者能在充分了解集资者情况的前提下

---

❶ 郭锋：《现代契约理论与资本市场法制创新》，载 http://www.doc88.com/p-9621838379632.html，2017 年 5 月 6 日访问。

自主决定是否投资；对于间接融资则以《商业银行法》《保险法》等加以规制，实行严格的市场准入制度，对金融中介机构的安全性和健康性进行监管，确保其审慎经营，以保障公众资金的安全性。

从我国现行民间融资刑法规范体系来看，擅自发行股票、公司、企业债券罪规制的自然是直接融资活动；而非法吸收公众存款罪来源于原《商业银行法》第七十九条（2003 年修订为第八十一条）关于对非法吸收或变相吸收公众存款行为应予追究刑事责任的规定，立法本意在于打击未经批准从事吸收公众存款这类银行业务的行为，故其规制的对象应为间接融资。从当前民间融资的实践情况来看，采用擅自发行股票、债券的方式非法集资的，在操作上较为复杂，且容易暴露，故很少为非法融资者所采用。绝大多数非法集资活动表现为资金最终使用者直接向出资者借款的方式即直接融资模式，对此类非法集资行为本不应以非法吸收公众存款罪来处理。但从多年来的司法实务来看，在国家三令五申要求严厉打击非法集资活动的背景下，出于可以拿来即用、便于操作的功利考虑，司法部门对多数直接融资类型的非法集资活动都以非法吸收公众存款罪来处理；而最高院《非法集资解释》中将非法吸收存款界定为"吸收资金"的行为，这就在事实上形成了以规制间接融资的方式规制直接融资行为的扭曲格局。实践效果表明，这种格局产生了以下弊端：

第一，缩小了规制范围，使部分非法集资行为逃离了刑法打击的犯罪圈。在最高院《非法集资解释》出台之前，1998 年国务院颁布的《取缔办法》等文件都将"承诺在一定期限内还本付息"规定为非法吸收公众存款行为的主要特征之一。但从实践情况来看，非法集资的手段多种多样，有些具有很强的隐蔽性，如有的非法融资者为了规避法律，在表面上不采取承诺还本付息的手法；还有的尽管承诺在未来给予回报，但并非采取还本付息的固定回报方式。对上述行为很难认定为非法吸收公众存款，从而使部分非法融资行为逃离了刑法打击的犯罪圈。针对司法实践中出现的这一问题，最高院《非法集资解释》对非法集资行为的特征做出了新的诠释，一方面是对还本付息的具体方式做了具体描述，规定以货币、实物、股权等方式给予固定回报的均属"还本付息";另一方面是在还本付息之外,又规定承诺"给予回报"的亦可构成,此处的"回报"系指非固定回报❶。但是,最高院的这一解释并不能解决上述问题,因为对某些集资行为无法处理的症结不仅在于是否承诺给予"固定回报",还在于如何认定回报的有无,如有的集资者并不明示回报,而是约定与出资者共同投资经营、共负盈亏,然后借分配利润之名支付回报,以此表象来掩盖非法集资之实。依最高院的上述解释,对于此类行为仍然无法予以有效规制。

第二,与缩小了规制范围形成悖论的是,这种规制模式在另一方面不当扩大了犯罪圈,这体现在部分合法经营者的正常投资活动被以非法吸收公众存款罪追究,从而挤压了民间整顿融资的空间,妨碍了资金的有效融通和社会经济的发展。按照非法吸收公众存款罪的立法本意,资金需求者只有在获得国家批准有资格从事吸收存款业务的前提下,才能向社会公众集资。但在长期实行的金融管理本位主义体制下,国家对开设金融机构从事吸收存款业务实行严格的市场准入制度,一般中小企业根本不可能获得批准。而在直接融资市场上,国家对发行股票、债券同样设定了多数中小企业无法达到的高标准,故也难以通过这一渠道获得资金。在此情况下,一些正常经营的中小企业只能选择以承诺还本付息的手段向社会公众直接吸收资金的方式,但在目前的刑法规制体系下,这种方式又被界定为非法集资。在法律制度的多重挤压下,民间大量合理的资金需求就难以通过合法途径得到满足,社会资金的正常流通受到阻遏,社会的整体利益因此受损。还应指出的是,以非法吸收公众存款罪界定直接融资案件,难以得到社会的认同,这由孙大午一案得到了集中的体现。如前文所述社会对孙大午案判决结果的评价可见,对孙大午向他人借款的行为被定义为非法吸收公众存款,从普通民众到专业人士都表示难以理解,认为民间借贷与银行存款完全是两个性质。这说明,由于规制模式的不当,使得一些案件的处理出现了规范依据与价值判断的背离,从而削弱了法律适用的效果。

---

❶ 刘为波:《非法集资特征的理解与认定》,载《中国审判》2011年第2期。

三、犯罪构成设置方面存在的问题

司法实务情况表明，我国现行刑法对民间融资犯罪的具体构成设置上还存在明确性、统一性、协调性不够等问题。具体表现在以下方面：

（一）犯罪构成客观要素方面存在的问题

在犯罪构成的客观要素方面，区分合法集资与非法集资的界限标准模糊，导致某些不典型的非法集资行为难以定性。从司法实践情况来看，民间融资类犯罪以非法集资类犯罪为主，罪名相应地集中在非法吸收公众存款罪、集资诈骗罪、擅自发行股票、公司、企业债券等罪上。最高院在 2003 年发布的《全国法院审理金融犯罪案件工作座谈会纪要》指出，上述三罪的共性是在客观方面实行了向社会公众非法募集资金行为。由此可见，在客观上实施了非法集资行为实际上是此类犯罪构成的基本前提，也是认定此类犯罪的关键问题。有鉴于此，有关打击非法集资活动的行政法规、部门规章和最高院的司法解释，均煞费苦心地对非法集资的定义和投资做了详细界定，不仅如此，还对社会上常见的各种非法集资方法做了详细列举，试图以此将各种非法集资活动一网打尽。但遗憾的是，由实践效果观之，上述努力显然未收到成效，有关非法集资与合法集资的界限依然并不十分明晰。

1. 在界定非法集资构成条件方面存在的问题

根据 1998 年国务院《取缔办法》规定，非法集资和非法吸收公众存款行为由以下几个要素组成：一是未经依法批准；二是向社会不特定对象集资；三是承诺在一定时期内还本付息。同年国务院转发的中国人民银行《整顿乱集资乱批设金融机构和乱办金融业务实施方案》又将前述第三个要素增加为"还本付息或者以支付股息、红利等形式"。1999 年 1 月中国人民银行《关于取缔非法金融机构和非法金融业务活动中有关问题的通知》再次对非法集资的定义和特点做了界定，指出非法集资是指单位或个人未依照法定程序经有关部门批准，以发行股票、债券、彩票、投资基金证券或其他债权凭证的方式向社会公众筹集资金，并承诺在一定期限内以货币、实物及其他方式向出资人还本付息或给予回报的行为，其特点有四：一是未经依法批准；二是承诺还本付息，还本付息的形式包括货币、实物和其他形式；三是向社会不特定对象即社会公众筹集资金；四是以合法形式掩盖其非法集资的性质。由于早期的非法集资者大多直接采用承诺还本付息的形式，上述规定尚能发挥较大的效用，但随着打击非法集资活动的深入进行，非法集资者大都开始采用种种手法来规避法律，如出资者签订生产经营合同、商品交易合同，将本息以利润分配等形式予以返还。此类非法集资活动具有很强的欺瞒性和专业性，针对司法实践中的上述问题，最高院《非法集资解释》又将非法集资的特征归结为非法性、公开性、利诱性和社会性，但实际上仍未能提供明确的认定规则。

2. 在列举非法集资方式方面存在的问题

在 2007 年，国务院法制办公室曾将非法集资活动归结为债权、股权、商品营销、生产经营等四类，并明确列举了 12 种非法集资模式。最高院《非法集资解释》又明确规定了 10 种非法集资模式。这种详细列举法尽管有便利操作的优点，但对于明确非法集资和合法集资的界限标准实际上并无助益，因为实践中的非法集资手段五花八门，花样翻新，难以通过列举方式予以穷尽；而且，这种方式还使得有些非法集资者以此为参照，选择其他未被列举的方式，使得对非法集资行为的认定愈加困难。

总之，在非法集资与合法集资的界限这一关键问题上，现行刑法规制体系未能提供明确的标准，造成司法实务中难以准确区分非法集资与合法民间借贷的界限，有些合法借贷则被错误界定为非法集资，有些非法集资行为则得以脱离监管范围。

（二）犯罪构成的主观要素方面存在的问题

在犯罪构成的主观要素方面，对于集资诈骗罪"非法占有目的"的认定规制较为模糊，导致定性困难。集资诈骗罪是民间融资犯罪中性质最严重、处罚最严厉的罪名，《刑法》第一百九十二条规定本罪在主观上应具有非法占有目的。集资诈骗与非法吸收公众存款在客观上均表现为非法集资，故行为人在主观上是否具有非法占有目的直接决定了此罪与彼罪的界限划分。由于实践中对非法占有目的的认定经常出现争议，最高院为了统一执法和便于操作，先后数次以列举的方式对非法占有目的的认定标准做了界定。2003 年《全国法院审理金融犯罪案件工作座谈会纪要》中对认定的标准做了界定，规定以下情形可以认定具有非法占有目的：（1）明知没有归还能力而大量骗取资金的；（2）非法获取资金后逃跑的；（3）肆意挥霍骗取资金的；（4）使用骗取的资金进行违法犯罪活动的；（5）抽逃、转移资金、隐匿财产，以逃避返还资金的；（6）隐匿、销毁账目，或者搞假破产、假倒闭，以逃避返还资金的；（7）其他非法占有资金、拒不返还的行为。文件中还强调不应客观归罪，即不能仅凭数额较大的非法集资款不能返还，就推定被告人具有非法占有目的。《非法集资解释》删除了前述第 1条，改为"集资后不用于生产经营活动或者用于生产经营活动与筹集资金规模明显不成比例，致使集资款不能返还的"，在"肆意挥霍骗取资金"一项增加了"致使集资款不能返还"的结果条件，其他基本予以保留。从实践效果来看，上述规定尽管带来了一些操作上的便利，但遇及不典型的案件时往往会产生分歧。以吴英案为例，判决认定吴英具有非法占有目的的一个重要依据是吴英将集资款中的 1000余万元用于个人消费品，属于肆意挥霍性质。但全案集资总额高达 7亿余元，未归还的也有 3.8 亿余元，仅消费 1000 余万元能否认定为肆意挥霍引发了很大的争议。这里的问题可以归结为：个人挥霍和为了经营需要而进行个人或企业形象包装的行为界限；挥霍金额与"肆意"的认定关系等。又如使用骗取的资金进行违法犯罪活动的规定，实际上并不符合非法占有的认定逻辑，因为所谓非法占有目的，系指行为人主观上根本没有归还的意愿，与客观方面的用途并无必然关系。以用途的非法性来直接认定非法占有目的，不单是客观归罪，更犯了逻辑错误。典型的例子如行为人为了经营而非法集资，而后将部分非法集资款用于行贿，最后以经营获利来偿还集资款，在此种情形中行为人实际上并无非法占有目的，只能处理其行贿行为。即便在将集资款用于赌博而致血本无归的场合，行为人主观上也大多是"搏一把"的放任心态，未必具有非法占有的直接故意。总之，由于对非法占有目的的界定标准较为模糊，造成司法实务中对于此类案件定性困难。由于对集资诈骗罪最高可判处无期徒刑（曾经最高可判处死刑），而非法经营罪的最高刑为有期徒刑 15 年、非法吸收公众存款罪的最高刑为 10 年，很多司法部门在处理非法占有目的存在争议的非法融资案件时，为避免改判风险或受到舆论的抨击，大多选择以非法经营罪或非法吸收公众存款罪处理，以致放纵了集资诈骗犯罪。有的以集资诈骗罪定性的案件由于非法占有目的不典型，判决结果受到社会广泛非议，未能取得良好的法律效果和社会效果。

四、刑罚过于严厉

我国对于严重经济犯罪一向实行严厉打击的刑事政策，在民间融资的刑法规制上同样如此。除了前文所述对集资诈骗罪和非法吸收公众存款罪等罪配置的法定刑过高外，各罪之间的起刑标准和法定刑水平设计不均衡。对于性质类似的多个犯罪，在起刑点标准和刑罚幅度的设计上应保持均衡，这是罪责刑相适应原则对刑事立法的要求，而现行刑法、司法解释对民间融资各类犯罪的规定显然未达到这一要求。

第一，从起刑点标准来看，根据最高院《非法集资解释》的规定，对于个人非法吸收公众存款或变相吸收公众存款数额在 20 万元以上的，应当依法追究刑事责任；最高检、公安部《追诉标准规定（二）》对擅自发行股票、公司、企业债券罪则以发行股票、债券的数额标准要高于非法吸收公众存款，难以在法理上做出合理的解释，同时也造成擅自发行股票、债券在 50 万元以下的行为无法处置的司法漏洞。

第二，从法定刑水平来看，非法融资犯罪所涉的擅自发行股票债券、非法吸收公众存款、非法经营、集资诈骗等罪名法定最高刑包括 5 年、10 年、15 年直至无期徒刑，差距过于悬殊，尤其是对于前三类无非法占有目的的非法集资行为，仅是集资形式不同，实质的社会危害性并无明显差距，在法定最高刑的配置上差距如此之大也有违罪责刑相适应原则。

第四章 非法吸收公众存款罪 刑法规制解析

第一节 非法吸收公众存款罪概述

一、我国非法吸收公众存款罪现状

（一）受害人众多，涉案金额巨大

近几年来，随着非法吸收公众存款犯罪愈发频繁地出现在人们的身边，我们就愈加清晰地发现，非法吸收公众存款犯罪的受害人数量众多，并且涉案金额更是巨大。从受害人的数量方面来看，人数少则几十人，多则可以达到成百上千人，受害人的范围包括在职的国家公务人员，公司、企业和事业单位的职员及退休人员，而且还有大量的个体工商经营者、劳动者和无业人员等社会的各个阶层。受害人之间往往关系比较亲密，一般是亲人、朋友、同事和同学等不同类型和程度的"熟人"关系，因"熟人"关系导致极易形成由点到线、由线及面的辐射反应或者金字塔结构。同时，与受害人数量众多相对应的是非法吸收公众存款案件的涉案金额一般都比较巨大，而且还有愈来愈大的趋势，动辄就是几十亿甚至上百亿。如 2014 年青海庆泰信托两高管非法吸收存款 36 亿元案、2006 年德隆系列案涉案金额 450 亿元、2008 年宁波宏润房产案金额 9.45 亿元、2009 年鄂尔多斯石小红非法

吸收存款 7.4 亿元等❶。根据现有的统计数据表明，此类犯罪的个案金额均达千万元以上，由于犯罪分子许以受害人高额的利息回报作为诱饵，并在初期往往能够如约兑现承诺，导致众多受害人为了获得更高额的利息回报，不惜动用自己的养老金、购房款、拆迁补偿款去借给犯罪分子，有的受害人甚至会将正在居住的房屋进行抵押，然后把抵押款投给犯罪分子，而相当多的犯罪分子在拿到资金后，并没有去从事正当经营，而是任意挥霍，甚至有些犯罪分子会将资金秘密转移到海外，直至无力返还受害人的本息时才会导致案发，而此时，受害人的损失也往往难以追回。

此外，非法吸收公众罪在实践中出现了一些新情况，即犯罪分子与银行工作人员相勾结，银行工作人员扮演推销员的角色向社会公众吸收资金。银行工作人员的特殊身份使其很容易获得受害人的信任，导致受害人的自我防范意识大大降低，进而将其代理的非法融资业务混同于银行正规的理财业务，最终导致被害人上当受骗。例如在"华融普银案"中，数百余名的受害人都是经由中国工商银行、兴业银行等十余家银行的分支机构工作人员介绍才投入的资金，涉案金额高达 3 亿余元。在 2017 年，民生银行北京航天桥支行被曝销售"假理财产品"，致使 150 多名投资者被套 30 亿元。

（二）手段繁多，隐蔽性较强

非法吸收公众存款罪的宣传手段已经由早期的发放传单、打推销电话、发短信以及口口相传等，升级为聘请明星进行代言、在报刊杂志刊登广告、召开推介会和新闻发布会，当前又借助强大的网络平台进行宣传。大量的投资担保公司、房产公司等中介机构纷纷加入到非法吸收公众存款领域，同时县城和乡镇成为新开辟的市场。非法吸收公众存款手段的隐蔽性也在不断增加，早期非法吸收公众存款者大多数是以生产经营为由，采用许诺受害人定期收取高额利息、到期返还本金等手段直接吸收公众存款，少数则是以注册大型公司为幌子，通

---

❶ 任虹铮：《论非法吸收公众存款罪》，华东政法大学 2014 年硕士学位论文。

过亲人、朋友间的介绍或是直接通过发放宣传单的形式大肆宣传。目前采用的手段隐蔽性更强，主要包括以私募基金、投资理财、加盟返利、众筹等手段，普通公众很难分辨风险，因而更加容易陷入非法吸收公众存款者的"圈套"。

另外，更有一些犯罪分子会依照法律规定办理工商营业执照和税务登记，设立"空壳公司"，公司在成立后并未从事工商营业执照载明的业务，而是在"理财咨询""投资担保""资金管理"等幌子的掩盖下，从事非法吸收公众存款活动。这些合法成立的公司有合格的办公地点、办公人员以及运营资金等，内部组织机构设置完备、分工明确，以上种种正规公司表象使其更具有迷惑性。如很多已经被立案侦查的涉案公司内部不但设立了门类齐全的人事部、行政部、研发部、财务部、客服部以及市场部等相关部门，而且还高薪聘请了多名具有金融专业背景和从业经验的专职工作人员，由于这些专业人员很多都曾是商业银行的工作人员，或者是具有丰富理财经验的专业人士，所以当他们在具体从事非法吸收公众存款业务时，往往善于运用其专业知识来规避风险，迷惑受害人。

（三）侦破难度较大，返还比例偏低

在非法吸收公众存款案件中，犯罪分子在集资活动开展的初期，往往都能按照事先承诺的回报让受害人获得暂时的高额利润，从而赢得受害人的信任，使其放松警惕相信公司的盈利能力，并间接让客户通过口口相传的方式告知身边的亲人和朋友，进而达到为其宣传的实际目的。在集资款不断累积后，犯罪分子要么携款逃跑，要么在肆意挥霍后无法偿还到期本息，此时受害人才会发觉自己可能已经上当受骗，此时即使选择报警，事实上也已经很难挽回损失。因此，在司法实践中，这类案件的侦破难度较大，即便是成功侦破了，抓回了在逃的犯罪分子，其所吸收的大量公众存款也已经被其拿去进行再投资，结果投资失败血本无归，或者是早已秘密转移到海外或他人账户中去。同时在案发前后的一段时间里，还有相当一部分的受害人因为轻信了犯罪分子债权转股权能获得更高额利润的虚假承诺，为犯罪分子在这之后的转移、隐匿甚至是挥霍资金的行为又间接提供了充足的时间，导致司法机关的追赃之路更加举步维艰。

（四）受害人容易产生极端诉求

在犯罪分子许以高额的利息回报和最低保本的无风险投资的诱惑下，许多受害人不惜倾其所有甚至借款投资给犯罪分子，因此，一旦案发，如果无法追回投资款，受害人往往会因为损失惨重而失去理智，做出聚众围堵的过激行为，甚至是上访闹事，严重扰乱社会秩序和危害社会稳定。非法吸收公众存款类案件的持续高发也从另一个层面反映一个事实即大多数民众都缺乏基本的金融常识和理性的投资观念。一方面，他们无视"高收益必然伴随高风险"的基本规律，一心只想获取高额收益，却又不愿承担投资失败的风险。另一方面，一旦遭遇投资失败导致案发，他们往往不会反思自己不理智的投资行为，而是采用各种非理性和非合理手段，要求司法机关及早抓获犯罪分子，并尽快帮助他们追回本金和利息。如果最终无法追回投资款，受害人又将责任归咎于行政机关的监督管理不到位，要求政府为自己不理智的冒险投资行为承担责任。据统计，实践中大多数非法吸收公众存款案件的资金返还比例仅仅介于 10%～30% 之间，大部分受害人的损失都难以挽回，这也是此类案件容易出现集体上访事件的重要原因。

二、非法吸收公众存款罪的基本特征

（一）手段的非法性

手段的非法性是指行为人违反有关法律规定，针对不特定人群实施非法吸存和变相非法吸存的行为。非法吸收公众存款罪中的"非法性"在《非法集资解释》中表述为：未经有关部门依法批准或者借用合法经营的形式吸收资金。可见认定"非法性"的关键在于：是否批准和是否借用合法经营形式两点。

第一，未经批准性。向社会公众筹集资金的行为既侵犯了广大公众的切身财产利益又侵害了国家的金融管理秩序和宏观调控政策[1]。这里"未经批准性"既包括未经批准从事了只有金融机构才能从事的存贷款业务；也包括金融机构虽已经依法审批，但从事业务未经批准或者业务违法。非法吸收公众存款行为的违法性既指实体性违法，也指程序性违法，包括在申报审批的过程中存在欺诈手段弄虚作假从而通过了审批的行为。在司法实践中绝大多数表现为未经国家有关主管机关批准，擅自向不特定多数人公开实施非法吸收或者变相吸收公众存款，同时也还存在着另外一种情况即行为人在经过有关主管机关批准后而采取非法手段吸收公众存款的行为，在满足本罪其他构成要件的前提下，也有成立本罪的可能性，因此司法解释规定的是违反国家金融管理法律规定而非未经有关主管机关批准。这里要强调的是金融管理法律规定的是整个法律体系而非单个的法律条款，并且只有相关的金融管理法律明确禁止的行为才是非法的。第二，借用合法经营的外衣吸收资金，以合法手段掩盖非法吸收公众存款目的。这种案件是民间融资和非法吸收公众存款的区别所在，所以要正确区分合法经营行为和假借合法经营的外衣非法吸收存款行为，才能在保持刑法谦抑性的基础上更好地放开民间借贷行为，保持市场的活力。

（二）行为的公开性

非法吸收公众存款罪中的"公开性"在《非法集资解释》中表述为：通过媒体、推介会、传单、手机短信等途径向社会公开宣传。首先，非法吸收公众存款是向不特定人群吸收资金，行为必然具有公开的属性，即行为人通过一定形式的媒介进行全方位的宣传，公开而广泛地向社会公众传递融资信息，虽然有些吸收资金行为的宣传对于司法机关是保密的，但这仅是行为人为了达到非法目的而采取的手段，并不能否认其公开性的本质。《非法集资解释》中的宣传方式仅仅是示例性的规定，只要公开宣传达到社会公众知晓的程度就可以认

---

[1] 李硕，李浣：《关于非法集资等涉众型金融犯罪适用法律问题研究》，载《河北法学》2011 年第 6 期。

定为其行为符合"公开性"的要求。常见的公开宣传方式除了《非法集资解释》中的几种之外，还包括但不限于媒体宣传、手机短信、宣传册、传单、广告、拍卖、标语、横幅、讲座、研讨会、论坛、口口相传等形式。需要说明的是公开宣传也包括虚假宣传，但是行为人宣传内容是否具有欺骗性并不是本罪认定的决定性问题。在《2014年意见》中关于"向社会公开宣传"专门进行了进一步解释：包括以各种途径向社会传播吸收资金的信息，以及明知吸收资金的信息向社会扩散而予以放任等情形。另外，虚假宣传并不是成立非法吸收公众存款罪的必备要件，虽然现实生活中集资人为了更好地吸收资金会进行虚假宣传，欺骗投资者。但是，非法吸收公众存款罪其本质上是侵犯了金融管理秩序，至于集资人是否使用了欺诈手段，投资人是否被欺诈都不是成立本罪的条件，这也是区别于集资诈骗罪的地方所在，因此，欺诈手段并不是非法吸收公众存款罪的必备要件❶。

（三）回报的利诱性

回报的利诱性是非法吸收公众存款罪的典型特征，承诺还本付息和给付回报，即行为人向投资人表示会在一定期限内偿还投资人本金并予以支付高额回报，诱导社会公众投入资金。利诱性在《非法集资解释》中的表述为：承诺在一定期限内以货币、实物、股权等方式还本付息或者给付回报。不管是合法的融资行为，还是非法的集资行为，作为经济行为，趋利性是其本质属性。一般回报的种类分为固定回报和非固定回报，方式包括但不限于货币、实物、股权、债务抵消等形式。当今社会变相吸收的手段层出不穷，导致对还本付息在司法实践中认定存在一定的困难。另外，需要指出的是不论该承诺是否具有一定形式的载体并真实有效，只要融资人概括地应许未来给予投资者高额的利润回报，并与对方达成意思表示一致，均可认定为集资人已经做出未来给付投资人以高额回报的允诺，满足利诱性特征的要求。但是之所以非法吸收公众存款罪被刑法所规制，是因为其"利诱

---

❶ 刘为波：《非法集资特征的理解与认定》，载《中国审判》2011年第60期。

性"异常于正常的融资行为。首先，正常融资的回报是"投资性"的回报，非法集资行为的回报是"承诺性"回报。非法吸收公众存款中的回报基本上是承诺保底，即不管投资人的投资项目是否真的受益，不管投资人是否真正付出劳动。其次，出资人的给付金钱是基于获取回报为目的的。获取的回报目前已经不仅仅局限于固定回报，也包括了不约定固定回报。非法吸收公众存款罪的回报方式是多种多样的，除了货币之外，还包括但不限于实物、股权、提成等多种形式。

（四）对象的社会性

对象的社会性是指行为人在实施符合本罪犯罪构成要件的客观行为时，选择侵害的目标是社会上不特定的多数人。社会性在《非法集资解释》中表述为：向社会公众即社会不特定对象吸收资金。这也是非法吸收公众存款罪区别于正常民间借贷行为的标志。社会公众一般都缺乏投资知识，经济实力薄弱，抗风险能力比较低，在行为人承诺高额回报时，往往经不住诱惑铤而走险，一旦融资人资金链断裂会造成投资人重大利益损失。对吸收资金行为社会性的判断，可以从非法吸收公众存款行为的社会影响性和对周围人群的辐射性进行判断，社会影响较大且辐射人群广泛并有随时增加的风险，此时可以认为该非法吸收或者变相吸收公众存款的行为满足对象的社会性特征。

三、非法吸收公众存款罪的立法沿革

1995 年全国人民代表大会常委会通过的《商业银行法》首次提出了"非法吸收公众存款"和"变相吸收公众存款"的法律概念，但对以上"非法吸收公众存款"行为和"变相吸收公众存款"行为并没有做明确的规定，该《商业银行法》第十一条的规定严格限制了能够从事吸收公众存款储蓄业务的金融主体，第四十七条规定了商业银行应当依据有关法律法规采取正当手段吸收公众存款，同时第七十九条规定了商业银行违法擅自吸收存款时应承担的法律责任❶。1995年6月30日第八届全国人民代表大会常务委员会第十四次会议通过了《关于惩治破坏金融犯罪的决定》，第七条明确规定：非法吸收公众存款的行为应当承担刑事责任，这是第一次正式将非法吸收公众存款罪纳入刑法规制的范围之内，并且本罪包括了非法吸收存款和变相吸收存款的行为。此后，1997年《刑法》修订后第一百七十六条基本全文照搬吸收该决定第七条条文，形成现有的非法吸收公众存款罪。尽管1997年《刑法》仅仅规定了非法吸收公众存款的行为应当负刑事责任，但就成立本罪的筹集资金的行为方式类型并没有做出明确的规定。该条文对非法吸收公众存款罪的定性比较模糊，导致在司法实践过程中也带来了诸多争议。为此，1998年7月国务院颁布了《取缔办法》，第四条明确了何为非法吸收公众存款的行为，何为变相吸收公众存款的行为❷。因当时刑法规定模糊且缺乏相关的司法解释，所以该《取缔办法》在实务操作中几乎被当作唯一的法律解释运用，《取缔办法》的出台对非法吸收公众存款定性提供了规范性依据。2001年最高检和公安部联合发布的《追诉标准规定（二）》第二十八

---

❶ 1995年《商业银行法》第十一条：设立商业银行，应当经中国人民银行审查批准。未经中国人民银行批准，任何单位和个人不得从事吸收公众存款等商业银行业务，任何单位不得在名称中使用"银行"字样。第四十七条：商业银行不得违反规定提高或者降低利率以及采用其他不正当手段，吸收存款，发放贷款。第七十九条：未经中国人民银行批准，擅自设立商业银行，或者非法吸收公众存款、变相吸收公众存款的，依法追究刑事责任；并由中国人民银行予以取缔。伪造、变造、转让商业银行经营许可证的，依法追究刑事责任。

❷ 1998年《非法金融机构和非法金融业务活动取缔办法》第四条：本办法所称非法金融业务活动，是指未经中国人民银行批准，擅自从事的下列活动：（一）非法吸收公众存款或者变相吸收公众存款；（二）未经依法批准，以任何名义向社会不特定对象进行的非法集资；（三）非法发放贷款、办理结算、票据贴现、资金拆借、信托投资、金融租赁、融资担保、外汇买卖；（四）中国人民银行认定的其他非法金融业务活动。前款所称非法吸收公众存款，是指未经中国人民银行批准，向社会不特定对象吸收资金，出具凭证，承诺在一定期限内还本付息的活动；所称变相吸收公众存款，是指未经中国人民银行批准，不以吸收公众存款的名义，向社会不特定对象吸收资金，但承诺履行的义务与吸收公众存款性质相同的活动。

条规定了本罪的追诉标准❶。对个人和单位非法吸收公众存款或者变相吸收公众存款的资金数额、对象及所造成的损失金额都做了明确的规定。在最高法《非法集资解释》中第一条明确了非法吸收公众存款罪应当具备四个条件即非法性、公开性、利诱性、社会性。在2014年3月25日，最高法、最高检、公安部印发《2014年意见》中，对于非法吸收公众存款罪中关于"社会公众"的范围及"向社会公开宣传"的定性等做了进一步解释说明。以上法律解释的规定内容有助于司法机关正确规范地使用法律处理非法吸收公众存款犯罪。

第二节　非法吸收公众存款罪犯罪构成解析

根据我国现行《刑法》第一百七十六条的规定，非法吸收公众存款罪是指违反国家金融管理法规，非法吸收公众存款或者变相吸收公众存款，扰乱金融秩序的行为。由此可见，我国刑法对于非法吸收公众存款罪描述方式采取的是叙明罪状方式。但是在实际上并没有达到详细而又明确的效果，由此引发了关于非法吸收公众存款构成要件理解上的诸多争议。

一、非法吸收公众存款罪客体要件解析

犯罪客体是指我国刑法所保护的、为犯罪行为所侵犯的社会关系。按照犯罪行为侵犯的社会关系的不同层次，刑法理论将犯罪客体

❶ 2001年最高人民检察院、公安部《最高检察院、公安部关于公安机关管辖的刑事案件立案追诉标准的规定（二）》第二十八条：非法吸收公众存款或者变相吸收公众存款，扰乱金融秩序，涉嫌下列情形之一的，应予立案追诉：（一）个人非法吸收或者变相吸收公众存款数额在二十万元以上的，单位非法吸收或者变相吸收公众存款数额在一百万元以上的；（二）个人非法吸收或者变相吸收公众存款三十户以上的，单位非法吸收或者变相吸收公众存款一百五十户以上的；（三）个人非法吸收或者变相吸收公众存款给存款人造成直接经济损失数额在十万元以上的，单位非法吸收或者变相吸收公众存款给存款人造成直接经济损失数额在五十万元以上的；（四）造成恶劣社会影响的；（五）其他扰乱金融秩序情节严重的情形。

划分为三类或三个层次：犯罪的一般客体❶、犯罪的同类客体❷和犯罪的直接客体❸。理论界对非法吸收公众存款罪的犯罪客体有着不同的理解，主要有以下几种观点：第一种观点认为本罪的客体是国家的金融管理制度❹或是国家的金融管理秩序❺；第二种观点认为本罪的客体是国家金融管理制度和金融秩序❻；第三种观点认为本罪的客体是国家关于吸收公众存款的管理制度❼，国家对公众存款的管理制度❽，或是国家对公众存款的管理秩序❾；第四种观点认为本罪的客体是国家的金融信贷资金管理制度❿或国家金融机构的信贷秩序⓫；第五种观点认为本罪的客体是国家的金融储存管理秩序⓬；第六种观点认为本罪的客体主要是国家融资制度⓭。

要确定本罪的犯罪客体应先弄清几个与金融有关的概念。金融市场是以金融股票、债券等工具为交易对象而形成的供求关系的总和。按其与资金的关系分为资金需求者、资金供给者、资金管理者，前两者之间形成金融交易关系，他们与管理者之间形成金融管理关系，同时金融机构也存在一定内部关系。金融秩序是指在有关融资方面的法律调整、规范下形成的法律秩序，包括股票发行秩序、债券发行交易秩序、基金发行交易秩序、保险管理秩序、信贷秩序、民间借贷秩

---

❶ 犯罪的一般客体：指一切犯罪共同侵犯的客体，即我国刑法所保护的社会主义社会关系的整体。

❷ 犯罪的同类客体：指某一类犯罪行为所共同侵害的，我国刑法所保护的社会关系某一部分或某一方面。

❸ 犯罪的直接客体：指某一种犯罪行为所直接侵害而为我国刑法所保护的社会关系，即我国刑法所保护的某种具体的社会关系。

❹ 周道鸾，张军：《刑法罪名精释》，人民法院出版社 2003 年版，第 226 页。

❺ 王作富：《刑法（第四版）》，中国人民大学出版社 2009 年版，第 344 页。

❻ 冯亚东，刘凤科：《非法吸收公众存款罪的本质及立法失误》，载《人民检察》2001 年第 7 期。

❼ 赵秉志，等：《刑法学》，北京师范大学出版社 2010 年版，第 503 页。

❽ 胡学相，薛云华：《经济犯罪的定罪与量刑》，广东人民出版社 2001 年版，第 206 页。

❾ 利子平，等：《金融犯罪新论》，群众出版社 2005 年版，第 140 页。

❿ 王凤垒：《金融犯罪研究》，中国检察出版社 2008 年版，第 203 页。

⓫ 陈兴良：《罪名指南》（上），中国人民大学出版社 2008 年版，第 410 页。

⓬ 屈学武：《金融刑法学研究》，中国检察出版社 2004 年版，第 263 页。

⓭ 李永升：《金融犯罪研究》，中国检察出版社 2010 年版，第 166 页。

序。现实的金融秩序往往是由金融交易秩序、金融管理秩序和金融机构内部秩序共同构成的。金融机构内部秩序是金融秩序的前提和基础，金融交易秩序是金融秩序的核心与关键，金融管理秩序是金融秩序的补充和保障❶。

非法吸收公众存款罪作为一种金融犯罪，规定在刑法分则第三章"破坏社会主义市场经济秩序罪"的"破坏金融管理秩序罪"中，侵犯的客体是金融管理秩序是没有争议的。理论界传统观点及司法实践也都坚持本罪侵犯了金融管理秩序，即资金需求者、资金供给者与资金管理者间形成的金融管理关系。又因金融秩序包含面广，仅仅把金融管理秩序作为本罪客体难免显得过于宽泛，不能表明本罪客体与其他破坏金融管理秩序犯罪客体的区别，无法准确揭示本罪社会危害所在，也不利于司法实践中区分本罪与其他金融犯罪。而且其他破坏金融管理秩序罪如高利转贷罪所侵犯的直接客体是国家对信贷资金的发放即利率管理秩序，对犯罪客体一般都有详细界定，为更好地对构成要件进行解释，应将本罪客体进一步具体化。同时论述某罪构成要件时不宜将制度作为犯罪客体，因为制度是从事某种活动所必须遵守的行为准则与模式，创建目的是更好地保护某种利益。犯罪行为可能违背某种制度，但不会因此破坏该制度的存在及实施，其破坏的是依据该制度或行为规范所调整的模式、结构的有序状态，即秩序❷。认为本罪的客体是国家的金融管理秩序，或者是国家的金融管理制度❸的观点存在的问题是界定的犯罪客体层次不准确。因为在犯罪构成意义上探讨的犯罪客体是指犯罪的直接客体，而不是指同类客体。在此观点中，不论是国家的金融管理秩序，还是金融管理制度，都是破坏金融管理秩序罪中所有犯罪共同指向的同类客体。以此同类客体作为非法吸收公众存款罪的直接客体，范围明显过于宽泛。这样既不能说明

---

❶ 刘远：《金融欺诈犯罪的概念及其功用》，载《刑法论丛》第 13 卷，法律出版社，2008 年版，第 390 页。

❷ 王强：《非法吸收公众存款罪刍议》，载《行政与法》2006 年第 3 期。

❸ 高铭暄，马克昌：《刑法学》，北京大学出版社、高等教育出版社 2011 年版，第405 页。

本罪客体与其他破坏金融管理秩序罪客体的区别，也不能准确地体现本罪所要保护的真正法益。因此，把国家的金融管理秩序或者说金融管理制度作为本罪的客体是不合适的。认为本罪的客体是国家对存款的管理制度，或者国家对吸收公众存款的管理秩序的观点存在的问题是界定的犯罪客体范围不够全面。其认为本罪的制定是为了保护国家有关吸收公众存款的管理制度，即保护我国特有的关于此行业相关业务的特许经营制度。但是，将本罪的立法目的仅仅限制于此框架内并不合理。因为"本罪的立法旨在打击所有违反国家金融管理法规、无视国家对于银行存贷业的特许经营许可制度之规定，非法吸收公众存款或者变相吸收公众存款，扰乱金融秩序的行为，保护银行业的正常发展，保护广大储户的财产安全，维护市场经济的稳定发展。"也就是说，本罪除了保护国家有关吸收公众存款的管理制度外，还保护广大储户的财产利益。此外，其他几种观点分别从信贷、融资、存储等角度考查法益，缩小了范围，也可表明本罪同其他破坏金融秩序的客体的差别。

综合以上分析，本罪的客体应该界定为国家的金融信贷秩序或称为金融信贷管理秩序。因为非法吸收公众存款罪是以保护国家金融信贷秩序，或者说国家金融信贷管理秩序为目的，这在表述上就更为完整，对本罪的立法原意也有一个更全面的认识。本罪对合法权益的保护包括微观和宏观两个领域，在微观领域是对于信贷相关制度的保护，也包括国家对于此行业的特许准入制度，而在宏观领域，本罪还能有效实现国家宏观调控，保障社会资金流向合理领域，保护广大人民合法财产利益的目的。

二、非法吸收公众存款罪客观方面解析

本罪的客观方面表现为行为人实施了非法吸收公众存款或变相吸收公众存款，扰乱金融秩序的行为。而什么是非法吸收公众存款，什么是变相吸收公众存款，法学理论界并未形成一致见解。其中，大多数人都是从如何理解和认定非法（变相）吸收公众存款中的"非法"和"变相"的角度来分析的。要搞清楚什么是非法吸收公众存款和变

相吸收公众存款，首先就需要明确什么是"非法""公众"和"存款"。

（一）对于"非法"的解析：未经批准或者借用合法经营的方式

以往的行政法规将非法性界定为"未经批准"，但这只能针对融资行为需要经过监管部门批准才能实施的犯罪类型。若行为人借用生产经营或者商品交易的合法形式进行融资行为的，并不存在前置性的批准行为。这使得行为人往往以该行为无需经过批准则不符合"未经批准"的要件因而不具备"非法性"来进行抗辩。但该行为实际上是用合法经营的形式掩盖其非法吸存的犯罪目的。因此，在《2011年解释》中，就将"非法"认定为未经有关部门依法批准或者借用合法经营的形式实施吸存行为。

（二）对于"公众"的解析：面向不特定的对象吸收存款

由于非法吸收公众存款罪的犯罪对象是公众存款，因此如何正确地理解和界定"公众"一词是判定行为人是否构成此罪的关键因素之一。然而由于相关的法律规范并没有给出判断"公众"的具体依据和标准，所以理论界和司法实务界均对"公众"一词的理解存在较大的争议。有的学者持不特定且多数说观点，认为所谓的"公众"必须是不特定的多数人。此处的"公众"存款必须同时满足两个条件即必须是不特定对象的存款和多数人的存款。有的学者持不特定或多数说的观点，认为"公众"是指不特定的对象或者多数人。判断行为人吸收存款的对象是否属于"公众"，只要满足"不特定的对象"或者"多数人"两者之中的任意一个，就可以成立非法吸收公众存款罪。同时，成立非法吸收公众存款罪，要求行为人向不特定公众进行宣传，进而吸收他人的资金。但应当注意的是，如果被害者与借款者存在亲属关系，或者被害者没有达到足够的数量，则无法认定为本罪。即"不特定"对象的认定，不仅强调"社会性"，而且强调"众多性"。但在司法实践中，不同法院对"社会性"和"众多性"的认定存在偏差，造成同案不同判的结果。

《刑法》第一百七十六条并未对"公众"进行界定。《取缔办法》第一条第二款使用了"不特定对象"一词，但并没有对该词进行阐释。《非法集资解释》第一条第一款第四项规定非法吸收公众存款的"社会性"特征，第二款明确规定"公众"不包括"亲友"和"单位内部人员"。据此可知，《非法集资解释》明确将"社会公众"解释为"社会不特定对象"，把"亲友"和"单位内部人员"排除在"公众"范围之外。而《2014年意见》第三条规定向"亲友"和"单位内部人员"吸收资金的两种情形视为是向社会公众吸收资金。这样规定，从理论上讲具有一定可行性；但从实践层面上看，却不具有可操作性。"亲"和"友"的具体外延难以明确确定。

"不特定"是指犯罪行为不是针对某一个、某几个特定的人或者某项特定具体的财产，其侵害的对象和造成的危害结果常常是事先无法确定的，具有相当的严重性和广泛性，行为人对此既难以预料，又难以控制。具体到本罪，是指行为人吸收存款的对象标准并不确定，是开放的，来者不拒的；或者虽然表面上存在一定的标准，但事实上该标准与其存款的目的并无特定关联，存在向社会不特定对象随时扩散的可能。有学者认为公众不仅需要面向不特定对象，还需要满足多数人的要件。但事实上，多数人仅仅是"公众"通常情况下的表现形式，即便仅吸收到少数人的存款，但面向的是不特定的对象，仍然符合"公众"的本质特征。学者们强调"多数人"与其说是在限定公众的范围，不如说是在限定刑法的处罚范围，即认为只有面向不特定的多数公众吸收存款才能达到刑法规制的程度。但吸存人数多寡并不影响对公众的认定，也不能作为是否构成犯罪的判断标准。因为本罪所侵犯的客体是国家金融管理秩序，一国的金融秩序在确定的、可控的小范围内是不可能被侵害的，只有达到一定数额的存款才可能影响到国家金融管理秩序，因此只需通过吸收的存款数额大小即可以限制刑法的处罚范围。如果考虑吸存人数，则可能造成尴尬局面即尽管人数少但是吸存数额多，那么可能造成达到明显社会危害性的行为由于人数少而被排除在外。因此，不能将吸存的人数作为判断是否构成

"公众"的要件，而应考虑行为人的吸存对象是否是不特定的。

综上，将"公众"界定为"不特定"或"多数人"更为合理，如果界定为"不特定且多数"，在司法实践中会出现放纵此类犯罪行为的不利后果。举例进行说明：甲是一家公司的老板，以帮助公司渡过难关为借口，以高额利息为诱饵向公司员工筹集资金，从80名员工处共吸收500万元资金，但是王某并没有将资金用于公司正常经营领域而是挥霍一空，到期无法偿还员工本息。如果按照"不特定且多数说"的观点分析，非法吸收的对象为80人，达到了"多数人"的要求，但是吸收存款的对象都是本公司内部工作人员，不符合"不特定"的要求，王某的行为不能认定为非法吸收公众存款罪。如果按照"不特定或多数说"的观点分析，甲的行为针对的对象虽然是特定的，但是吸收存款的对象达到80人，符合"多数"的标准，仍然可以认定为非法吸收公众存款罪。

另外，符合以下两个条件之一的犯罪对象应当被排除在本罪不特定对象之外。一是投资人具有专业投资知识和风险控制能力。法律设立非法吸收公众存款罪的立法初衷是为了保护一般公共投资人，以免因投资失误导致财产损失进而危害金融管理秩序。因此，投资人的专业背景显然应当成为认定本罪行为对象的关键点之一。不管是从保障经济活动的自主性还是从减少司法资源浪费的方面考虑，专业投资者不在法律保护的受众之内。二是投资方与融资方取得信息对称。在司法实务中，若对一个融资行为难以用传统标准准确界定非法吸收公众存款罪所指向的"社会公众"，可以从投资方获取的信息是否与融资方相对称的角度来衡量。若融资方能够证明对于该项筹资项目已经给了投资人必要的时间充分了解，即双方从接触到实际投资之间有适当的时间间隔；且双方已经相互交换进行该项筹资所必要的基本信息，即融资方获取了足够的信息能够衡量该投资人是否具有风险控制能力，投资人也取得足够的信息能够衡量该项融资是否合法真实。如果能够证明双方之间信息对称，就被默认为该投资人属于专业投资者并具有自控风险的能力，依照刑法谦抑性的原则，对该借贷双方应通过合同法予以调整，不属于本罪所保护的对象范围之内。该项判断标准不仅提高了司法上的可操作性，也最大程度保护了投资者的权益。

（三）对于"存款"的解析：吸收资金目的是用于信贷资本经营

有观点认为，所谓"存款"，泛指公众手中的资金，即除了存款人存到银行的现金，也包括还没有存到银行的资金，即广义的存款，潜在的存款。也有观点认为，由于商业银行的本质业务是吸收活期存款，因而公众存款即指"活期存款"，并以此主张《刑法》第一百七十六条"非法吸收公众存款罪"中的存款是指活期存款而不是指定期存款❶。存款作为一种金融业务，是有特殊含义的，金融业是专门经营资本、货币业务的，主要是存贷款业务，也包括一些特定的投资业务。银行之所以能够通过还本付息的方式吸收社会公众资金，就是因为其可以将吸收的社会公众资金进行放贷或者向国家银行存款，或者进行特定的投资，进而获取更大的利益。银行吸收社会公众资金的目的，正是为了用吸收的公众资金进行货币、资本的经营。然而资本、货币经营对一个国家来说又相当重要，关乎整个国家经济的稳健运行。据此，国家通过了《中国人民银行法》《商业银行法》等法律法规，对金融业实行严格的市场准入制度，对金融业实行特许经营，规定只有经过中国人民银行批准设立的金融机构才能从事金融业务。并且，从国家允许民间借贷的事实可知，法律禁止非法吸收公众存款，并不是禁止公民、企业和组织吸收资金，而是禁止公民、企业以及其他组织在未经批准的情况下从事金融业务，即用所吸收的公众资金去从事资本、货币经营，进而扰乱金融秩序。所以，对于本罪中的"存款"，我们应该从资本、货币经营的角度上来理解，也只有从这个角度上来理解，才能区分合法民间融资与银行吸收存款的行为，才能找到非法吸收公众存款与合法民间融资的界限。

---

❶ 彭冰：《商业银行的定义》，载《北京大学学报》2007 年第 1 期。

（四）对"扰乱金融秩序"的解析：违法吸存行为造成危害结果

对"扰乱金融秩序"的理解，学界也有两种不同的观点，即行为属性说和结果属性说。支持行为属性说的观点包括，有的学者认为，"扰乱金融秩序"是对非法吸收公众存款罪的行为性质的描述，而不是对本罪的犯罪结果的描述，只要行为人实施了向社会不特定对象非法吸收存款的行为，就可以认定其成立本罪，而不必再考虑其是否真正吸收到了存款❶；有的学者认为，不管本罪是否真的侵害投资人的合法权益，行为人只要实施违法筹措或者变相融资的行为，其本质都是对金融秩序的破坏，需要刑法予以惩罚❷。支持结果属性说的观点包括，有的学者认为，成立此罪不仅要有非法吸收公众存款的行为，还应有扰乱金融管理秩序的结果，即造成一定现实的危害结果，危害结果既可以是减少银行储蓄存款，也可以是加剧银行资金紧张等，如果未造成危害结果的，则不构成犯罪，适用一般行政处罚即可❸；也有学者认为成立非法吸收公众存款罪，不仅客观上要有违法吸存的行为，还要求该行为达到破坏金融秩序的程度，具有严重的危害后果，倘若行为人只有违法吸存的行为，没有造成危害结果，一般只用行政手段予以调整即可；另有学者认为，在将集资所得财产在用途上进行限制，用于货币经营时，才能认定为"扰乱金融秩序"，若不对资金用途加以限制，将从事货币买卖以外的正常项目也定性为本罪，就会抹杀一定数量民间借贷的合法性，不利于经济发展。

综合以上观点，将非法吸收公众存款罪界定为结果犯比较合理，"扰乱金融秩序"是对犯罪结果的描述。因为：第一，从刑法条文对本章节的设置角度上来看，本罪和涉及非法集资犯罪的其他几个罪名都是放在刑法第三章第四节"破坏金融管理秩序罪"中，这就说明这

---

❶ 张军：《破坏金融管理秩序罪》，中国人民公安大学出版社1999年版，第199页。
❷ 王作富：《刑法分则实务研究》，中国方正出版社2010年版，第457页。
❸ 张明楷：《刑法学》，法律出版社2011年版，第687页。

一章节里所有的犯罪都侵害了该法益，如果再把"扰乱金融秩序"认定为是对犯罪行为性质的描述，无疑会造成表述上的重复。应将该强调理解为本罪的犯罪后果，只有行为危害后果达到一定程度，才能成立本罪。第二，从金融法规的发展来看，1992 年国务院颁布的《储蓄管理条例》中就有"情节严重，构成犯罪的，追究刑事责任"的规定，而之后修订的《商业银行法》中也有"非法吸收公众存款、变相吸收公众存款，构成犯罪的，依法追究刑事责任"的规定，这些规定都清晰地描述了本罪是结果犯这一显著特征。第三，从《追诉标准（二）》第二十八条规定的本罪的追诉标准来看，其中关于非法吸收公众存款罪的具体立案标准中对于吸收存款数额、集资对象多少、造成的损失大小、社会影响等的列举也充分证明了本罪是结果犯。

（五）非法吸收公众存款罪的数额解析

非法吸收公众存款罪以行为达到一定数额作为构成犯罪的重要标准之一，故非法吸收公众存款的数额认定也是非法吸收公众存款罪认定过程中的重要环节之一。按照《非法集资解释》的规定，非法吸收公众存款或者变相吸收公众存款，具有下列情形之一的，应当依法追究刑事责任：（1）个人非法吸收或者变相吸收公众存款数额在 20 万元以上的，单位非法吸收或者变相吸收公众存款数额在 100 万元以上的；（2）个人非法吸收或者变相吸收公众存款 30 人以上的，单位非法吸收或变相吸收公众存款 150 人以上的；（3）个人非法吸收或者变相吸收公众存款给存款人造成直接经济损失数额在 10 万元以上的，单位非法吸收或者变相吸收公众存款给存款人造成直接经济损失数额在 50 万元以上的；（4）造成恶劣社会影响或者其他严重后果的。由于《追诉标准（二）》与《非法集资解释》效力有所不同，因而理应以《非法集资解释》为准。此外《非法集资解释》还规定，具有下列情形之一的，属于《刑法》第一百七十六条规定的"数额巨大或者有其他严重情节"：（1）个人非法吸收或者变相吸收公众存款数额在 100 万元以上的，单位非法吸收或者变相吸收公众存款数额在 500 万元以上的；（2）个人非法吸收或者变相吸收公众存款 30 人以上的，单位非法吸收或者变相吸收公众存款 150 人以上的；（3）个人非法吸收或者变相吸收公众存款给存款人造成直接经济损失数额在 50 万元以上的，单位非法吸收或者变相吸收公众存款给存款人造成直接经济损失数额在 250 万元以上的；（4）造成特别恶劣社会影响或者其他特别严重后果的。

按照《非法集资解释》的规定，非法吸收公众存款或者变相吸收公众存款的数额，以行为人所吸收的资金全额计算，案发前后已归还的数额，可以作为量刑情节酌情考虑。由此可知，无论是案发前后已归还的本金数额，还是已支付的利息数额，均不能从非法吸收公众存款的犯罪数额中扣除。非法吸收公众存款罪不同于集资诈骗罪，行为人主观上并不以非法占有为目的，本罪侵犯的主要客体是金融信贷的管理秩序，故非法吸收的资金是否归还，并不影响对其行为是否构成本罪的判断。当然，上述情况也有以下例外情况：第一，《非法集资解释》规定非法吸收资金后主要用于正常的生产经营活动和能够及时清退所吸收资金的，可免予刑事处罚；情节显著轻微、危害不大的，可不作为犯罪处理。第二，如果行为人收到资金时已经扣除相关利息的或者已经先支付利息的，利息数额应当从犯罪数额中扣除。这种做法的法律依据在于《合同法》第二百条的规定："借款的利息不得预先在本金中扣除。利息预先在本金中扣除的，应当按照实际借款数额返还借款并计算利息。"第三，续借和复利计算的，基于这种向同一人反复实施吸收公众存款或变相吸收公众存款的行为实质上不会造成两次以上的侵害，故不应当累计计算犯罪数额。

三、非法吸收公众存款罪主体要件解析

从现行刑法条文来看，非法吸收公众存款罪的主体为一般主体，包括自然人和单位。其中，自然人可以构成本罪，对此理论界没什么争论。而就单位主体而言，一般的单位和没有存款业务经营权的金融机构亦可以成为本罪的行为主体，这也是刑法学界的共识，但是对于具有吸收存款资格的金融机构能否成为本罪的行为主体，在这个问题上，刑法理论还存在较大的争议。有学者持肯定意见，也有学者持否

定意见。

持肯定意见的学者认为，依据刑法和司法解释，并没有明确地规定将具有吸收公众存款资格的金融机构排除在本罪的主体范围之外，不能因为其处于国家金融监管之下，就将其排除在本罪的主体范围之外，具有吸收公众存款资格的金融机构完全可能违背程序上的规定非法吸收公众存款。如屈学武教授认为，本罪的主体可分为身份人与非身份人犯罪人，……身份人，即享有吸收公众存款业务合法经营权者，是指经中华人民共和国中央银行授权许可从事吸收公众存款业务的银行、非银行金融机构、其他单位及其该三类单位的工作人员❶。再如张明楷教授认为，具有吸收公众存款资格的金融机构同样可以成为本罪的主体。获得主管机关批准从事存贷款业务的金融机构，如果其通过擅自提高利率等不法方式吸收存款的，同样构成非法吸收公众存款罪，因为这类行为对金融秩序也具有相当的危害；并且，金融机构未经批准以存款外的名义向社会公众吸收资金的，同样以非法吸收公众存款罪论处❷。

持否定意见的学者则认为，应将非法吸收公众存款罪的"单位"做限制性解释，即将其解释为非金融单位和无权经营存款业务的金融机构，进而将具有办理存款业务资格的金融机构排除在本罪的主体范围之外。理由主要有两点：一是非法吸收公众存款罪是一种法定犯，当我们在理解其犯罪构成的时候，应该结合我国金融管理法律、法规的相关规定。因此，要判断有权吸收公众存款的金融机构是否可以成为非法吸收公众存款罪的主体，需要结合相关金融管理法律、法规的规定。然而，不管是我国的金融管理法律，还是金融管理行政法规，它们对具有办理存款业务资格的金融机构非法吸收公众存款的行为都只规定了行政责任，而没有指出构成犯罪的依法追究刑事责任。并且，这种规定并非制定者工作上的疏忽所致，而是制定者有意地将有

---

❶ 屈学武：《金融刑法学研究》，中国检察出版社 2004 年版，第 267 页。
❷ 张明楷：《刑法学》，法律出版社 2007 年版，第 585 页。

权办理存款业务的金融机构排除在非法吸收公众存款罪的主体之外❶。二是在社会危害性问题上，具有办理存款业务资格的金融机构非法吸收公众存款与无权吸收公众存款的金融机构和其他单位非法吸收公众存款的社会危害性不可相提并论，前者因在存款的安全保障上有其得天独厚的优势，因而其所造成的社会危害性远远小于后者。所以，对具有办理存款业务资格的金融机构非法吸收公众存款的行为，也就没有必要通过刑事手段进行调整，进而也就无须将该类金融机构纳入非法吸收公众存款罪的主体范围。

上述否定论者的观点有着明显的不合理之处，具体体现在以下几个方面。第一，我国对于有权吸收公众存款的金融机构非法吸收公众存款的行为追究刑事责任是有相关前置法规定的。1992 年 12 月国务院发布的《中华人民共和国储蓄管理条例》就已经明文规定储蓄机构非法吸收公众存款应当追究刑事责任。该储蓄条例第三十四条规定，"具有下列情形情节严重构成犯罪的，依法追究刑事责任；……（六）储蓄机构采取不正当手段吸收储蓄存款的；（七）违反国家利率规定，擅自变动储蓄存款利率的……"❷。在中国人民银行于 1993 年制定的《关于执行〈储蓄管理条例〉的若干规定》中，重申并强调了《储蓄条例》中的上述内容。1995 年的《中国人民商业银行法》第七十九条规定：未经中国人民银行批准，擅自设立商业银行，或者非法吸收公众存款、变相吸收公众存款的，依法追究刑事责任；并由中国人民银行予以取缔❸。具有办理存款业务资格的金融机构是法律的主要规范对象，也要受该条规定的调整，因此其非法吸收公众存款的行为如果达到犯罪的程度，也是要依法追究其刑事责任的。2003 年修改后的《商业银行法》第七十四条规定，商业银行有下列情形之一，构成犯罪的，依法追究刑事责任："……（三）违反规定提高或者降低利率以及采用其他不正当手段，吸收存款，发放贷款的……"。因此，对

---

❶ 李希慧：《论非法吸收公众存款罪的几个问题》，载《中国刑事法杂志》2001 年第 4 期。

❷ 《储蓄条例》，1992 年 12 月 11 日国务院令第 107 号发布。

❸ 《最高人民法院关于非法集资案件的司法解释》，法释〔2010〕18 号。

于具有办理存款业务资格的金融机构非法吸收公众存款的行为，我国是有前置法规定的，一旦情节严重构成犯罪的，一样要追究其刑事责任。第二，具有办理存款业务资格的金融机构在存款的安全保障上具有的相对优势，并不能抵消其非法吸收公众存款行为带来的严重的社会危害性，该类金融机构违反规定提高利率吸收公众存款的行为，既威胁公众存款安全，造成金融机构不正当竞争，进而破坏金融行业的正常发展，削弱了国家宏观调控的效果，阻碍了国家相关货币政策功能的发展，为社会主义市场经济的有序健康发展带来了巨大的风险和压力。因此，具有办理存款业务资格的金融机构非法吸收公众存款行为的社会危害性达到了犯罪的程度，应当作入罪处理。

肯定说的观点是从字面意义上对非吸收公众存款罪中的"单位"进行文义解释，具有一定的合理性，但还需要进一步进行论证。下面从本罪的立法目的和市场经济主体地位的平等性两个方面进行阐述。第一，在立法目的上，设立非法吸收公众存款罪的目的是为了惩治和防范所有类型主体逃避国家监管，实施非法吸存的行为，破坏正常金融秩序，危害国家正常经济活动和宏观调控。同时，非法吸收公众存款罪中的"非法"包括两种形式，一是主体不合法，即行为主体不具有吸收存款的资格而实施吸收存款行为；二是行为方式、内容不合法，即合法主体采取违法方式吸收存款。而具有吸收存款资格的金融机构非法吸收公众存款的行为就属于第二种形式，因此，应将其纳入本罪的规制范围。第二，在市场经济中，所有参与市场经济活动主体的地位都应当是平等的。市场经济的健康发展，要求各市场主体法律地位平等，受法律平等对待。作为市场经济主体的金融机构也不应当享有特权，如果具有吸收存款资格的金融机构，在其从事了非法吸收公众存款行为后，仅因其业务的特殊性而将其排除在非法吸收公众存款罪的主体范围之外，对其具有严重社会危害性的行为也不予处罚，这有违市场主体地位平等的原则。同时，随着市场经济的进一步发展，我国金融业也将全面开放，金融机构的类型和成分也将越来越多，除了传统的国有商业银行以外，还会有股份制银行、民营银行、外国银行等。如果对于其中的具有吸收存款业务资格的金融机构非法

（变相）吸收公众存款不按犯罪论处，将违背市场经济的平等原则。综上，非法吸收公众存款罪的行为主体应当包括具有吸收公众资格的金融机构。

四、非法吸收公众存款罪主观要件解析

刑法理论通说认为本罪的主观方面只能是故意，但是少数学者认为本罪的主观方面除故意外也有过失的可能，即行为人本应预见非法吸收公众存款可能发生扰乱金融秩序的效果，应当预见而没有预见，或者已经预见而轻信能避免，导致危害结果发生，应当追究刑事责任[1]。事实上，本罪不可能是过失犯罪，其主观罪过只能是故意，即行为人明知不具有吸收存款资格或明知吸收存款的内容、方式不合法而仍实施吸存行为，明知该行为会扰乱国家金融秩序，仍希望这一危害后果发生。

关于本罪主观方面争议最多的问题是本罪是否属于目的犯。肯定的观点认为本罪应该为特定目的犯，构成本罪需要具有特定目的，即需将吸收的资金用于信贷等货币经营等特殊目的。根据张明楷教授在其1997年出版的《刑法（下）》中的论述，认为本罪基本上是发生在金融领域，只有将非法吸收的公众资金进行放贷，谋取高额利润，性质恶劣的，才构成犯罪；而那些非法吸收公众存款用于正常生产经营活动的，不成立本罪[2]。在其于2011年出版的《刑法学（第四版）》中进一步说明，非法吸收公众存款罪的成立需要特定目的，只有将所吸收资金用于货币、资本经营（如发放贷款）时，才能认定为扰乱金融秩序，以本罪论处[3]。具体理由包括：首先，刑法第一百七十六条表述为非法吸收公众"存款"而非资金，可以看出对犯罪主体有从事

---

[1] 孙国祥，魏昌东：《经济刑法研究》，法律出版社2005年版，第327页。
[2] 张明楷：《刑法学》（下），法律出版社1997年版，第634页。
[3] 张明楷：《刑法学（第四版）》，法律出版社2011年版，第687页。

金融业务的要求。存款❶不同于借款，是"贷款"的对称。金融业务主要是存贷款业务，金融机构吸收存款主要为资本运作和货币经营，只有用于发放贷款的资金才是存款，从货币、资本经营角度看，主观上应具有将吸收的存款用于信贷的目的。其次，国家允许民间借贷，但对存贷款金融业务设定了严格准入制度。法律不禁止个人或其他组织吸收资金，但国家禁止其从事以吸收存款、发放贷款为目的的金融活动。只是为生产经营、解决企业发展中的资金问题，不具有发放贷款等特点资本运作目的的，不认定为是扰乱金融秩序的非法吸收公众存款，属于正常的民间融资行为❷。若将其认定为本罪可能会否定部分民间借贷行为的合法性，不利于经济发展。最后，刑法第一百七十四条❸旨在禁止擅自从事金融业务，第一百七十五条❹禁止的是从金

---

❶ 存款：指单位和居民将暂时的资金存入银行和其他金融机构。银行和其他金融机构向存款方签发存款凭证，在凭证规定的期限内有权使用存款款项，有义务确保存款方按双方确定的条件提取存款本金和获取存款利息。

❷ 刘媛媛：《论非法吸收公众存款罪的认定——以民间融资和非法吸收公众存款的区分为基础》，载《浙江金融》2010 年第 11 期。

❸《刑法》第一百七十四条：未经国家有关主管部门批准，擅自设立商业银行、证券交易所、期货交易所、证券公司、期货经纪公司、保险公司或者其他金融机构的，处三年以下有期徒刑或者拘役，并处或者单处二万元以上二十万元以下罚金；情节严重的，处三年以上十年以下有期徒刑，并处五万元以上五十万元以下罚金。伪造、变造、转让商业银行、证券交易所、期货交易所、证券公司、期货经纪公司、保险公司或者其他金融机构的经营许可证或者批准文件的，依照前款的规定处罚。

单位犯前两款罪的，对单位判处罚金，并对其直接负责的主管人员和其他直接责任人员，依照第一款的规定处罚。

❹《刑法》第一百七十五条：以转贷牟利为目的，套取金融机构信贷资金高利转贷他人，违法所得数额较大的，处三年以下有期徒刑或者拘役，并处违法所得一倍以上五倍以下罚金；数额巨大的，处三年以上七年以下有期徒刑，并处违法所得一倍以上五倍以下罚金。

单位犯前款罪的，对单位判处罚金，并对其直接负责的主管人员和其他直接责任人员，处三年以下有期徒刑或者拘役。

以欺骗手段取得银行或者其他金融机构贷款、票据承兑、信用证、保函等，给银行或者其他金融机构造成重大损失或者有其他严重情节的，处三年以下有期徒刑或者拘役，并处或者单处罚金；给银行或者其他金融机构造成特别重大损失或者有其他特别严重情节的，处三年以上七年以下有期徒刑，并处罚金。

单位犯前款罪的，对单位判处罚金，并对其直接负责的主管人员和其他直接责任人员，依照前款的规定处罚。

融机构套取信贷资金从事金融业务，第一百七十六条❶所禁止的应是从民间获得资金从事金融业务。

否定的观点认为本罪不是目的犯，成立本罪不需要特定的目的，认为本罪并未规定贷出资金的目的，该目的不应作为犯罪的构成要件，不管行为人吸收资金用于自己的生产经营，还是贷出营利，都构成本罪。马克昌教授认为，非法吸收公众存款"不论是出于将所吸收存款用于信贷的目的，还是其他目的，只要行为人不具有非法占有的目的，均可认定为本罪"❷，关键在于行为人非法吸收存款行为本身对金融秩序造成了实际的侵害或有造成侵害的可能，不论其吸收目的、资金投向。李希慧教授认为，本罪不应是目的犯，非法吸收或者变相吸收公众存款，不管是出于将所吸收存款用于信贷的目的，还是出于其他目的，只要行为人没有非法占有的目的，都可构成本罪❸。另有学者认为，非法吸收公众存款的关键核心在于返本付息，而一旦符合这一关键指标，同时满足"未经许可"和"融资规模达到追诉标准"的条件，即可认定为本罪，不论资金用于何种用途。

综上，将本罪的主观方面确定为目的犯应该更为合理，具体有以下几个理由。第一，从非法吸收公众存款罪的立法目的来看，目的是全部法律的源头，法律中的每一条文都源于目的。因此，探求立法目的的解释方法是法律解释中具有终极意义的方法，其他所有刑法解释的方法，当其结论有冲突或歧义时，必须由目的解释方法来最终确定❹。非法吸收公众存款罪的立法目的，并非为了维护其他的金融秩序，而是为了维护商业银行的设立秩序，确立商业银行设立的审批

---

❶ 《刑法》第一百七十六条：非法吸收公众存款或者变相吸收公众存款，扰乱金融秩序的，处三年以下有期徒刑或者拘役，并处或者单处二万元以上二十万元以下罚金；数额巨大或者有其他严重情节的，处三年以上十年以下有期徒刑，并处五万元以上五十万元以下罚金。

单位犯前款罪的，对单位判处罚金，并对其直接负责的主管人员和其他直接责任人员，依照前款的规定处罚。

❷ 马克昌：《经济犯罪新论》，武汉大学出版社 1998 年版，第 321 页。

❸ 李希慧：《论非法吸收公众存款罪的几个问题》，载《中国刑事法杂志》2001 年第 4 期。

❹ 王韬，李孟娣：《论非法吸收公众存款罪》，载《河北法学》2013 年第 6 期。

制。"非法吸收公众存款"的行为是违反了间接金融的行业准入行为，而不包括非金融目的的直接融资行为。第二，从前述对本罪中"存款"的理解可知，存款是具有特殊含义的资金，即只有从事资本、货币经营的资金才能称之为"存款"，法律禁止非法吸收公众存款，并非禁止公民、企业和组织吸收资金，而是禁止用所吸收的资金去从事资本、货币经营。第三，从刑法典中相近法条的不同用语中可以看出，"存款"和"资金"是两个差别明显的概念。《刑法典》第一百七十六条使用的表述是"吸收公众存款"，而第一百九十二条使用的表述是"集资"。其中"吸收"和"集"的含义基本相同，"公众"也不是法条区别的关键，最主要的差别就体现在了"存款"和"资"（即资金）之间。存款本来也是一种资金，存款与资金的唯一差别在于存款形成金融机构的经营资金，因而以资本、货币经营为目的，而资金则未必具有经营资金的目的。第四，不界定为目的犯不利于经济发展。从实践来看，民间融资在很大程度上促进了民营经济的发展，如果将所有的民间融资行为不做目的区分，即不区分资金是否用于企业经营，而是采取"一刀切"的方式进行处理就会导致极大压缩了合法民间借贷获得空间，阻碍了众多民营中小企业的发展，进而严重影响市场经济的正常运行，既不符合民意，也违背了立法初衷。

第三节 非法吸收公众存款罪的司法界定

一、非法吸收公众存款罪与民间借贷的区分

民间借贷，是指自然人、法人、其他组织之间及其相互之间，非经金融监管部门批准设立的从事贷款业务的金融机构及其分支机构进行融通的行为❶。由于非法吸收公众存款罪与民间借贷具有非常相似

---

❶ 《最高人民法院关于审理民间借贷案件适用法律若干问题的规定》第一条：本规定所称的民间借贷，是指自然人、法人、其他组织之间及其相互之间进行资金融通的行为。

经金融监管部门批准设立的从事贷款业务的金融机构及其分支机构，因发放贷款等相关金融业务引发的纠纷，不适用本规定。

的行为表现方式，即行为人都实施了向他人吸收资金的行为，同时又都向他人做出了还本付息的承诺。因此，在实践中，司法工作人员很容易将两者混淆，并导致合法的民间借贷行为被错误地定性为非法吸收公众存款罪，不仅损害了民间借贷行为人的合法权益，更损害了司法公正。因此，明确区分非法吸收公众存款罪与民间借贷很有必要。有学者认为如果行为人主观上没有侵犯国家金融管理制度的动机，其借款的用途是投资办企业或生产经营活动，行为人对每笔债务均持有借有还的态度。……所以从借款用途上可区分其行为是否与国家金融制度相对立，进而区别罪与非罪❶。有的观点认为成立本罪须满足非法性和广延性两个条件，即未经有权机关批准和向社会不特定对象吸收资金，才能反映出本罪达到严重的社会危害程度❷。对于非法吸收公众存款罪与民间借贷应该从以下几个方面进行区分。

1. 从行为对象方面进行区分

根据最高人民法院《2015 年规定》第一条的规定，双方主体之间基于真实的意思表示而订立的借款合同，在不违反其他法律法规的条件下，无论涉及人数多少，都应归于合法有效的民间借贷。由此可以认为，借款合同的人数多少不应成为非法吸收公众存款罪社会性的判断基准，而是要看它面对的人群是否是社会大众即不特定人群，借贷对象是否处于可随时增加的状态。若是民间借贷指向的对象存在于一定范围内，如亲朋好友、单位内部人员及相亲邻里之间，一般视为民间借贷的范畴之中。

2. 从出资者的出资目的及资金流向方面进行区分

民间借贷出资者一般是基于双方信任用以解决对方生活困难或者企业生产资金链断裂的危机。非法吸收存款罪中的出资者往往是抱着"吃利"的想法不劳而获换取高额利息。另外，从资金的流向角度来看，民间借贷的资金走向比较明确，就是用于解决企业自身的运作需

---

❶ 凤凰网财经：《太子奶之父李途纯被批捕 涉非法吸收公众存款罪》，http：finance. ifeng. com/news/special/Zjtzn/20100728/2452203. shtml，2017 年 8 月 3 日访问。

❷ 王强：《非法吸收公众存款罪刍议》，载《行政与法》2006 年第 3 期。

要，或者是扩大生产经营规模。根据《取缔办法》国家所禁止的违法筹措存款的行为主要规制的是个人和单位未经有关部门的批准擅自实施非法吸收或者变相吸收存款的行为，将所吸收资金进行货币、资本经营的，因此只有将资金流向货币、资本经营时，才宜认定为其是非法吸收公众存款罪。

3. 从借贷利率是否合法的角度进行区分

在民间借贷领域，首要遵循的是意思自治原则，借贷利率可以由借贷双方协商确定，根据《2015 年规定》第二十六条❶的规定，借贷利率不得超过年利率36%，超过部分不受法律保护。而非法吸收公众存款一般都是以高额利息回报利诱出资者，吸收社会闲散资金，其中年利率不乏超过36%，有些甚至达到了高利贷的水平，明显违反了法律规定。

4. 从是否达到了扰乱国家金融秩序的程度方面进行区分

行为人实施非法吸收或者变相吸收社会资金时，其所面对的对象是不特定的并且涉及人数范围较广；同时因为高息回报的利诱，一般吸收到的资金比较庞大，在没有法律监督的情况下，资金处于非常不安全的境地，随时可发生资金断裂进而引发群体性事件，给社会造成负面影响。民间借贷的行为对象范围一般限于熟人之间的直接融资且资金主要用于自身生活或者生产需要，相对安全稳定，对社会的影响范围小，根据其危害性尚不足以定罪。

二、非法吸收公众存款罪与相关罪名的区别

非法吸收公众存款罪与集资诈骗罪在客观行为表现方式上存在相仿之处，在实务操作中定性该类行为时容易引起歧义。另外，非法吸收公众存款罪与非法经营罪、擅自设立金融机构罪也存在一定的交叉

---

❶ 《最高人民法院关于审理民间借贷案件适用法律若干问题的规定》第二十六条：借贷双方约定的利率未超过年利率24%，出借人请求借款人按照约定的利率支付利息的，人民法院应予支持。

借贷双方约定的利率超过年利率36%，超过部分的利息约定无效。借款人请求出借人返还已支付的超过年利率36%部分的利息的，人民法院应予支持。

关系，因此在司法认定过程中正确区分非法吸收公众存款罪与上述三个罪名之间的界限，对于刑法理论与审判实践都有积极的意义。本罪与集资诈骗罪的区别将在集资诈骗罪中予以阐述，在此先就本罪与非法经营罪和擅自设立金融机构罪的区别进行论述。

（一）非法吸收公众存款与非法经营罪的区别

《刑法》第二百二十五条规定的非法经营罪并不是单纯为集资行为而设定的，其犯罪范围远大于集资活动。根据最高院《非法集资解释》第七条规定，"违反国家规定，未经依法核准擅自发行基金份额募集资金，情节严重的，"以非法经营罪定罪处罚，没有对其他情形多做解释。但是不能因此就认为不存在形似非法经营的非法吸收公众存款行为，如司法解释规定的变相吸收公众存款行为之"不具有销售商品、提供服务的真实内容或者不以销售商品、提供服务为主要目的，以商品回购、寄存代售等非法吸收细节"。非法经营罪主要表现为从事非法经营活动、扰乱市场秩序。非法经营罪与非法吸收公众存款罪二罪之间有一定的竞合关系，体现在非法经营罪罪状第三项规定中，即"未经批准从事银行有关业务的行为"。非法吸收公众存款罪与非法经营罪是特别法与普通法的竞合关系，一般情况下一个行为符合非法经营罪和非法吸收公众存款罪时，应当适用特别法优于一般法的原则，认定为非法吸收公众存款罪，但是需要强调的是此时适用该原则是有一个前提存在，即以特别法条即非法吸收公众存款罪评价惩罚这一行为时，本罪能对这一犯罪行为进行全面整体的评价，能够体现这一行为的全部犯罪构成，若是仅能对整体犯罪行为的某一部分进行评价，就无法适用这一原则，对此犯罪行为只能用可以涵盖犯罪整体的非法经营罪进行惩罚。

非法吸收公众存款罪与非法经营罪也存在明显的区别，一是犯罪客体不同。本罪侵害的直接客体是国家对存款的管理秩序，也间接侵害了金融秩序；而非法经营罪的直接客体是国家对特定商品经营、特定许可制度、特定行业准入制度以及其他特定的市场经营方面的正常管理秩序❶。二是客观方面的行为方式不同。非法吸收公众存款罪的客观行为主要表现以不法方式或者变相的方式提高利率吸收资金，或者是无资格从事货币经营业务的单位或者个人面向公众违法融资或变相吸纳资金，达到破坏金融市场稳定的行为。而非法经营罪的客观行为主要表现为以违背相关法律为前提，非法从事经营活动，情节严重破坏市场稳定的行为。根据《刑法》第二百二十五条和《关于经济犯罪案件追诉标准的规定》第七十条规定，主要有四类：（1）未经许可经营法律、行政法规规定的专营、转卖或限制买卖的物品，如烟草、外汇；（2）买卖进出口许可证、进出口原产地证明及其他法律、行政法规规定的经营许可证或批准文件；（3）未经国家有关主管部门批准非法经营证券、期货、保险业务的，或非法从事资金支付结算业务；（4）其他严重扰乱市场秩序的非法经营行为。三是主观方面不同，非法吸收公众存款罪的责任形式为直接故意，而非法经营罪的主观方面由故意构成，并且具有谋取非法利润的目的。

（二）非法吸收公众存款罪与擅自设立金融机构罪的区别

擅自设立金融机构罪，是指未经国家有关主管部门批准，擅自设立商业银行、证券交易所、期货交易所、证券公司、期货经纪公司、保险公司或其他金融机构的行为❷。设立商业银行，我国有一系列严格的审查批准制度，设立商业银行应当达到所规定的市场准入的条件，因此违规擅自设立金融机构侵犯的客体是国家对金融机构设立的管理制度。本罪的犯罪主体为一般主体，责任形式是直接故意，客观行为通常表现为两种形式：一是没有依法向主管部门申请设立金融机构，便自行创设金融机构包括其筹备组织的行为；二是已经依法向有关主管部门提出申请但未获批准，在此情况下依然私自创建金融机构的行为。

---

❶ 孙炜，孙立波，孙慧敏：《非法经营罪的司法认定》，载《潍坊学院学报》2010 年第 5 期。

❷ 张明楷：《刑法学》，法律出版社 2011 年版，第 682 页。

从犯罪构成方面来看，非法吸收公众存款罪与擅自设立金融机构罪具有明显的差别。一是犯罪主体不同。非法吸收公众存款罪的主体包含具有存贷业务经营权的金融机构；擅自设立金融机构罪的主体往往是非法成立的单位和个人。二是犯罪客体不同。非法吸收公众存款罪侵害的是国家关于吸收公众存款的管理秩序；擅自设立金融机构罪侵害的是国家关于金融机构设立的管理制度。三是犯罪行为不同。非法吸收公众存款罪主要指未经批准向社会公众以吸收存款或者其他名义非法或者变相吸存，并允诺将来给予一定客观报酬的行为；擅自设立金融机构罪主要强调自行设立，擅自创设的行为，筹建后是否利用该机构及其筹备组织进行非法或者变相吸存的行为，对本罪成立并无影响。四是对象不同。非法吸收公众存款罪指向的对象是不特定的公众；擅自设立金融机构指向的对象是违法筹建的机构本身。五是故意内容不同。非法吸收公众存款罪的故意内容为行为人明知其非法吸收公众存款或变相吸收公众存款的行为违反了国家法律、法规，破坏了我国金融秩序，仍故意实施该行为；擅自设立金融机构的故意内容为行为人明知自行创设商业银行等金融机构应当符合市场准入条件即相关的法律规定，并需要向有关审批机构申请设立并由其核准统一，却仍然在不进行相关程序的前提下，实施擅自设立商业银行等金融机构的行为。

通过上述标准可以看出非法吸收公众存款罪与擅自设立金融机构罪之间并不容易混淆，但是在司法实践中行为人擅自设立金融机构后，又往往利用该金融机构实施违法募资的变相吸存的行为，两罪行为相互交叉形成牵连关系。司法人员在面对该种情形时，如何认定二罪之间的罪数关系成为行为定性的关键问题。有学者认为既吸收公众存款又擅自设立金融机构，宜对行为人实行数罪并罚。但大多数案例中二者之间存在手段、原因行为与目的、结果行为之间相互对应的牵连关系，应按照牵连犯择一重罪定罪处罚。上述两种处理方式都有其合理的地方，但是不够具体，无法适用于所有案件情况，对于这两罪的罪数关系应当区分具体情况进行合理性分析。

根据行为人非法吸收公众存款的犯意产生的时间不同，可以分两种情形进行分析认定。若行为人是为了非法吸存而私设银行等金融部门的，私设行为只是为了实现非法募资目的的一种手段行为，此时可以依据牵连犯择一重罪定罪处罚。若行为人在未获批准私自创设金融机构后，才具有非法吸收公众存款的故意，则对此两罪数罪并罚。

第四节　非法吸收公众存款罪扩大化适用之弊端及完善建议

自 1997 年入罪至 2016 年末，非法吸收公众存款罪犯罪案件数量连年攀升。据相关数据统计，2013 年非法吸收公众存款罪结案数量为 413 件，2014 年结案数量为 1266 件，2015 年结案数量为 1622 件。非法吸收公众存款犯罪高发，既折射出民间借贷在现行金融垄断机制下的生存困境，又凸显了作为刑事司法适用规则的教义解释的局限。非法吸收公众存款罪适用呈现出扩大化适用趋势，既违反了刑法的谦抑原则，影响了法律的公平与正义，更制约了民间融资市场的繁荣与发展。

一、非法吸收公众存款罪的扩张适用与"口袋化"

当前的非法吸收公众存款罪在饱受争议的同时，也已成为当下金融业发案数量最高的罪名。这与本罪的扩张适用与"口袋化"密切相关，非法吸收公众存款罪在国家垄断金融的政策导向下加以适用，造成了民间借贷违法的必然性。从现实来看，本罪主要存在行政和司法两条扩张路径。就行政上的扩张而言，立足于绝对国家本位和金融管理本位主义，虽然行政机关开始仅将非法（变相）吸收公众存款的行为作为非法集资行为的种类之一来规制，但由于现实生活中集资形式多样化并不断翻新，行政监管机关再难以做出类型化的细致区分和判断，故不仅在规定上使用"非法集资"的概念予以囊括，而且在实际执法过程中，一方面，由于本罪最初的立法来源于非刑事法律，其判断和认定具有对非刑事法律的依附性，因而延续上述行政机关不做细致区分的思路，并未对非法集资行为做出明确区分，以至于认为非法集资就是非法吸收公众存款；而另一方面，鉴于现有的刑法罪名体系以及罪状设置，难以覆盖大量出现的非典型集资行为，司法机关在司法实践中扩大化地解释"公众""存款"等法律未予明确的概念，因此导致不区分吸收资金目的，也不区分是否造成严重后果，一概对非法集资行为适用非法吸收公众存款罪来打击的现象。因而在司法实践中呈现出非法吸收公众存款罪"口袋化"的状态：除了单纯的诈骗行为适用集资诈骗罪，涉及股票、债券等特定对象的适用擅自发行股票、公司、企业债券罪外，其他多数的集资行为则被"包含"在非法吸收公众存款罪中。这种通过扩大化解释非法吸收公众存款罪从而实现打击非法集资活动的做法，不仅违反罪刑法定原则，违背了法律解释的基本立场和逻辑，而且未能对非法集资活动实现有效的预防和规制，更没有为民间金融的合法化预留空间，由此造成了刑法自身的结构性危机，以及刑法与社会的脱节。

二、非法吸收公众存款罪扩大适用立法理念原因分析

非法吸收公众存款罪的立法理念滞后于本罪的实质。本罪源于20世纪90年代，是立法者出于维护社会经济安全稳定的考虑，以金融市场管理者的身份和立场所制定的，旨在维护金融垄断特权和存款特许经营制度、规范经济市场秩序的一项罪名。在市场经济转型初期，面对初建金融市场的不规范和不完善，这种通过刑法规制市场秩序的手段具有一定的现实合理性。然而，随着市场化的深入以及金融市场的日益完善，这种立足于金融管理主义的立法早已不适应时代的需求，成为阻碍经济发展的巨大障碍。

从当前的金融管理体制和刑事立法现状来看，中小企业尤其是民营企业从正规金融机构或渠道获取资金的机会极小，这不仅仅因为国家将金融融资权牢牢掌握在手中，禁止民间私自融资，先后以"未经中国人民银行批准"和"未经有关部门依法批准或者借用合法经营的形式吸收资金"作为认定非法吸收公众存款罪的标准，同时也因为正规的融资渠道狭窄，仅有商业银行、信托、股票、公司债券、企业债券、保险、证券投资基金等几类，且利用上述渠道的条件又往往过

高，而国家信贷政策又向国有经济倾斜。在为发展生产或经营而产生的大量资金需求无法从所谓"正规"途径得到满足的情况下，中小企业尤其是民营企业只得铤而走险转向民间，面向社会公众募集资金，并通常以高额利息为条件作为快速筹资的方式。可见，非法吸收公众存款罪实质上反映的是滞后的金融管理本位主义和体制与旺盛的民间融资、投资需求之间产生的突出矛盾。

三、非法吸收公众存款罪扩大适用的弊端

首先，违背了刑法谦抑性原则。按照刑法谦抑性逻辑，刑法不是以积极的对等回报策略来应对危害行为，而是通过寻找刑法以外或者能够替代刑法的以最小的经济成本获取最大收获效益的手段来预防和打击犯罪。可能的话，采取其他社会统制手段才是理想的……只有在其他社会统制手段不成功时，或者其他社会统制手段过于强烈、有代之以刑罚的必要时，才可以动用刑法。因此，对于典型行政犯的非法吸收公众存款罪具有行政与刑法双重违法性特征，司法机关启动刑法规制非法吸收公众存款犯罪，必须遵循经济与行政手段规制本罪无效这一前提。对于非法吸收公众存款行为，应当首先由政府强制干预，否则将违背刑法的谦抑性原则。

其次，违反了刑法的公正原则。本罪在司法实践中的扩大适用会导致本罪构成要件的改变。从相关法律法规和司法解释来看，由于界定不明引发一系列问题，主要有从客观要件上无法将本罪与集资诈骗罪和擅自发行股票、公司、企业债券罪进行区分；对主观要件规定不详细等。界定的模糊性增加了司法机关的裁量自由，为本罪在实践中适用的扩大化提供了可能性空间。

再次，与民间金融发展所需要的财产自由和契约自治不相适应。从宪法的角度来看，民间金融体现了公民对自己财产权的自由支配，以及合同双方当事人的契约自治，其本质上体现了社会主义市场经济的内在要求，本罪沦为"口袋罪"的现实妨害了公民的财产自由权和意志自由，进而阻碍市场经济的发展。实践中绝大多数民营企业都有过进行民间融资的经历，现行的非法吸收公众存款罪已然不适应社会

经济发展的需要，不适当限制公民的财产自由和意思自治。

最后，与进一步推动金融业深化改革不相适应。吸储放贷是商业银行的主营业务和基本营利方式，危害吸储放贷的权利实际上维护的是银行的垄断利益。我国传统金融业的准入门槛极高，市场化程度低，存在竞争不充分问题。而随着我国金融改革的深入，必然要求打破银行业垄断发展的局面，充分引入民间资本，大力发展民间金融，而"非法吸收公众存款罪"的罪与非罪标准的模糊化，在实践中适用的扩大化对我国金融业深化改革发展产生不利的影响。目前虽然金融市场准入门槛在逐步放低，立法者不断向金融领域倾斜立法资源，但刑事立法并未体现金融改革方向。刑法因其部分规定与市场发展脱节而抑制了金融新形态的成长发展。这种监管政策导向的不明确，加大了民间融资的刑事法律风险，不利于培育民间金融体系。所以在对民间融资行为进行规制时，政策与行政命令的易变和过于原则导致市场主体对民间融资无法进行有效预判，反过来进一步加大了民间融资的风险，从而形成相互"促退"的恶性循环。

四、具体完善建议

（一）改变刑法规制理念

刑法的谦抑性理念要求刑法对社会行为的规制只能是作为最后一道防线存在，只有在行政、民事等其他部门法无法调整该社会行为时，才能适用刑法来对该行为予以惩罚。只有在保障刑法谦抑性的前提下，才能充分发挥刑法的权威和公信力。在我国改革开放的初期，各种配套制度不健全，无法仅仅依靠一般非犯罪惩罚的手段维持金融秩序。在此背景下，利用刑法手段规制非法吸收公众存款行为，凸显出"必要性"。但是"刑罚如两刃之剑，用之不得其当，则国家与个人两受其害"。当前对有关金融活动的刑事管制是窒息民营企业发展的"保守"与"僵化"的象征。我国规制金融犯罪的刑罚体系是带着保护国家垄断地位和国家金融本位主义的色彩。立法者构建金融犯罪法律体系，也没有从保护交易双方合法权益的角度出发，使得民营企业通过融资获取必需资金的法律风险增高。因此，当前需要突破金融市场的垄断主义理念，应从维护双方交易利益的角度出发，转化金融刑法规制的理念，帮助民间金融走向合法化道路。刑法不宜过早介入到经济主体的集资过程。转变之前的国家金融本位理念，以保护双方金融交易权益的指导理念出发，构建适宜经济发展的金融刑事法律体系。

（二）以目的解释限缩非法吸收公众存款罪适用

所谓目的解释，是指围绕法律适用对象问题范围中的现实要求或者法律本身的基本精神及立法目的，合理地解释其规范意义的方法。由于任何法律都是基于一定目的而制定的，因此，探求立法目的的解释方法是法律解释中具有终极意义的方法，其他所有刑法解释的方法，当其解决有冲突或歧义时，必须由目的解释方法来最终确定。刑法分则中各罪的目的具体明确，并随着国家政策的发展变化同步增加新的内涵。非法吸收公众存款罪的成立标准与立法目的具有必然关联，因此实现本罪适用的理性回归路径必然要以其目的为导向。在非法吸收公众存款罪方面，对民间金融监管应采用消极自由的制度取向，结合当前的金融政策，探究本罪的边界，对达到规制标准边界内的行为予以规制，并确认边界外民间金融的自由地位。对于非法吸收公众存款罪的法律目的，透过国家新时期的金融政策导向可知本罪的法律目的已从传统的国家金融垄断向金融创新转变，且在这种转变过程中同时兼顾推动民间金融发展与规范金融秩序平衡。

第五章　集资诈骗罪刑法规制解析

第一节　集资诈骗罪概述

"金融是商品经济的产物，是现代经济的核心"❶。随着金融市场改革的不断深化和金融活动领域的不断拓展，以及金融形式的不断更新，资金、资本、融资等概念不断出现在人们的生活中，越来越多的普通民众参与到金融活动中。金融作为国家经济命脉，其自身的性质决定了其运行必然要受到国家的严格监管。而随着经济的发展，集资诈骗犯罪呈现高发态势，引起了法学理论界和司法实务界的关注，对于集资诈骗罪的研究，先从其概念和特征等方面入手。

一、集资诈骗罪的概念

集资诈骗罪最早起源于 20 世纪初美国的庞氏骗局❷。我国《刑法》第一百九十二条规定，"集资诈骗罪是以非法占有为目的，使用诈骗方法非法集资，数额较大的，处……。"集资诈骗罪是随着我国经济运行体制和监管制度的变化而产生的。1979 年的刑法典并没有集资诈骗罪的罪名，类似的少数行为都以诈骗罪论处。从 20 世纪 90 年

---

❶　强力：《金融法通论》，高等教育出版社 2010 年版，第 1 页。
❷　庞氏骗局是对金融领域投资诈骗的称呼，金字塔骗局的始祖，很多非法的传销集团就是用这一招聚敛钱财的，这种骗术是一个名叫查尔斯·庞兹的投机商人"发明"的。庞氏骗局在中国又称"拆东墙补西墙""空手套白狼"。简言之就是利用新投资人的钱来向老投资者支付利息和短期回报，以制造赚钱的假象进而骗取更多的投资。

代初开始，随着市场经济体制改革的不断深入，经济获得了快速发展，集资诈骗行为在全国范围内盛行，为了遏制这种犯罪现象，1997年《刑法》正式设定了集资诈骗罪。但是因为对金融诈骗类犯罪的研究不足以及缺乏足够的立法经验，导致本罪的规定存在许多法律漏洞，进而引发了诸多争议。

关于本罪定义的解读存在着许多不同观点，有的学者认为集资诈骗罪是指以非法占有为目的，使用诈骗方法非法集资，骗取集资款数额较大的行为❶。有的观点认为本罪是指"以非法占有为目的，使用虚构事实或者隐瞒真相的方法，非法向社会公众集资，骗取集资款数额较大的行为。"❷有的学者认为本罪是指"单位或者个人以非法占有为目的，采用诈骗方法非法集资，数额较大的行为。"❸还有学者认为本罪应表述为"以非法占有为目的，使用非法集资的方法进行诈骗活动，数额较大。"❹综合以上观点可以看出，学者们关于集资诈骗罪的主要争议点集中在手段和目的的关系上，而在犯罪主观方面和犯罪主体方面的争议较少。

根据《刑法》第一百九十二条的规定，对本罪的定义可以做如下解读。首先，从立法原意出发，可以推论出以非法占有为目的是犯罪的最终目的，但法条的表述意味着在非法集资一开始时就要求以非法占有为目的，即非法集资开始时就要求是预谋策划好的，等集资成功后卷款逃跑，但在实践中有很多集资诈骗类案件罪犯一开始可能并没有侵吞集资款的想法，可能是事中才开始有非法据为己有的目的，这就给事前故意留下法律漏洞，即如果事前并无以非法占有为目的的情形能否构成本罪。其次，本罪在客观方面的危害行为指的是使用诈骗方法非法集资，有的学者就指出既然是使用诈骗方法来获取集资款，

---

❶ 高铭暄，马克昌，赵秉志：《刑法学》，北京大学出版社、高等教育出版社2016年版，第414页。

❷ 刘宪权：《金融犯罪案例研习》，上海人民出版社2011年版，第91页。

❸ 李永升：《金融犯罪研究》，中国检察出版社2010年版，第445－446页。

❹ 冯亚东，刘凤科：《也谈非法吸收公众存款罪——兼谈集资诈骗罪》，2000年刑法学年会论文。

当然就是非法集资，该处的诈骗方法与非法集资共存，属于法律语言表达缺乏严谨性。最后，将非法集资的手段限定为诈骗方法，限缩了集资诈骗行为非法性的范围。同时，将诈骗方法作为集资诈骗罪的必要要件会增加刑事证明困难。因为在实践中罪犯不一定会隐瞒真相、虚构事实，而是罪犯有可能既没有虚构主体资格也没有欺骗隐瞒集资款用途，仅仅是以高额利息为诱饵，就已经能够筹集大量资金。综上，我国《刑法》第一百九十二条对集资诈骗罪罪状的描述存在有待完善之处。

二、集资诈骗罪的特征

（一）行为方式的非法性

集资诈骗罪在行为方式上表现为以非法集资的手段实施犯罪。现行的法律法规对金融领域集资的主体、对象、数额、方式、用途、审批程序等均做了全面规定。不管是集资活动的哪个方面不符合法律规定，都可以视为非法集资[1]。具备非法集资的行为方式是构成集资诈骗罪的前提条件，犯罪行为首先应是非法行为，这也是区分集资诈骗罪的罪与非罪、此罪与彼罪的重要内容之一。

（二）受骗对象的公众性和广泛性

集资诈骗犯罪中的集资行为是面向社会进行的，其所涉及的范围广泛、人员众多，具有明显的不特定性特征。据此，这一特征又被表述为涉及对象的不特定性，但"不特定性"的表述是不严谨的，因不特定性与社会性的概念内涵和外延均不相同，面向特定社会公众的集资诈骗行为仍应当构成犯罪是没有异议的，因此，"不特定性"的表述不能涵盖集资诈骗犯罪的对象特征，宜采用"公众性"进行表述更为科学。如果在亲戚、朋友、熟人等少数特定人员范围内进行融资，就不符合对象的公众性和广泛性要求，也就不构成本罪。发生在江西

---

❶ 庄建南：《刑事案例诉辩评审》，中国检察出版社 2014 年版，第 7 页。

省赣州市的范志国案就是典型案例,江西省高级人民法院认定"本案中 20 名被害人大多数是上诉人范志国的亲友、熟人,少数是范志国经其亲友、熟人介绍认识,都是具体的特定的个人,而并非社会上不特定的人,即范志国没有向社会公众吸收资金。"最终改变了案件定性,改判范志国犯诈骗罪❶。

(三)诈骗手段的多样性

犯罪分子为了取得受害人的信任,会采取许多不同的诈骗手段。首先,在实践中较为常见的诈骗手段是利用投资者追逐高投资回报率的心理,以保底和高额利息为诱饵骗取资金。通常情况下受害人对于非法集资的违法性具有一定的认识,但在高额利息的诱惑下,受害人出于侥幸心理不惜冒险而出资。犯罪分子正是抓住了这一心理从而实现了犯罪目的。在浙江吴英案中,吴英承诺的资金回报率最初每季度为 30%,年化收益率为 100%,到后期资金年化收益率竟然高达 180%。其次,犯罪分子还以编造虚假经济项目、虚构资金用途、隐瞒资金真实走向方式进行集资。江苏常熟的顾春芳案就是以经营煤矿为幌子骗取资金超过 10 亿元;辽宁沈阳的"蚁力神"集团以养蚂蚁制作养生药酒的虚假项目最终骗取资金超过 200 亿元。最后,在各种媒体上进行不实宣传,增加虚假集资项目的知名度以及公众对其的信任度,往往炮制一些虚假的科研成果证、专利发明证书、获奖证书或者请权威、专家为产品和项目发表看法❷,以达到以假乱真骗取受害人信任的目的;或者收买各种金融服务中介机构为其出具各种虚假证明,以隐瞒事实真相、传递虚假投资信号,欺骗受害人做出错误的投资判断。

(四)集资行为的回报性

集资诈骗行为正是由于其中前期能够对受害人的投资予以回报才

---

❶ 江西省高级人民法院(2013)赣刑二终字第 00015 号刑事判决书。
❷ 李永升:《金融犯罪研究》,中国检察出版社 2010 年版,第 450 页。

能够屡屡成功。所谓回报性，是指非法集资行为人承诺在一定期限内以货币、实物及其他方式向出资人还本付息或给予回报，还本付息的形式除以货币形式为主外，还包括以实物形式或其他形式❶。对于集资诈骗犯罪活动中的犯罪分子和受害人双方来说，非法集资活动就是一个利诱的过程，犯罪分子在最初能够吸引到众多陌生的投资者就是因为其许诺了高额利息回报，并且在前期运行中也能够予以兑现，在既得高额回报的刺激下，已投资者会继续增加投资，同时也会吸引新的投资者加入。

三、集资诈骗罪的危害

随着市场经济的发展，现今的集资诈骗活动与此前的表现形式显著不同，其范围、犯罪手段、犯罪领域等方面均表现出了极高的"综合化程度"，这也是当今复合型经济犯罪爆发的原因❷。综合化程度表现在：犯罪活动的范围扩大，不再集中于富裕的经济发达地区，也逐渐向农村乡镇渗透，几乎全国所有的省、市、地区都有集资诈骗、非法吸收公众存款等犯罪；犯罪领域不断延伸，非法集资手段逐渐波及股票、证券、银行等多个金融行业，犯罪手法从单一的显性表现逐渐转变为隐蔽性强、行为方式更为复杂的诈骗手段上来。集资行为人往往通过所开办的企业为支撑，以良好的经营项目和营利性投资等为借口在社会上大肆进行集资宣传。犯罪主体也呈现多元化，集资诈骗的行为人有金融领域的专业人士，有企业的高管，也有各种名目的投资商，还有部分犯罪单位的法人也在其列。集资诈骗犯罪涉及范围广泛，可能涉及社会上的各个领域、各个角落，不但对社会的稳定和经济的良好运行构成严重危害，而且给广大人民群众的财产造成重大损失，严重的甚至使当地经济倒退几年，很多家庭数年的存款被洗劫一空。然而，在集资诈骗犯罪中，犯罪分子习惯将犯罪所得吸收进来后予以挥霍或转移，即使最终司法机关对犯罪分子处以刑事惩处，犯罪

---

❶ 李冠煌：《试论中国的非刑罚化改革》，载《湖北大学学报》2003 年第 4 期。

❷ 刘宪权：《金融犯罪刑法学专论》，北京大学出版社 2010 版，第 25 页。

分子大多均无法退赃或只能少部分退赃，受害人的经济损失已经无法追回。集资诈骗罪的危害主要体现在以下方面。

（一）非正常高息扭曲信贷市场，严重破坏国家金融管理秩序

集资诈骗罪属于刑法分则第三章破坏社会主义市场经济秩序罪中的第六节金融诈骗罪，本罪所侵犯的客体是复杂客体，既侵犯了国家正常的金融管理秩序，也侵犯了公私财产所有权。金融管理秩序即国家调控金融活动有序开展而建立起来的有规则的秩序状态，内容涉及货币、保险、信托、有价证券等金融活动各个方面。国家正常的金融秩序表现为："一是金融市场运行的稳定性；二是金融结构的均衡性；三是融资行为的有规则状态。"❶ 犯罪分子在实施集资诈骗行为时往往会采用公开募集资金的方式，以高息回报为诱惑骗取资金，严重破坏正常的金融秩序，影响金融市场的健康发展，并且极易引起金融市场失调和失控，不利于国家对金融活动开展宏观调控，导致各种不规范现象不断出现，极易破坏金融和信贷管理秩序。

（二）受害人涉及面广，经济损失巨大

伴随着经济持续快速发展，公众手中拥有了大量闲置资金，但是理财渠道却比较有限，因而便为非法集资提供了发展空间，犯罪分子往往针对农村人、中老年人和一些文化程度较低的城市中下阶层下手，这些受害人对非法集资类犯罪行为缺少认识，极容易上当受骗，在一定程度上造成了集资诈骗犯罪的高发。与普通诈骗犯罪相比，集资诈骗罪的受害人涉及面更广，可以涵盖社会各阶层，涉及的受害人人数众多，动辄涉及成百上千人；涉案金额巨大，动辄上亿，上十亿甚至上百亿。很多集资诈骗案件，都是在很短时间内规模迅速壮大，吸收资金速度惊人，如北京新国大集资诈骗案，在一年多的时间内被犯罪分子骗取了 5 亿多元后不见踪影；新乡全顺线材集资诈骗案，集

---

❶ 赵秉志：《金融诈骗罪新论》，人民法院出版社 2001 年版，第 61 页。

资金额为 54 亿多元，最终不能兑付集资群众，造成经济损失为数亿元。在四川因为汇通担保高管"跑路"所引发的民间金融海啸，涉及了近 40 亿元民间借贷项目出现停息，到期本金无法兑付，引发数起群体性事件，并且导致多米诺骨牌效应，蔓延到全四川甚至国内其他地方，大量的担保公司、理财公司、P2P 公司、小贷公司要么关门歇业，要么老板跑路。

（三）影响实体经济发展和社会稳定

集资诈骗犯罪最直接的危害体现在对公私财产的侵害以及对金融秩序的破坏，事实上本罪所造成的危害往往还会波及实体经济领域乃至整个经济领域，严重影响社会稳定。集资诈骗犯罪行为具有较强的欺骗性，往往在宣传时夸大其实，制造假象，集资群众难以发现和识别，具有极大的社会危害。犯罪分子在骗得相当数量的被害人投资后，往往就很少返还利息甚至停止返还本息，受害人投入的资金面临无法收回的危险和实质损害。同时，经济形势的下行压力加剧，很多民营企业及中小企业为了维护自身的生存和发展，急需大量资金的注入，但是由于近些年集资诈骗犯罪的高发，导致国家加强对金融秩序的监管力度，民营企业及中小企业很难从银行等正规金融机构获得贷款。普通群众在经历过、目睹过或听闻过众多集资诈骗案件后，因提高了资金安全意识而不再轻易进行投资，至少不会盲目或轻信集资的高息诱惑，这样就导致企业融资难上加难，对小规模企业的生存更是雪上加霜，进而影响社会经济的发展。

此外，有些地方政府为了经济数据好看而对集资者的行为采取肯定或默许的态度，给普通群众造成了误导，将非法集资行为误认为是合法的，盲目信任非法集资犯罪分子进而投入大量资金。在非法集资犯罪案发后，受害群众就会找到当地政府讨说法，一些政府为安抚民心，常常拿出国家资金为一些情绪激动的受骗群众买单，种种举动不但削减了公众对政府的认可度，同时也助长了集资诈骗者的嚣张气焰。因此，只有政府及相关职能部门做到认真、严格履行各种职责，加大监管和查处力度，才能创造出一个公平公正、竞争有序的市场经济秩序，也就能有助于从源头上遏制，预防集资诈骗犯罪活动的发生和猖獗。尤其是受害群众常常会通过各种群体性行为来反映问题，甚至直接将矛盾指向政府、公安和司法机关，导致社会的不稳定。"而这种社会不稳定往往不仅就非法集资这一个案件而言，通过这类犯罪所产生的连锁性、反射性、渗透性效用所致的间接损失也无法估量，如公民对金融机构的信誉危机、对金融监管机关乃至国家的信任危机、区域性的社会动荡等都可能引发一系列国家金融中枢的犯罪。"❶

第二节　集资诈骗罪的立法沿革

纵观我国的立法历史，自从 1949 年新中国成立，我国的刑法体系先后经历了创制、修订和完善三个阶段。《刑法典》的创制是在 1979 年，当时，《刑法典》尚未有与集资诈骗罪有关的明文规定，但是，理论界、学术界通常认为在投机倒把罪中可以见到集资诈骗罪的雏形。为适应经济社会出现的新情况、新问题，我国先是在 1995 年将集资诈骗行为以明文规定的形式写入了《关于惩治破坏金融秩序犯罪的决定》，接着在 1997 年国家对《刑法典》进行了修订，对集资诈骗行为进行了专门规定。随着经济的不断发展，金融领域出现的问题越来越多，与之相关的司法解释也逐渐多了起来。

一、主要的刑事法律

（一）1979 年《刑法》的相关规定

1979 年《刑法典》创制的时候并没有关于集资诈骗的相关规定，只是将与集资诈骗有关的"投机倒把罪"写入了《刑法》，即《刑法》第一百一十七条❷之规定。法律条文里并没有对"投机倒把"做

---

❶ 魏东，白钟钊：《非法集资犯罪司法审判与刑法解释》，法律出版社 2013 年版，第 214 页。

❷ 1979 年《刑法》第一百一十七条：违反金融、外汇、金银、工商管理法规，投机倒把，情节严重的，处三年以下有期徒刑或者拘役，可以并处、单处罚金或者没收财产。

112

完全的解释，而是认为"投机倒把"就是"投机"的意思，是指以买空卖空、操纵物价、囤积居奇为手段，找准时机，赚取差价，实现谋求私利、牟取暴利的目的。而根据 1979 年《刑法》第一百一十七条的规定对投机倒把的规定可以从以下两个层面进行理解：一个层面是将投机倒把行为认定为行政违法行为，即认为进行的投机倒把行为只是违反了我国工商行政管理法规的规定，情节轻微，尚不构成犯罪。针对这类问题的处罚，通常是由工商行政等部门去管理，根据具体行为判断做出没收、罚款等行政角度的处理。另一个层次是投机倒把罪，即将情节严重并达到一定危害程度的，行政处罚已经不足以处理的投机倒把行为认定为投机倒把罪，从而上升到由《刑法》来解决。由此可见，1979 年《刑法》提到的"投机倒把"事实上是一个比较宽泛的集合概念，是可以囊括多种投机违法行为的，比如违反经营、金融、物资、外汇、工商管理法规，非法从事类似工商业的违法犯罪问题。情节的轻微与严重是划分"投机倒把行为"和"投机倒把罪"的界限，由于投机倒把是一种经济型犯罪，因此应当以非法获取的数额来作为衡量投机倒把罪的社会危害性的标志。学术界和理论界通常认为投机倒把罪和集资诈骗罪关系紧密，集资诈骗罪也是违反有关国家金融类相关法律、法规，对国家正常的、稳定的金融市场和金融秩序带来影响，并且也是以数额大小作为衡量社会危害性的标准之一。

（二）《关于惩治破坏金融秩序犯罪的决定》

1979 年《刑法》的出台在一定时期对我国金融市场的稳定起到了规范作用。随着改革开放的深度推进，金融市场也出现了一些新问题，遇到了一些新情况，因而，国家出台了《商业银行法》《人民银行法》和《票据法》等一系列法律进行规制，但是金融市场的规制仍然缺失一个强有力的后盾，于是，《关于惩治破坏金融秩序犯罪的决定》（下文简称《决定》）应运而生。《决定》是在 1995 年由全国人大常委会通过的一部单行刑事法律，此《决定》包含罪名广、涉及条文多，起到了对破坏金融秩序的犯罪行为进行严惩的重要作用。《决定》涉及了20多条罪名，基本上是以诈骗为核心，但是具体到条文里则表现为伪造货币、金融票据、信用证、非法集资诈骗等。《决定》第八条首次以明文规定的形式确定了集资诈骗罪，该条文对集资诈骗的行为进行了非常严厉、严苛的处罚。和之前对普通诈骗罪的刑罚相比，也有了新的突破，即集资诈骗行为数额特别巨大或者情节特别严重的，适用死刑。除此之外，一些过去不属于犯罪的或者不担负刑事责任的行为，但是由于新时期的金融市场复杂多变，使得其对社会的危害性明显增大，因此在《决定》中被定性为犯罪行为。同时，《决定》也对非法吸收公众存款和集资诈骗都做了规定，对集资诈骗罪的界定、此罪与彼罪的区分提供了立法、司法的研究依据。

（三）1997年《刑法》相关规定

1997年第八届全国人民代表大会第五次会议对《中华人民共和国刑法》进行了修订，对集资诈骗罪的规定体现在第一百九十二条、第一百九十九条❶、第二百条❷。其中，第一百九十二条基本保留了《决定》第八条对集资诈骗罪的规定，但《刑法》第一百九十九条和第二百条相对于《决定》来说，有了进一步的修改和完善。第一百九十九条中对死刑的适用条件进行了严格的规定，首先得是自然人，其次是对数额的规定，也就是说只有达到"数额特别巨大并且给国家和人民利益造成特别重大损失的"，才能"处无期徒刑或者死刑，并处没收财产"。第二百条对单位犯罪的刑罚也做了改动，通常单位犯罪，负刑事责任的是单位的主管工作人员，因此把负责的主管人员以及其他直接责任人员应当受到的惩罚由"死刑"改为了"无期徒刑"。在2015年8月29日第十二届全国人大常委会第十六次会议通过的《刑

---

❶ 1997年《刑法》第一百九十九条：犯本节第一百九十二条规定之罪，数额特别巨大并且给国家和人民利益造成特别重大损失的，处无期徒刑或者死刑，并处没收财产。

❷ 1997年《刑法》第二百条：单位犯本节第一百九十二条、第一百九十四条、第一百九十五条规定之罪的，对单位判处罚金，并对其直接负责的主管人员和其他直接责任人员，处五年以下有期徒刑或者拘役，可以并处罚金；数额巨大或者有其他严重情节的，处五年以上十年以下有期徒刑，并处罚金；数额特别巨大或者有其他特别严重情节的，处十年以上有期徒刑或者无期徒刑，并处罚金。

法修正案（九）》第十二条中删去了《刑法》第一百九十九条，即取消了集资诈骗罪的死刑规定。

二、主要的司法解释

（一）《最高人民法院关于审理非法集资刑事案件具体应用法律若干问题的解释》

2010 年最高人民法院通过了《最高人民法院关于审理非法集资刑事案件具体应用法律若干问题的解释》，《非法集资解释》只有九条，但是却对非法吸收公众存款和集资诈骗罪两个犯罪行为进行了非常详细的规定，对非法集资的特征、概念、构成要件做出了更为明确的规定，对实践中种类繁多的非法集资行为或活动做了梳理并进行甄别，《非法集资解释》第四条规定：以非法占有为目的，使用诈骗方法实施本解释第二条规定所列行为的，应当依照《刑法》第一百九十二条的规定，以集资诈骗罪定罪处罚。使用诈骗方法非法集资，具有下列情形之一的，可以认定为"以非法占有为目的"：（1）集资后不用于生产经营活动或者用于生产经营活动与筹集资金规模明显不成比例，致使集资款不能返还的；（2）肆意挥霍集资款，致使集资款不能返还的；（3）携带集资款逃匿的；（4）将集资款用于违法犯罪活动的；（5）抽逃、转移资金、隐匿财产，逃避返还资金的；（6）隐匿、销毁账目，或者搞假破产、假倒闭，逃避返还资金的；（7）拒不交代资金去向，逃避返还资金的；（8）其他可以认定非法占有目的的情形。根据上述规定，大家对合法的融资和非法的集资有了清晰的认识，为打击非法集资、规范金融市场提供了法律依据，从而也加强了群众金融风险防范的法律素养，并为法官和律师提供了理论和实践业务指导。

（二）《关于办理非法集资刑事案件适用法律若干问题的意见》

2014 年，最高人民法院、最高人民检察院、公安部印发《关于办理非法集资刑事案件适用法律若干问题的意见》，《2014 年意见》在上文的《非法集资解释》基础上，对审批非法集资类案件适用法律的基础上进行了更细化规定。《2014 年意见》共解决了非法集资中遇到的八个问题，分别是"行政认定""向社会公开宣传""社会公众""共同犯罪""涉案财物的追缴和处置""证据的收集""涉及民事案件的处理"以及最后的"跨区域案件的处理"等部分。在集资诈骗中，"向社会公开宣传"是集资时的手段之一，"社会公众"是犯罪对象，而对这两个问题的理解和把握也一直是实务界掌握的重点和难点。《2014 年意见》的颁布和出台，一方面有利于司法机关、公安机关严厉打击集资诈骗类的犯罪，减少此类案件的发生，另一方面也能够让司法机关合理合法地使用法律处理集资诈骗的案件，发挥法律对犯罪分子的威慑力，维护群众权益，保障金融市场的稳定，促进经济平稳地向前发展。

（三）《最高人民法院关于审理民间借贷案件适用法律若干问题的规定》

最高人民法院为了保护民间借贷在广大群众之间的合法权益，从而维护正常的金融秩序，于 2015 年通过了《最高人民法院关于审理民间借贷案件适用法律若干问题的规定》（以下简称《2015 年规定》）。这是一部相对以往更加崭新的针对民间借贷制定的司法解释，这部司法解释出台的重要意义在于严格区分非法集资、集资诈骗和民间借贷的行为。由于集资诈骗罪的表现形式之一是以高息引诱集资，这在客观方面和民间借贷有一定程度上的重合性，因此募集借贷容易引发非法集资。因民间借贷而触犯非法集资的刑事法律现象在司法审判中是非常常见的，而非法集资的行为会破坏经济稳定、扰乱金融秩序，是法律严厉打压、禁止的对象，但又不能在这个过程中矫枉过正地抛弃民间借贷，因此，《2015 年规定》便对在民间借贷纠纷中出现的刑事案件和民事案件如何协调和实现更恰当的处理做出了法律解释。同时，为了避免以追究集资诈骗罪为名介入借贷纠纷，在区分民间借贷和非法集资的时候要综合全面地考察借款人和债权人二者约定的利率、行为人对筹集起来的钱款的具体使用情况等，在民间借贷过程中严防死守公权力的随意介入。

第三节 集资诈骗罪构成要件解析

一、集资诈骗罪客体要件解析

集资诈骗罪的客体是复杂客体，即国家正常的金融管理秩序和公私财产的所有权。理论界在本罪侵犯的直接客体、主要客体、次要客体上存在着争议，主要观点包括：第一种观点认为，集资诈骗罪既侵犯了国家金融管理秩序和金融秩序，而且又侵犯了他人的合法财产权[1]；第二种观点认为，本罪的客体是国家的融资管理制度和投资者的财产所有权[2]；第三种观点认为，本罪的客体是国家金融管理秩序和公私财产的财产权益[3]；第四种观点认为，本罪的客体是复杂客体，即投资者的财产所有权和国家的金融管理秩序[4]。上述观点中，除第二种观点外，这些观点在实质上并无差异地均指出了本罪侵犯的直接客体。而第二种观点则在金融管理秩序方面指明了融资管理制度，比其他三种观点更为具体些。本罪侵犯的客体应该是国家关于存款的管理秩序和他人的合法财产所有权。

首先，上述观点无论认为是"……制度"还是"……秩序"，仅仅是对客体的不同称谓，均不是本罪侵犯的直接客体。其次，"制度"和"秩序"本身存在区别。制度是在国家有关法律、法规规定的基础上形成的一种规律性、固定性的做法，而秩序则是人们在遵守一定制度后所形成的有序状态。犯罪行为的本质是使得国家对某项社会事物管理处于混乱和无序状态。因此，犯罪客体应该是国家通过管理所形成的有关秩序，而不是具体制度。《刑法典》第三章第五节名称是

---

[1] 陈正云：《经济犯罪的刑法理论与司法适用》，中国方正出版社1998年版，第323页。

[2] 孙国祥，魏昌东：《经济刑法研究》，法律出版社2005年版，第386页。

[3] 卢松：《金融领域犯罪问题研究》，经济管理出版社2000年版，第276页。

[4] 赵秉志：《金融诈骗罪》，中国人民公安大学出版社2003年版，第18-19页。

"破坏金融管理秩序罪",而非"破坏金融管理制度罪",其原因就在于此。第二种观点中认为本罪侵犯的客体是"融资管理制度"并不十分准确,应该表述为国家关于存款的"管理秩序"。其次,从本罪侵犯财产所有权的角度看,本罪侵犯的对象并不仅仅限定"投资者"的合法所有权,在集资诈骗罪中,也有不少被害人并无投资之意愿,但可能受骗,其财产所有权同样会受到侵犯。另外,本罪主要是对他人财产所有权之侵犯,第二种观点所谓侵犯"财产权益"的表述太过宽泛。因此,本罪直接客体应该是他人的财产所有权,且并不以投资者为限。

二、集资诈骗罪客观要件解析

1. "使用诈骗方法"的界定

刑法理论界一般认为,集资诈骗罪中所谓"使用诈骗方法"是指使用虚构事实或隐瞒真相的方法。要明确本罪的客观方面,就必须要理解"诈骗"一词的含义,以及对"诈骗方法"的理解。

首先,要明确"诈骗"一词之意义,理清"诈"和"骗"二者之逻辑关系。本罪中,"诈"和"骗"是相连的,二者共同组成一个行为。在诈骗一词中,"诈"是欺诈之意,而"骗"是指骗取,是"诈"的目的,也是"诈"的结果,是指使得受害人基于"诈"所导致的认知错误,自愿交付财物的行为。因此,这里的"骗"强调的是取得财物。在"诈骗"一词中,重心应集中在"骗"上,因为"诈"的行为千变万化,但是"骗"是诈骗的本质所在,也是"诈"的目的所在。

其次,需要注意的是,刑法中的诈骗与民法中欺诈的区别。在我国有关法律中"诈骗"和"欺诈"有着严格的区别:在民法领域,一般使用"欺诈"一语,用以概括形形色色的虚构事实或隐瞒真相意图使他人产生错误认识的行为,不论他人是否因此产生错误的行为,不论他人是否因此产生错误认识,也不论行为人有无"非法占有目的";与此不同,刑事领域一般采用"诈骗"这个词,强调的是骗取他人财物,使得受害人自愿交付财物,并据为己有。其与"欺诈"的

根本不同在于是否具有"非法占有目的",即"诈骗犯罪的传统构成模式要求行为人具有非法占有目的这一主观构成要素"。❶

对于诈骗"方法"的界定,学界有着不同的观点:第一种观点依据 1996 年《关于审理诈骗案件具体应用法律的若干问题的解释》(下文简称《诈骗解释》)关于"诈骗方法"的定义,本罪的"诈骗方法"有三种方式❷。但是,对于仅以高回报率方式吸引投资者是否属于诈骗的方式,学界存在认识分歧。如有学者质疑,实践中存在罪犯并未隐瞒真相、虚构事实的情形,既未对其主体资格虚构,也未就集资用途做夸张,而仅仅抛出高息诱饵,对这一事实出资人也有认识,此时,以"使用诈骗方法非法集资"论处在理论上欠妥当。但是,仅仅以高息为诱饵进行非法集资,而未对主体资格进行虚构,也没有就集资款用途做夸张,虽然看似并不符合"使用诈骗方法非法集资"的特征,但是投资者一般并不具备对投资回报率的量化认识,难以识别其投资究竟能否实现所谓的高额回报,而行为人则对集资款所能获得的回报率心知肚明,即根本无法给予其向投资者许诺的高额回报,在这种信息不对称的情况下,仅以高息为诱饵进行非法集资认定为"诈骗方法",仍然是合理的。第二种观点认为,本罪的"诈骗方法"相对于普通诈骗罪而言并无特殊之处,均意指"欺骗行为"。欺骗行为,表现为向受骗人表示虚假的事项,或者说向受骗人传递不真实的资讯,但这种欺骗行为必须是使他人(受骗者)陷入或者继续维持处分财产的认识错误的行为❸。具体到本罪而言,如果集资者的行为使得受害人认为其有募集资金的资格,并不是非法集资,且资金的投向符合法律规定,就符合这里所说的"诈骗方法"。第三种观点认为在判断"诈骗方法"时,除了必须符合 1996 年《诈骗解释》对诈骗方法的定义外,还必须考虑欺诈标准、区域差异等要素,对"诈骗方法"

---

❶ 林山田:《刑法特论(上)》,三民书局 1978 年版,第 333 页。
❷ 1996 年《关于审理诈骗案件具体应用法律的若干问题的解释》:"诈骗方法"表现为虚构集资用途、以虚假的证明文件集资和高回报率为诱饵三种方式。
❸ 张明楷:《论诈骗罪中的欺骗行为》,载《甘肃政法学院学报》2005 年第 3 期。

进行限缩[1]。具体而言，该观点首先认为应将1996年《诈骗解释》规定的三种方式作为认定“诈骗方法”的三个必要条件；其次，对于生活、市场投资和投机领域适用不同的欺诈标准；最后，考虑区域特点，根据民间金融的发达程度和群众对民间融资的高风险容忍度，采用不同的标准。例如，对拥有发达民间融资规模的浙江，应采用更紧缩的解释，即投资、投机的欺诈标准；而对于民间融资不发达的其他地区，则适用生活、市场的欺诈标准。

上述观点中，第一种观点不能解决罪犯未虚构身份和资金用途而仅以高息回报实行的集资诈骗情况；第二种观点没有考虑到本罪之于诈骗罪的特殊性，未对普通诈骗罪的“诈骗方法”与本罪的“诈骗方法”进行区分；第三种观点较为合理，该观点认为在符合解释对诈骗方法的定义的基础上，对生活领域与投资领域适用不同的欺诈标准，并充分考虑不同地区民间金融发展状况，更有利于司法机关把握案件性质、合理规制民间融资。

2. “非法集资”的界定

最早对“非法集资”进行定义的，是最高人民法院1996年发布的《诈骗解释》[2]。该解释第三条规定，非法集资是指法人、其他组织或者个人，未经有权机关批准，向社会公众募集资金的行为。该《诈骗解释》对“非法集资”的定义，是在对集资诈骗罪的认定进行解释过程中阐述的，更多适用于刑事司法领域。在中国人民银行于1999年下发的《取缔通知》中对非法集资进行了定义，非法集资是指单位或个人未依照法定程序经有关部门批准，以发行股票、债券、彩票、投资基金证券或其他债券凭证的方式向社会公众筹集资金，并承诺在一定期限内以货币、实务及其他方式向出资人还本付息或给予回报的行为。在此期间，在其他不同部门出台的规范性文件中，多次提到要打击非法集资行为，但很少再对非法集资进行定义和特征描述。2010年最高院发布的《非法集资解释》对非法集资进行了定义，

---

[1] 高艳东：《诈骗罪与集资诈骗罪的规范超越》，载《中外法学》2012年第2期。

[2] 胡榕：《非法集资的由来和监管》，载《知识经济（中国直销）》2011年第2期。

规定在第一条第一款中，非法集资是指违反国家管理法律规定，向社会公众（包括单位和个人）吸收资金的行为。理论界对于非法集资的定义，并无过多涉及，且多为略做论述。总体来说，学者在对非法集资行为的定义上并不存在实质性区别，都是从法律要件和实体要件两方面配置行为构成要件。综上，非法集资应当是指单位或者个人，未经批准，违反法律法规，从事向社会公众募集资金，危害金融秩序，依法应受刑罚处罚的行为。在本罪中，它是指作为本罪手段的非法集资行为。这种非法集资行为有以下特点：

一是非法性。所谓非法性是指违反了国家相关法律、法规而从事非法集资。刑事犯罪意义上的集资都必然是非法的，合法的集资行为不是处罚的对象。我国的《证券法》《商业银行法》《企业债券管理条例》等法律法规对公司、企业及个人集资规定了严格的法定程序和限制条件，包括集资主体、集资对象、集资数额、集资方式、集资用途和集资的审批等方面内容进行了全面规定。在法律规定范围内进行集资，对借贷双方来说，是一种双赢局面，是合法的，但是如果集资活动违反了上述规定中的任何一个方面都不符合法律规定，都可以被视为非法集资。

不同法律法规和解释侧重不同的界定标准，有的以"未经有权机关批准"为标准，有的以"未经有关监管部门依法批准"为标准，也有学者认为非法集资的特征包括"未经审批性"，主要是指依据《商业银行法》和《证券法》批准从事募集资金的活动。2010年《非法集资解释》对"非法性"界定为"未经有关部门依法批准或者借用合法经营的形式吸收资金"。

二是公开性。所谓公开性是指通过媒体、推介会、传单、手机、短信等途径向社会公开宣传。关于公开性是否属于非法集资的特征有着不同的观点，有的认为公开性不属于非法集资的特征，第一，因为公开宣传与非法集资没有必然联系，非法集资的危害性并不取决于公开宣传与否；第二，实践中存在一些没有明显向社会公开宣传但又应以集资诈骗罪处理的案件，规定公开性特征会对案件的查处造成不利影响；第三，公开宣传的界定易生歧义，公开宣传的证明较为困难，规定公开性特征会给实践认定工作带来不必要的争议，会给相关部门的查处工作增加不必要的负担；第四，公开性特征与社会性特征密切相关，在逻辑关系上，公开性特征完全可以为社会性特征包容。笔者认为公开性应该是非法集资的特征之一，因为公开性特征是社会性特征的应有之意，没有公开性，也就无从谈起社会性。在肯定非法集资的社会性特征的同时，有必要承认公开性特征。社会性特征的认定长期以来一直是司法实践的一个难题，而公开宣传可以为非法集资的证明提供适当的切入点，通常情况下，只要进行公开宣传的，即可认为具有社会性。同时，公开性和社会性两个特征又具有独立存在的价值。公开性指的是手段，社会性指的是对象，两者思考的角度不同，揭示的内容也均具有公开宣传性，只是宣传方式不同而已，所以公开性应是非法集资的特征。

三是利诱性。非法集资的利诱性特征是指集资人向集资群众承诺在一定期限内以货币、实物、股权等方式还本付息或者给付回报。利诱性特征包含有偿性和承诺性两个方面内容。首先，非法集资是有偿集资。从集资群众的角度来看，集资行为意味着投资行为，既然是投资，就应当有回报。非法集资的有偿性也是实践中长期以来一贯坚持的认定标准，对于非经济领域的公益性集资，不宜纳入非法集资的范畴。其次，非法集资具有承诺性，即不是现时给付回报，而是承诺将来给付回报。存款、债券类集资活动，从性质上说允许约定一定比例的投资回报，而股票、基金类集资活动，从性质上说不允许约定一定比例的投资回报。

四是社会性。非法集资的社会性特征是指向社会公众即不特定对象吸收资金。非法集资的社会性被认为是非法集资的本质特征，禁止非法集资的重要目的在于保护公众投资者的利益。对于公众投资者予以特别保护，主要基于以下三个方面的考虑：第一，不同于专业投资者，社会公众欠缺投资知识，缺乏投资理性；第二，不同于合法融资，非法集资活动信息极不对称，社会公众缺乏投资所需的真实而必要的信息；第三，社会公众抗风险能力较弱，往往难以承受集资款无法返还的损失风险，且牵涉人数众多，易引发社会问题。尽管民间借贷通常也带有投资性质，但民间借贷并未被作为集资活动认定，而是通过合同法等加以解决，因为借贷双方通过充分协商即可解决信息对等和风险控制问题。社会性特征包括范围大和人数多两个方面。仅以某集体或单位内部人员为对象的集资活动，或者以身边关系密切的人员为对象的集资活动，因不具备社会性，因此不能认定为非法集资。

三、集资诈骗罪主体要件解析

1. 自然人主体

本罪的自然人主体属于一般主体，即达到刑事责任年龄具有刑事责任能力的自然人。但是，在司法实践中，本罪的自然人主体常常呈现出单位化的特点，因而易与单位犯罪相混淆。一般情况下，以个人难以完成复杂的集资诈骗行为，本罪的自然人主体往往不是一人，而是由多个人分工合作、共同完成集资诈骗活动，具有一定的组织性。而多人分工、一同实施本罪犯罪活动时，通常又以单位或组织形式进行。这就很容易导致司法实践中难以区分本罪主体究竟是自然人还是单位。区别二者的关键在于实施该行为体现的是谁的意志。如果是按照单位意志实施本罪，就应当属于单位犯罪；反之则属于自然人犯罪。而所谓单位的意志必须是单位或组织的整体意志，绝非单位内部成员，也就是自然人的罪过的简单相加。单位犯罪必须是出于为单位牟利的动机，这是单位犯罪与自然人犯罪相区别的一个重要特征❶。若多人通过单位实施集资诈骗行为是出于为个人而非单位牟利的目的，例如未将募集的集资款存入单位账户而是直接存入成员的个人账户，或者集资诈骗行为实施完毕后，单位即告解散，资金归入单位成员个人所有，则可以认定本罪的主体是自然人。再如，多个行为人成立固定组织的目的就是长期从事集资诈骗活动，也宜认定为自然人主体。反之，如果正常生产经营过程的公司或者企业由于出现资金短缺，为了融通资金而进行集资诈骗活动的，一般反映的是单位的意志，此时宜认定为单位犯罪。

---

❶ 田宏杰：《单位犯罪适用中疑难问题研究》，吉林人民出版社 2001 年版，第 20 - 21 页。

2. 单位主体

单位犯罪以刑法有明文规定为前提。从刑法条文来看，第一百九十二条在法律条文中明确规定单位可以成为本罪主体。从相关司法解释来看，非法集资犯罪对于自然人主体还是单位主体，也都没有特殊要求，行为人只要符合总则中关于犯罪主体的一般要求就能构成非法集资犯罪，无论是公司还是企业，只要有独立的财产与经费，有独立的行为能力，能以自己的名义承担刑事责任，都可以成为这类犯罪的主体。

另外，在实践当中，存在着银行和其他金融机构利用提高利率等方式非法集资的现象。例如，有些银行为争揽储户，违反央行关于利率的法律法规，在未被允许的情况下提高利率，相互间进行恶意竞争，以便吸收更多客户存款。这类活动必然会扰乱我国关于存款的管理秩序。有观点认为，银行及企图经国家批准的有吸收存款资格的机构不属于本罪的单位主体。这种观点值得商榷。首先，尽管从理论上分析，金融机构成立本罪的可能性极小，而且实践中尚未有过银行等金融机构涉嫌构成本罪的案件出现，但我们并不能完全排除这种可能性，因为以往生活中没有发生的情况未必将来也不会发生。其次，否定上述机构能够成为本罪主体的观点，其理论基础存在问题。它们或是从实施方式方法上，或是从实施目的上，来否定上述机构成为本罪主体，其共同的缺陷在于并没有从金融机构本身的性质和特点说明其不能成为本罪主体的原因。实际上，刑法条文关于本罪主体并没有任何限制，如果上述单位以非法占有为目的，违反央行关于利率的法律法规，在未被批准的情况下通过提高利率来吸收更多客户存款，之后把存款据为己有或者肆意挥霍，未按规定还本付息，则完全有可能构成集资诈骗罪。

四、集资诈骗罪主观要件解析

对于集资诈骗罪，主观方面须为直接故意，并且对于集资款项具有非法占有的目的。集资诈骗罪所侵害的客体有两个，其不仅侵害了公私财产所有权，并且侵害了正常的金融管理秩序。由此，我们可以得出集资诈骗罪也是侵害财产罪的一种，并且为占有型的财产类犯罪，对于占有型的财产类犯罪，非法占有的目的是其主观方面的构成要件，因此，集资诈骗罪也需要非法占有的目的。对于非法占有为目的，非法如何理解，占有在民法与刑法中究竟有何不同，占有的实质性或者说本质性含义是什么等都需要予以明确。有学者认为，本罪的主观方面为犯罪行为人明知"以诈骗方法非法集资"是侵犯他人财产的行为，是违反国家法律的，但是仍然希望这种危害结果的发生❶。这种说法是不确切的，明知的内容应当是集资行为的非法性，而不是明知行为侵犯他人财产，且这种说法未注意到行为人还需具备非法占有目的。还有学者认为，虽然刑法对集资诈骗罪明确规定了非法占有的犯罪目的，但是，由于该犯罪行为的前提是"非法集资"，从严厉打击非法集资犯罪，更有效地保护金融秩序的角度，不要非法占有目的也是可以的❷。这种观点很明显不能成立，因为如果不具备非法占有的目的，那么不仅不能体现本罪的实质特征，也无法把本罪和其他集资型犯罪区分开来。

在我国刑法体系中，本罪属于金融诈骗罪一节中，并且是该节中两个明确要求必须具有"非法占有目的"的罪名之一。可以说，行为人主观上是否具有"非法占有目的"，是区分罪与非罪、此罪与彼罪的最重要的标准。另外，因为本罪中"集资"这一行为本身具有特殊性，所以，本罪中所谓的"非法占有目的"与普通诈骗犯罪中的"非法占有目的"是有所区别的。也就是说，本罪中的"非法占有目的"有其特别之处。

1. 对"非法占有目的"含义的理解

对于"非法占有目的"的理解，关键在于对"占有"内涵的理解。虽然学界对此问题存在分歧，但大多认为，刑法学意义上的"占有"与民法学意义上的"占有"的含义是不同的。"占有"一词，本

---

❶ 全国人大常委会法制工作委员会刑法室：《中华人民共和国刑法条文说明、立法理由及相关规定》，北京大学出版社 2009 年版，第 38 页。

❷ 张天虹：《经济犯罪新论》，法律出版社 2004 年版，第 131 页。

是民法学中的概念。民法基本理论认为，占有作为所有权的基础，与使用、收益、处分共同构成所有权的四项基本权能。占有是指占有者对动产或者不动产的实际控制，强调的是这种控制的状态，并不意味着对所占有财产的所有权。按照取得方式的不同，占有可以分为合法占有与非法占有❶。而刑法学意义上的非法占有主要指非法所有。进一步分析，非法占有不仅仅指行为人对资金实现占有和控制，而且行为人具备永久占有该资金，并以所有人身份自由使用支配该资金的心理意图。对于金融诈骗罪，主观方面是否都应具有"非法占有目的"，刑法学界一向众说纷纭。陈兴良教授认为，刑法规定的各类金融诈骗罪无一例外地都必须以"非法占有目的"作为主观要件❷。而另有观点认为，既然刑法条文没有就其他金融诈骗罪规定非法占有目的，那么，其他金融诈骗罪的成立就不以非法占有目的为要件❸。但是单就本罪而言，刑法将"非法占有目的"在本罪条文中明确予以规定，不存在问题。下面就民法上的占有和刑法上的占有的含义展开具体论述。

首先，罗马法中的占有制度，该制度设置的出发点是为了保护占有的事实，而对这种占有事实的保护是为了保护现有的秩序，以维持社会的安定，因此，此占有制度的设立，主要保护的是占有的这种事实状态，而与占有是基于所有权或者其他的法律依据并无关联。在日耳曼法中，占有是物权法的重中之重，与其他物权一样，具有公示作用，其并不仅仅是一种事实状态。我国现行民法并未规定占有制度，即占有是一种等同于其他物权的权利，还是仅仅是一种事实状态，现行民法并没有予以明确的规定。但是，我国的民法理论以及司法实践中，通说认为占有仅仅是一种事实一种现有的状态，并非是一种权利。但是，占有在我国也受到了法律的保护，只是对于有权占有和无权占有法律的保护力度不同而已。有民法理论认为，"占有，就是指

---

❶ 合法占有是指非所有人基于法律规定或其他合法原因而对所有人的财产加以控制。非法占有是指非所有人没有法律依据或未经所有人同意而占有其财产。

❷ 陈兴良：《金融诈骗罪主观目的的认定》，载《刑事司法指南》2000 年第 1 期。

❸ 黄玉庭：《主观超过因素新论》，载《法学研究》2005 年第 3 期。

占有人对于物有事实上的管领力的事实。"所谓管领力，即为控制和支配，即为所有权"占有、使用、收益、处分"四项权能的一种或者多种。

其次，刑法上的占有是一种概况的意思内容，它不同于民法上的占有是具体的，有时只需要一种高度概然或者可以通过推定行为人具有占有意思即可。例如，民法上，行为人占有某物是一种特定的具体的占有，以外在形式表现出来的，比如对于租赁房屋的占有，而刑法中的占有，例如盗窃罪中的占有，这种占有在实施盗窃行为之前或者之时就有，并且这种占有是一种概然的目的，也就是说并不确定是对某种特定物进行占有，并且是内在的，当行为实施完毕后，也许会以外在的表现形式表现出来，即占有盗窃物，此时构成盗窃既遂，如果并未以外在的表现形式表现出来，那么，此时构成盗窃未遂或者中止。同时，对于行为人是居于为了自己占有的意思表示占有，还是为了第三人的意思表示占有则并不影响占有的成立。

最后，民法与刑法中占有概念是有区别的。民法中的所有权在法律的限制范围内，权利人对于所有物为全面的支配的物权。所有权包括占有、使用、收益、处分四项权能，占有权仅仅是其中一种，因此，占有权能可以与所有权相分离。而刑法中的占有等同于所有权。究其原因，民法中的占有，规定在物权法中，民法以及物权法的出台以及设立的一个基本原则是物尽其用，促进交易，以及保护交易的安全。占有亦是如此，占有与所有权的分离便是为了能够实现利益最大化，并且促进交易。而刑法中占有概念的引入是为了惩治财产以及财产性利益犯罪，在该类型的犯罪中，犯罪人占有财产以及财产性利益往往是为了自己或者他人占有、使用、收益或者处分，并且，当行为人对该财产以及财产性利益进行占有的时候，原所有权人就不可能行使所有权的相关权利。因此，在刑法上，当犯罪人占有财产的时候，往往就排除了原所有权人，同时拥有了使用、收益、处分的权利，而同时拥有这四项权利的时候，就相当于拥有了所有权，因此，刑法上的占有就相当于所有权。并且，民法与刑法对于合法占有与非法占有的规制不同，在民法中，对于遗失物、盗赃物的占有，即使行为人为非法占有，但其他不相关人员也不能对于此种占有予以剥夺，只有所有人或者相关有关权利的人员能对此占有予以主张，即民法上的占有是指对现有事实状态的一种保护以及对于现有秩序的一种维持，而刑法并未对此中占有予以规定。

综上，本罪属于典型的目的犯，但是本罪中的"非法占有目的"有其特别之处。这种特殊性体现在"集资"一词上。集资，是指从特定或者不特定的投资者手中募集资金的活动。集资有合法和非法之分，在本罪中的含义显然是指后者。基于集资的概念，有学者认为，集资诈骗罪中的"非法占有目的"的含义是：行为人主观上具有将募集的资金占为己有的意图，但没有回报投资者的意图。有些学者持反对意见，认为将"不具有回报投资者意图"作为本罪"非法占有目的"特殊必备要件并不合理。因为即使利用投资者的资金进行生产经营或投资从而获得收益并回报投资者，也是为了诱惑更多投资者投资，将更多地资金据为己有。"不具有回报投资者的意图"本身就是"将所募集的资金据为己有的意图"的应有之义，将二者区分开来并无必要。因此，本罪中的"非法占有目的"是指行为人主观上非法占有所募集的资金的目的。进言之，就是行为人使用诈骗方法募集资金，使投资者的财产脱离投资者的控制，而置于行为人个人或本单位的控制之下，并非法占有。若行为人主观上无此目的，则不构成本罪。例如，集资人因生产、经营方面等存在困难而急需资金，通过向不特定的投资者募集资金来缓解资金链的紧张，这种情况下，集资人主观上并没有对集资款非法占有的意图，因此就不能以本罪论处。并且上述观点只是在理论层面进行的讨论，在刑事司法实践中，对"非法占有目的"的认定，一直以来是本罪认定过程中最为重要、同时也是最具争议的部分。

2. 对"非法占有目的"的认定

各国对刑法中"非法占有目的"的界定有不同的理论，在日本理论中，主要指排除权利人所有将他人之物归为自己之物，并按照该物的经济用途加以利用处分的意思，这一理论为通说。其中体现了排除意思和利用意思。我国刑法理论中的主要学说有以下几种：（1）意图占有说：指行为人意图非法改变所有权，意图非法占有。（2）非法所有说：刑法中非法所有目的在于取得所有权的全部内容，包括占有、使用、收益、处分所有权能。（3）非法获利说：非法占有的目的不是前两种学说中的意图非法占有或非法所有，而是非法获利。在上述学说中，"意图占有说"在我国刑法中占据通说地位。关于"非法占有目的"，相关学者也给出一些定义，是指行为人在实施犯罪时，使财物脱离合法所有人或占有人的控制由自己支配以获取非法利益的心理状态。该观点也体现出了排除权利人意思和利用意思。由此可见，刑法中"以非法占有为目的"通常可以理解为主观上意在排除他人所有而意图将他人财物非法据为己有，供自己来支配、利用、处分财产。

客观行为是主观心理的外化，通过客观行为来推定主观目的，是刑事司法实践中必须进行的活动。有学者指出，主观目的一般需要根据客观行为来认定，在此存在一个通过客观行为推定主观目的的问题。本罪行为人也不例外，其主观故意必须通过骗取他人的集资款项，然后将取得的款项据为己有的行为反映出来。这就意味着对实践中该问题的认定始终要符合主客观相统一的原则。主观上"非法占有目的"必然导致"拒不返还""肆意挥霍"之类的行为，最终导致危害结果发生。一般而言，由"局部犯罪化"的结果来推定"非法占有目的"这个原因，是符合客观事实的，也是司法实践中必须遵照的逻辑推理顺序。但是，原因毕竟只是结果的充分不必要条件，一个结果的存在无法必然推出某一特定原因，因为无法排除其他可能原因的存在。就本罪来说，不返还的结果完全可能是由于其他原因导致的。通过客观行为强行推定主观目的，难免会造成客观归罪的错误。这也是当前法院审理这类案件中经常出现的错误。

虽然2010年《非法集资解释》更为合理、科学，一定程度上避免了"由果及因"产生错误的可能性，但是在处理个案时，依然会出现打击面过大的问题。因此，在司法实践中要秉持主客观统一原则，根据案件具体情况，将具体犯罪行为作为基础，从行为人收取集资款开始，总体把握未偿还集资款之原因并进行详细法律逻辑分析，排除其他可能性存在，最终推导出结果。另外，在认定"非法占有目的"

时，除了要考虑 2010 年《非法集资解释》和 2001 年《全国法院审理金融犯罪案件工作座谈会纪要》规定的情形外，还应充分考虑行为人集资的方法和募集资金的流向问题。在集资过程中，如果行为人通过虚构事实或隐瞒真相的诈骗方法进行集资，给予虚假的承诺回报，通常可以认定具有非法占有目的❶。如果募集资金主要用于正常的生产经营并给予投资者回报，隐瞒投资者将一小部分资金没有用于缓解资金链的紧张而挪作他用，则不宜认定为具有"非法占有目的"。同时需要注意的是，行为人集资后虽不用于生产经营活动，但是不能返还集资款是由于经营被骗、被盗或者法律法规的重大变化等不能控制的因素所导致，也不宜认定为"非法占有目的"。

第四节　集资诈骗罪疑难问题解析

一、"非法占有为目的" 的时间认定

有的学者在提及"非法占有为目的"的时间问题时指出，因为集资行为和集资过程并非短时间内能够彻底完成，其持续的时间往往会比较长。行为人的"非法占有为目的"并非都出现于集资行为之初，而是萌生于集资诈骗行为已经开展到一定的程度之后，随着集资规模的发展，进而更加明确。在共同犯罪中，参与实施的人员越多，对共同犯罪的认定就越困难。如何认定其中每个成员是否存在"非法占有为目的"，如何认定该目的产生的时间，如何认定是否所有成员都与主犯一般具有该种犯意。行为人有无这种犯意，何时产生了这种犯意，其最终所触及的罪名可能会有所不同。因此，在司法实践中，准确认定行为人有无"非法占有为目的"以及该目的的形成时间就成为一个非常重要的问题❷。

---

❶　许美：《集资诈骗罪非法占有目的的认定问题研究》，载《安徽警察职业学院学报》2012 年第 4 期。

❷　肖国耀，陈增宝：《非法集资类犯罪的司法认定》，载《人民司法》2012 年第 2 期。

在司法实践中，关于如何认定事中或者事后形成"非法占有为目的"有如下四种观点：第一种观点认为应当以集资诈骗罪论处；第二种观点认为应该以非法吸收公众存款罪论处；第三种观点认为该行为应定性为集资诈骗罪和非法吸收公众存款罪数罪并罚；第四种观点认为应以侵占罪论处。到目前为止，理论界仍未形成一致意见。依据法官自治的原则，不同法官对"非法占有为目的"的形成时间的认定不同，同一类案件在司法实践中将会出现不同的结果。对于"非法占有为目的"的形成时间是否应当存在集资诈骗行为已经着手实施之后，主要有肯定和否定两类观点。

持肯定观点的学者指出从刑法理论的角度来分析，本罪属于不典型结合犯。行为人通过非法集资行为取得资金后滋生"非法占有为目的"，这种情形属于犯意的转化。这种转化发生的时间仍在集资活动进行的过程中，即事实行为向犯罪行为转化的时候。所以，并不影响对行为人具备"非法占有为目的"的认定❶。赞同这种观点的学者还指出，在集资诈骗罪中，行为人非法占有集资款的目的也有可能形成于集资的过程中。集资诈骗案与普通诈骗案不同，因为要面向社会公众募集资金，首先就需要给行为人自身树立一个良好的口碑和信誉，否则集资行为就会举步维艰。在没有良好的口碑和信誉的支撑下，投资人出于谨慎不会轻易相信行为人的陈述而交付财物，从而导致行为人能筹集到的资金数额少，且筹集的难度也会较大。据此，为了建立起足够的口碑和信誉，行为人一开始并未有将集资款非法占有的目的，中规中矩地将所筹集的款项都用于其许诺所用之处并兑现其许下的高额利息。直到所筹集到的资金越来越多，许诺的高额利息已经难以支付之时，有的行为人萌生出将集资所得款项永久占有而不予归还的意图❷。持反对观点的学者认为"非法占有为目的"应当与行为人意图通过诈骗方法进行非法集资的时间同步，最迟不能超过行为人着

---

❶ 魏昌东，胥宁：《刑法规范合理性视角中的集资诈骗罪》，载《南京政治学院学报》2005 年第 2 期。

❷ 李娜：《集资诈骗罪构成要件探析》，载《广西社会科学》2005 年第 10 期。

手实施集资行为的时刻。此处对于"着手"应当理解为行为人开始将虚假信息以及集资意图通过各种途径传达给社会公众的时候，或者理解为将其真实情况加以掩盖而不为出资者发现的时候❶。

笔者认为，非法占有目的的产生时间应当与非法集资行为同时进行才能成立集资诈骗罪。对于在取得集资款之后才产生非法占有目的的情况，不能认定为集资诈骗罪；对于在非法集资过程中产生非法占有目的的情况，之前的行为不能认定为集资诈骗罪，之后的行为可以认定。理由包括以下几个方面：第一，根据我国刑法理论，认定犯罪应坚持主客观相统一的原则，任何犯罪行为都是在犯罪主观方面支配下的行为，没有犯意的支配，无从认定行为人的罪过内容，对犯罪行为的认定也就不可想象。罪过是行为人对自己实施的危害行为与危害结果所持的心理态度，罪过必须表现在一定的行为中；罪过只能是行为时的心理态度，罪过的有无以及罪过的形式与内容都应以行为时为基准进行判断❷。对于集资诈骗罪的认定来说，在非法占有目的支配下实施非法集资，是成立本罪的当然要求。如果行为人在开始实施非法集资行为并取得集资款时并没有非法占有的目的，根据主客观相统一的原则，自然不能认定其为集资诈骗。行为人虽然在事后产生非法占有目的，但此时的主观目的已无法与前期的非法集资行为相结合，因而也就无法认定集资诈骗罪。第二，有学者指出集资诈骗罪是不典型结合犯，行为人在非法取得集资款项后又产生非法占有目的的，属于犯罪故意内容的转化，这种观点有其欠妥当之处。我国刑法学理论对于结合犯的定义是：数个各自独立的犯罪行为，根据刑法的明文规定，结合成为另一独立新罪的犯罪形态❸。结合犯是对法律所规定的某一类犯罪类型的解释，法律条文本身完全可以作为正确解释结合犯的根据，只有依据条文中的复数犯罪构成的明文规定才能对结合犯赋予科学的说明❹。我国目前刑法中并没有典型的结合犯。至于集资诈

---

❶ 刘远：《金融诈骗罪研究》，中国检察出版社 2002 年版，第 279－280 页。

❷ 张明楷：《诈骗罪与金融诈骗罪研究》，清华大学出版社 2006 年版，第 411 页。

❸ 赵秉志，鲍遂献，等：《刑法学》，北京师范大学出版社 2010 年版，第 269 页。

❹ 马克昌：《犯罪通论》，武汉大学出版社 1999 年版，第 639－646 页。

骗罪是否属于不典型的结合犯，即非法集资罪与诈骗罪的结合，首先刑法目前并未规定非法集资罪，其次从刑法规定来看，集资诈骗罪也不可能由"以非法占有为目的"这一主观方面的表述与"非法集资"结合而来。因此认为集资诈骗罪是非法集资罪与诈骗罪的结合犯，无论从法律规定还是理论上都难以成立。第三，有学者指出，行为人的"非法占有为目的"可能会形成在其中规中矩地树立良好的口碑和信誉，渐渐难以兑现高额回报的承诺之时。此种情形形成的"非法占有为目的"在实践中不难见到，然而这种情形下形成的"非法占有为目的"是针对已经募集到的资金而产生的，并非是针对接下来意欲通过该项目的驱使下而实施的集资诈骗行为所筹集到的资金。所以，依然不宜认定该目的是属于集资诈骗罪的"非法占有目的"。行为人募集到的资金在行为人"非法占有为目的"产生之际已经在行为人的控制之下，而并非是行为人受到"非法占有为目的"的支配采用诈骗方法实施非法集资行为而来。如果行为人此时形成该非法目的，并将该笔资金占为己有，应当认定为侵占罪或者盗窃罪更为妥当，而不应将该主观目的与已经实行完毕的集资行为相结合认定行为人构成集资诈骗罪。同时，行为人还存在另一种情形，在着手之初行为人就已经有了"非法占有为目的"并且贯彻始终，为了能够非法集资到更多的资金，一开始采取中规中矩的方式来积攒口碑和信用，直到筹集到的资金已经达到难以再继续扩大的局面才开始实现其行为之初就形成的"非法占有为目的"。这种情况在实践中并不鲜见，然而此种情形下从理论的角度来分析，行为人毫无疑问是构成集资诈骗罪的。不过，与是否符合本罪的构成要件相比，此种情形的最大难点是司法实践中如何通过取证来证实该非法目的于行为人的集资诈骗行为实施之初就已经实际存在。

二、非法占有目的的司法认定

我国对集资诈骗罪主观认定的相关司法解释都是通过具体行为对主观要素进行定性，集资形式的范围在逐渐扩大。在司法实践中，对行为人的内心无法知晓，而只能对他的行为表现进行分析研究，从中进行推测。但是，现在也存在着在实践中对非法占有目的存在巨大争议的情况，个案中由于非法占有目的不清晰而导致案件的定性困难❶。因此非法占有的司法认定应当从行为人的集资形式、行为人履行合同的程度以及行为人违约后的行为三个方面进行分析，且这三方面应当同时符合，缺一不可。

（一）行为人的集资方式

行为人如何进行集资、通过何种形式进行集资是其主观目的的首个表现。一般来说，正常合法的集资应当通过合法的途径进行，而其中一个表现就是到有权机关进行登记或进行审批。集资诈骗罪中的非法占有的主观意图不应当限定在其集资行为的开始并且要求其要一直持续到行为结束后。在其进行非法集资行为的中途或者在集资以后投入生产之前才产生的非法占有的意图也符合集资诈骗在主观上的要求。结合对集资诈骗的法律规定来看，对其主观目的的认定应该把握两个要素："虚构事实""隐瞒真相"。"虚构事实"即无中生有，在集资诈骗当中，行为人一般对其对象进行诈骗时，都是从虚构入手的。最典型的就是虚构一个投资项目，或者虚构一个活动。合法的集资并不会对一个不存在的东西进行投入，而且也不可能从这个不存在的事物中为出资人带来收益。因此通过对这个虚构的事或物进行推广的行为应当视为符合有非法占有的主观目的的要素之一。"隐瞒真相"即虚假、诱惑。在司法实践中，骗取的具体表现形式多以获得高回报作为诱惑点，吸引投资人进行投资。当然这种高利润的回报是虚假的、不可能实现的，只是作为诱惑投资人、把真实情况进行隐瞒的一种行为而已。以回报的利诱性对投资人进行诱惑也是行为人主观上对投资人所持有财产有非法占有目的的一种表现。综上，在司法实践中，判断行为人进行集资的形式应当从"虚构事实"以及"隐瞒真相"两个要素入手进行界定。

---

❶ 石奎，陈凤玲：《集资诈骗罪"非法占有目的"的司法认定——基于样本的抽样统计分析》，载《江西社会科学》2016 年第 4 期。

（二）行为人对集资款的运用

从时间顺序上看，在集资之后应当对是否有效履行集资时的约定进行分析。因为在一些情况下，集资人的目的是想运用集资款到企业的合理经营中，但是由于企业运营状况不好而难以进行集资，只能用虚构的方式对投资人进行诱惑投资。但是如果将筹集的投资款运用到企业运营中去，并且能返还该款项，这种情况就不应当认定为集资诈骗。因此除了对其集资方式要进行分析以外，对行为人是否有履行约定也要进行下一步的分析。

在集资诈骗当中，行为人并不会对其承诺的行为进行全部履行。由于集资诈骗的主观目的就是非法占有该财产，因此在诈骗款得到以后并不会真的把该款项投入生产，或者按照所约定承诺用于某一方面，也不会获得利润回报。在集资诈骗行为当中，行为人并不会按照约定的用途使用集资款，而是将集资款进行非法占有。即使部分履行了该约定，但是集资诈骗中履行约定的程度必然不会为投资人带来约定中的高利润回报。因此，对集资人应当进行有无履行约定的考察，且对其履行程度的多少也要进行分析。

（三）行为人对集资款的后续处理

对于本罪的非法占有目的的认定，除了要考察行为人的集资行为、集资以后对集资款使用情况，最终的落脚点都会落在集资款的返还问题上。根据我国相关司法解释的规定，对违约后的行为主要分为几种：携款潜逃、以各种手段逃避返还资金、用于犯罪活动、致使资金无法返还。而是否有返还，应当以在约定时间内行为人是否归还约定的本金及利息为界定。而资金的返还情况也可以分为两种情况：一是可以偿还而不偿还；另一种是没有能力偿还而不偿还。具体而言，在第一种情况下，行为人在集资行为之时或者集资后就有能力将约定的本金及利息进行偿还，但行为人主观上则不打算偿还。在第二种情况下，行为人是由于集资之前就知道无法返还财产或者集资以后经营不善导致财产不足以返还，因此没有能力进行补偿。因此，在司法实践中，要重点考察行为人对财物的后续处理情况。无论是有能力偿还而不偿还，还是没有能力偿还而不偿还都应当属于违约后拒绝返还的情况。

综上，对集资诈骗罪中行为人的非法占有目的的认定，要从一开始的集资形式，到对集资款的运用以及对集资款后续的处理方式三个方面，都要符合各自的条件才能认定为属于非法占有目的，三者缺一不可。

三、集资诈骗罪数额的认定

（一）集资诈骗罪数额的种类

犯罪数额作为犯罪的数量因素，对本罪的量刑甚至定性都是非常重要的[1]。"数额较大"是根据我国刑法及相关司法解释对集资诈骗犯罪要求符合数额上的要素。而相关司法解释则规定了数额起点，但是对数额的认定范围则没有明确的规定。因此，要研究集资诈骗犯罪的数额问题，首先就要对数额的种类与性质进行确定与区分，然后才能对数额的认定问题进行探讨。

1. 集资诈骗的非法集资数额

集资诈骗的非法集资数额是指集资诈骗行为中采用诈骗方式进行非法集资所骗取的总数额，即是指非法集资行为当中一共所收到的数额。采用这种学说的主要目的是因为在集资诈骗罪中，集资诈骗行为最主要侵害的是公私财产的所有权。在行为人进行非法集资过程中，其收到的非法集资款就是公私财产的移交，而在交付的过程中，公私财产的所有权已经受到了侵害。而国家正常的金融管理秩序也会随着公私财产所有权的侵害而受到影响。因此非法集资的总数额就是对本罪所侵害的权利的最大体现。即使在非法集资行为之后再对集资人进行财产的归还，在侵害权益时对正常金融秩序已经造成了影响，因此如果采取实际获利说则会导致刑罚的度与本罪的社会危害程度不相

---

[1] 肖业忠：《数额犯中数额认识错误的评判》，载《政法论丛》2014 年第 4 期。

匹配。

当前司法解释所采用的实际所得数额则是指总数额减去案发前付给出资人回报所剩下数额。这种界定方法有其不合理之处。第一，集资诈骗罪的既遂是在出资人由于行为人的欺诈行为而转移公私财产时就已经成立了。因此即使行为人是在案发之前就把部分或者全部款项归还给出资人的，也不能影响集资诈骗罪的成立。第二，因为在集资诈骗罪中，集资的行为是具有公开性的，是对不特定的群体所展开的行为。在集资的过程中大部分不是同时进行的，对不同对象更多时候是交错进行的，或者是有先后顺序的❶。在这种不是同时进行的欺诈行为中，行为人在案发前对出资人归还财产也可以理解为对后者的一种引诱，让之后的更多人因为有获得所生成的利益而相信这种集资并进而出资。而在这种情况下，对前者数额的归还也是其诈骗行为的一种体现，如果将这种行为过程中的数额不认定为集资诈骗的数额则是不合理的。第三，因为在集资诈骗罪中，现有司法解释之所以采用实际所得说是为了鼓励行为人向出资人归还集资款，但是并非通过采取这种学说才能达到鼓励归还集资款的目的，而且也背离了刑罚的目的。在一些情况下，集资行为人之所以归还集资款是因为要以集新还旧的方式获得更多人的信任，进一步获得更多的集资款。那么在这种情况下，所撤除的这部分数额并不能认定为是鼓励行为人归还出资人的，而是通过这种归还的手段获得更大的集资数额，这并不能体现鼓励行为人积极主动归还集资款项，也不能体现这种学说的目的。

综上，在集资诈骗罪的司法认定中，数额是一个客观可量化的存在，对司法认定具有参考价值。行为人的具体集资行为是否对社会金融体系造成影响，是否对公私财产造成侵害，这个标准应当以集资诈骗是否既遂为标准。而集资诈骗罪的既遂，以及被侵害的法益并不能从抽象方面得到直观的体现，但是却能从具体的集资数额上得到表现。因此，集资诈骗的总数额是最充分的具体表现，也对司法认定有

---

❶ 非法集资犯罪问题研究课题组：《涉众型非法集资犯罪的司法认定》，载《国家检察官学院学报》2016 年第 3 期。

充足的合理性。在数额的司法认定上采用非法集资数额说既可以保障所侵害的权益，也可以体现罪责刑相适应的原则。从维护国家金融市场的稳定以及保障公私财产所有权出发，应当对非法集资的总数额进行认定，采取非法集资数额说。在非法集资的款项进行交付时本罪既遂，这也是本罪指向的客体受到侵犯之时。无论之后是否归还，以何种目的归还，犯罪行为已经完成，应当以此为标准进行认定。此外，在量刑方面与其他学说相结合，则可以达到鼓励行为人归还集资款的目的。

2. 集资诈骗的非法占有数额

在集资诈骗犯罪中，因为行为人的集资行为所侵犯的数额不仅反映了该行为是否构成犯罪，也反映了行为人在集资过程中的行为社会危害性程度。因此，数额不仅仅要体现在定罪中，也要在量刑上有所体现。集资诈骗罪的量刑应当是建立在定罪的基础上，对集资诈骗行为的社会危害性进行权衡，再决定是否判处刑罚，判处何种刑种和刑度❶。而集资诈骗的社会危害性通常是以其数额进行衡量的。因此，在数额问题上应当进行厘清。

集资诈骗的非法占有数额就是指行为人的实际所得数额。这里的数额是将总集资额减去归还的数额，是指集资人所实际上占有的数额，包括已经使用了的数额。非法占有数额说与非法集资数额说的区别就在于是否把已经归还给集资人的数额纳入范畴中。把已经归还的数额撇除在总数额之外，是为了鼓励行为人对出资人的财物进行归还，使出资人遭受的损失减少，进而更好地保护出资人的合法利益。但是，如果把这种学说当作定罪标准则会导致与集资诈骗行为的社会危害程度不相匹配。在集资诈骗罪中，数额是定罪量刑的重要基准，非法占有数额也在一定程度上体现了对被害人造成的实际损失。因此，在对宣告刑进行考量的时候，如果只把非法集资数额作为唯一参考依据则可能会导致这样一种情况：在两起不同的集资诈骗犯罪中，行为人所非法集资的数额是一样的，其中一起集资诈骗犯罪中集资人

---

❶ 马克昌：《刑罚通论》，武汉大学出版社 1995 年版，第 273 页。

把部分集资款归还给了被害人，或者归还了部分被害人全部集资款，而在另一起集资诈骗罪中则没有进行归还，但是这两起案件的非法集资款总数额是一样的，对两个集资人的法定刑也一样。在这种情况下，则会导致司法裁量的困境。两起集资诈骗罪中对具体被害人所造成的损害是不同的，部分的损害是得到弥补的，但是这种具体情况却没有得到体现。因此，如果将非法占有额纳入司法裁量的考量因素中，才能更好地体现刑罚的准确性。

综上，由于刑罚是犯罪人实施的行为对社会危害性所产生的体现，因此与此对应的刑罚的度与其行为的危害性应当是统一的。司法实践中如果将非法集资数额与非法占有数额这两者割裂开来则会导致罪刑不相符，因此，在司法实践中，应当将非法集资数额与非法占有数额相结合对集资诈骗行为进行认定，将非法集资数额作为犯罪数额进行量刑，而非法占有数额则是作为量刑情节进行裁量。

(二) 集资诈骗犯罪数额的司法认定

1. 非法集资数额认定的特殊情况

第一，集资款没有真实交付是否仍认定为非法集资款。集资诈骗犯罪中存在一种情形，即集资人向出资人承诺只要出资 10 万元，就可以获得 2 万元的利息，集资人在收取集资款时，将利息提前返还给了出资人，即出资人实际上只交付了 8 万元，但是在名义上出资人的出资额却是 10 万元，在司法实践中认定的非法集资数额是 8 万元还是 10 万元存在争议。这种情况下，定罪时应该认定 8 万元为非法集资数额。因为非法集资额应当是已经客观交付了的数额，只有实际交付了，出资人的财产权才真正受到侵犯，而且在实际交付之后非法集资的行为才算正式完成。如果将 10 万元认定为非法集资额，那么就会存在着主客观不一致的情况。

第二，在司法实践中，无论行为人在进行非法集资过程中为了获得更多人信任而投入的成本或者以其他理由返还的数额有多少，这部分数额都不应当撤除在数额的计算之外。因为这部分数额也是犯罪行为过程中的一部分，也属于为了犯罪的实施而产生的数额。因此在司法实践中，应当把这一部分也纳入到数额的计算中去。行为人返还的财产数额、之后追回损失的数额都应当计算在内。而这些数额也可以作为量刑中从宽的情节予以考虑。因此，在定罪时并不应当为了考虑量刑是否恰当而本末倒置，应当把非法集资额作为定罪的依据，之后再去考虑量刑是否恰当。

2. 非法占有额司法认定的问题

有学者认为，集资诈骗罪的量刑可以借鉴普通诈骗罪的量刑，以双方本来意图交付的标的数额作为对其进行量刑时予以参考的情节❶。但是这种标的数额是一种指向数额，是集资行为人企图要与出资人之间达成的一项交易协议，并且这项协议未必可以生效。虽然这个数额能够反映非法集资人的主观恶性，但是可能会产生刑罚过重的不良后果。因为在实际交付过程中，出资人可能由于各种原因没有完全交付约定的数额，如果只凭着非法集资人主观上想要占有的数额而进行量刑，就会导致主客观不相统一。而且，如果按照这种学说，那么最后量刑的时候就会导致并没有一个可以明确量刑的数额，导致司法实践陷入一个尴尬的境地中去。因此，在司法实践中，应当以非法占有额作为进行量刑的数额。将行为人所返还的财产或者可以追缴的财产作为从宽的量刑。而且以此作为量刑情节也可以鼓励非法集资人积极返还财产，主动提供可追缴财产。避免因非法集资人转移导致无财产可追缴，使受害人受到损害。

第五节　集资诈骗罪与相关行为的区分

一、集资诈骗罪与合法集资的界限

虽然我国改革开放已经三十年了，但是金融市场总体上仍旧处于相对垄断的状态，市场未放开，利率便没有市场化，很多实体企业因无法通过银行等正规金融机构获得贷款，寻求民间资本的支持，民间

---

❶　李洁：《定罪量刑情节若干问题研究》，载《北华大学学报》2001 年第 3 期。

集资的存在便必不可少。有这样一句话能够反映当下非法集资犯罪与合法集资的尴尬界限，那就是"没出事之前是合法集资（融资），出事之后就是非法集资"❶。

但是，合法集资行为是经过行政批准，且严格按照法定程序进行的集资活动，公众是自愿出资，是符合法律规定并且是受法律所保护的。而对于集资诈骗罪来说，表面上看似集资群众出于自愿将自己的资金交由集资人，事实上集资人却使用了非法手段（一般是欺诈或者诈骗的方法）使集资群众误认为集资人有相应的经营项目，自身具有归还能力，却并不归还或不愿归还集资群众资金，该种集资方式实际上没有经过国家机关的批准和认同，在法律上也是予以禁止的。集资诈骗罪与合法集资相似的地方在于，二者都是在社会上向一般群众公开进行吸收资金，即集资。通俗地讲，合法集资是法律尚未禁止的行为，集资诈骗罪是为刑法所规制并予以处罚的行为，区分集资诈骗罪和合法集资主要从以下三点进行分析：

1. 集资目的不同

合法集资行为中，集资人向社会群众集资的目的主要是用于企业生产经营，而不是为了非法占有所募得的集资款。纵然在集资之后可能存在某些不可抗拒的因素等客观原因，导致无法全部归还集资者的欠款，但只要集资人不具有隐匿资金、逃避返还或者携款潜逃等可以被认定为"非法占有目的"的行为存在，仍然只是没说民事所调整的范围，行为人主观上并没有非法占有之目的，因此是不能以刑法上的集资诈骗罪予以评价的。

集资诈骗罪中，集资行为人从开始实施集资行为便具有非法占有集资款的故意和想法，也或者在集资过程中才慢慢产生非法占有故意，抑或是取得集资款项事后具有了非法占有目的，集资人在实施集资过程中总会向群众夸大宣传自己或者自身企业的经济实力和发展前景，也宣称会将募集来的款项用于企业自身的实际经营或者投资。事

---

❶ 钟合：《集资诈骗还是正当民间融资——湘西曾成杰非法集资案的回顾与思考》，载《上海企业》2013 年第 8 期。

实上，集资行为人主观上就不愿归还或者从未想要归还集资群众的资金，因此非法占有集资款之目的极为明显。

2. 集资手段不同

合法集资行为中，对于集资人所募集的资金一般都用于企业生产经营活动或者投资性项目中去，某种情况下可能存在集资时进行了一些夸大自身经营或投资项目回报率的表现，对可能存在的风险进行轻描淡写，也只能从民事法律关系角度上认定集资人的这些故意夸大或者故意降低风险的行为属于民事欺诈行为，但不足以被认定为集资诈骗罪。如果因为经营、管理过程中的不善或者投资项目的失败等非人为因素的存在，导致不能兑现群众的收益，不能如期如数地偿以回报，也只能认定为民事法律调整的集资借贷纠纷。

而集资诈骗罪中，集资人为实施非法集资活动常常会使用一些诈骗性方式，比如通过虚构本就不存在的经营活动或投资项目，或者挪用集资用途，并以高息为诱饵在社会中广泛宣传，诱骗集资群众将自有资金交给集资行为人所占有。集资行为人所使用的这些欺骗性手段已构成"诈骗方法"，远远超出合法集资的方法和手段范围。

3. 履约能力不同

一般情况下，合法的集资行为中，借款方（集资人）和出借方（出资人）都会签订符合民事法律规定的借款（担保）合同，集资人募集到相应资金后，大多都用于企业生产经营或投资项目中，集资合同上所约定的利息一般也不会高出银行同期利率好几倍，属于正常范围，集资人一般都会根据企业自身生产经营状况，确定一个盈利且可接受的利率幅度，基本上能够保证正常情况下给予出借人相应的利息回报，确保自己有相应的归还能力。

而集资诈骗罪中，集资行为人常常在进行集资宣传时冠以高息或者高回报率为诱饵，骗取不特定集资群众的资金，对群众所承诺支付的利息一般都高于银行的同期存款利率（有的可能是银行存款利率的好几倍），吸引集资群众自愿将手里多余的资金交由集资人，这也是骗取集资款的较为受用的方式，事实上集资人募集到款项后更多的是用于挥霍，其根本就没想着要归还，也不可能有归还集资群众本金、本息或者给予投资回报的履约能力。因此，从履约能力上进行分析，可以相对容易地区分集资诈骗罪和合法集资之间的区别。

二、集资诈骗罪与民间借贷的认定

对于集资人过分夸大集资回报率，之后因为且仅因为客观原因不能按照约定条件及时返还集资款及利息而引起的纠纷属于集资借贷纠纷[1]。吴英集资诈骗案审理过程，控辩双方辩论的焦点之一是其纠纷是民间借贷纠纷还是集资诈骗罪，即罪与非罪的认定问题。这也是集资诈骗罪认定过程的关键问题和疑难问题。

有观点认为，社会公众的认定较为复杂，需要主客观相统一，既要考虑行为人主观上是否向特定对象吸收资金，又要考虑其行为客观上是否可控。如果行为客观上是可控的或者是集资行为向社会蔓延后行为人加以阻止的，不应认定为向社会公众集资[2]。这种观点是合理的，对于集资诈骗罪与民间集资借贷纠纷的区分界定，应当将主观意图与客观结果统一结合进行认定：

1. 行为人主观是否具有非法占有集资款的故意

集资诈骗的行为人实施非法集资的目的就在于将集资款非法占为己有，根本不存在还款的行为甚至意图；民间借贷中借款人的借款目的是满足其暂时性的资金短缺，向出借人承诺在约定的期限内偿还本息的行为，此后由于市场风险而导致亏损，尽管其主观上积极采取措施予以补救，但仍无法正常履行还款义务，这种情况因为行为并不具备非法占有的目的，其后出现的无法还款事实是行为人无法预料的，该事实的出现实际是违背其主观意图的，这种情况只能认定为一般的民间借贷纠纷，不能认定为集资诈骗罪。

2. 募集资金的范围、对象是否确定

民间借贷纠纷一般在特定范围的亲戚朋友、同事等可控的对象范

---

[1] 何德辉：《集资诈骗罪认定的难点及对策》，载《甘肃行政学院学报》2010 年第 5 期。

[2] 戴贤义，徐激浪，王晓青：《民间借贷与非法集资类犯罪的实务认定》，载《人民检察》2012 年第 6 期。

围内进行，其出借资金的目的一般也是基于民间互帮互助。而集资诈骗罪的资金募集范围则是广泛的、不可控的，对象是不确定的，其范围超出了熟人社会中的熟人范围，只要能为行为人提供资金，不管资金提供的对象如何，资金来源如何，都符合行为人主观上向公众募集资金的意图，且资金提供者提供资金的主观目的多在于谋取高额回报，而不是民事借贷关系中的互帮互助。

3. 集资过程中是否存在诈骗行为和手段

如果集资人在集资过程中使用了虚假宣传、编造虚假项目或者出示虚假经营合同等诈骗方法，使普通群众产生错误认识，进而在错误认识下投入资金，集资人的行为就属于集资诈骗罪，因为普通的民间借贷纠纷一般不可能使用诈骗方法借款，而在集资诈骗犯罪中，行为人会实施一定的欺诈手段。

4. 借款利息如何约定

根据最高院颁布的《2015 年规定》第二十六条的规定，民间借贷的利率调整为年利率24%，原司法解释中规定的可以超过银行同期贷款利率的 4 倍以下之规定不再适用。该司法解释是自吴英集资诈骗案法院生效判决之后才颁布的，因而，在该新的司法解释适用之前，对于高出银行同类贷款利率 4 倍以上的部分人民法院不予保护，但这种不保护，只属于民事上的私法放弃，不能以犯罪对待。集资诈骗罪中承诺支付的利息大多高出银行同期利息的几倍甚至几十倍，显然已经超出了普通民事借贷的范畴，也无法利用民事诉讼进行解决。

三、集资诈骗罪与诈骗罪、合同诈骗罪的区分

一般认为，金融诈骗罪与合同诈骗罪是特殊的诈骗罪类别，与诈骗罪之间是特殊规定和一般规定的关系，作为金融诈骗罪之一的集资诈骗罪也不例外。集资诈骗罪与诈骗罪、合同诈骗罪的区别相对来说比较明显，主要包括：一是犯罪对象不同。集资诈骗罪的犯罪对象是社会不特定对象，而诈骗罪和合同诈骗罪的犯罪对象没有特别要求，且大多是特定；集资诈骗罪以资金为犯罪标的，而诈骗罪和合同诈骗罪的犯罪标的不限于资金，可以是资金以外的其他财物。二是行为方

式不同。集资诈骗罪是以诈骗的方法非法集资，具备诈骗和非法集资两个行为特征；合同诈骗罪是利用合同方式实施诈骗，发生在签订和履行合同过程中；而诈骗罪由于是一般规定，只能是使用金融诈骗和合同诈骗以外的其他诈骗方式。三是犯罪主体不同。集资诈骗罪和合同诈骗罪的犯罪主体是一般主体，自然人和单位均可构成；诈骗罪的主体则只有自然人可以构成，单位不能成为本罪主体。四是犯罪客体不同。集资诈骗罪侵犯的客体不仅包括投资者的财产权，也包括国家的融资管理秩序；合同诈骗罪的客体包括财产所有权和市场秩序；而诈骗罪的客体仅为财产所有权❶。客体方面的不同是立法者将集资诈骗罪从诈骗罪中分离出来单独规定的主要理由。

另外，在犯罪对象方面有两个问题需要探讨，一是针对不特定对象的诈骗行为是否一定属于集资诈骗罪；二是诈骗罪和合同诈骗罪的对象是否可以是不特定对象。有观点认为，合同诈骗罪指向的是特定的一个或几个受害者❷。这种观点在一般情况下是没有问题的，但不能绝对化，受害人众多的合同诈骗案件在司法实践中也是存在的。诈骗罪和合同诈骗罪的受害者也可能是不特定或者多数人，从犯罪对象方面并不能绝对区分集资诈骗罪与诈骗罪和合同诈骗罪。有学者则认为，从合同诈骗罪所保护的社会关系看，被害对象是否特定与诈骗行为在事实上危害了合同信用所体现的市场交易秩序两者之间并不冲突。犯罪行为虽然针对不特定的对象，但只要利用虚假的合同信用使对方当事人陷入错误认识从而被骗的，就应当以合同诈骗罪论处❸。在受害人众多的情况下区分集资诈骗罪与合同诈骗罪，应从以下几点进行把握：一是看合同双方交易的标的和核心内容是什么，如果是以商品交易为主，就是合同诈骗罪，如果是资金往来，则是集资诈骗。二是看合同双方对于经济往来的理解情况，尤其是受害人对于合同的理解，是出于通过合同交易获取利润，还是仅仅通过资金投入获取回

---

❶ 李文燕：《金融诈骗犯罪研究》，中国人民公安大学出版社2002年版，第80页。
❷ 赵秉志：《金融诈骗罪新论》，人民法院出版社2001年版，第106页。
❸ 曲新久：《金融与金融犯罪》，中信出版社2003年版，第281－282页。

报。三是从行为侵害的秩序来看，主要侵犯金融秩序的是集资诈骗罪，主要扰乱市场秩序的则是合同诈骗罪。

有学者认为，行为人虚构事实或者隐瞒真相，与社会上不特定的多数人或者众多的人签订房地产投资、兴办实业等各种各样的所谓经济合同，募集大量资金并将资金非法占有，这类行为既触犯了刑法关于合同诈骗罪的规定，也触犯了刑法关于集资诈骗罪的规定，属于法条竞合，应从一重罪论处❶。还有其他学者持有类似观点，认为应分析诈骗行为人的客观行为，虽然在实施诈骗过程中均有签订经济合同的外在形式，但集资诈骗罪一般是面向不特定的社会公众，合同诈骗罪针对的则是特定的被害人，应根据具体案件确定各自犯罪构成，从中选择最相适应的法条予以定罪。若可以任择其一，应择一重处即选择刑罚较重的法条加以适应。这种观点有不妥之处，因为上述情况并非法条竞合的情况，行为人尽管面向社会不特定对象以签订合同的方式实施诈骗，但未必构成集资诈骗罪，要根据前面所提到的几项原则进行界定。如果同时符合合同诈骗罪与集资诈骗罪的犯罪构成，此种情况下应属于牵连犯，按照处刑较重的罪名认定。

四、集资诈骗罪与非法吸收公众存款罪的区分

在司法实践中，有的非法吸收公众存款罪也是使用诈骗手段向社会不特定人群进行非法集资，并将所吸收资金占为己有。并且，很多非法吸收公众存款的行为人因为各种原因无法及时还清本金，而集资诈骗类案件也多以变相吸收存款的手段实施，所以容易造成两罪在认定时的混淆，因此，对两罪在理论上的区分将有助于司法人员准确适用本罪。非法吸收公众存款罪与集资诈骗罪具有很多相似之处，比如二者的犯罪主体都可以由个人或者单位构成；二者的主观方面都是故意，即明知此种行为被刑法所禁止仍去实施此类犯罪行为；二者的客观方面也具有一定的相似之处，都是在没有主管机关的批准下，违反法律规定实施吸存行为，骗取受害人的资金。下面将从犯罪手段、犯

---

❶ 孙明：《试论集资诈骗罪的认定》，载《经济师》2005 年第 5 期。

罪对象以及犯罪结果方面进行论述。

（一）犯罪手段方面

有学者认为，两罪的犯罪行为不同，使用诈骗方法是集资诈骗罪在客观方面的构成要件，也是在客观方面与非法吸收公众存款罪的根本区别❶。但也有学者有不同意见，认为按照法律规定，只要使用违反国家规定的手段募集资金，均为非法集资行为，而不需要有隐瞒真相、虚构事实的情况。仅有非法集资行为不能构成集资诈骗罪，集资诈骗罪的立法原意实质上是"以非法集资的方式诈骗"，只要行为人有欺骗被害人、非法占有集资款的实质，即使没有诈骗的表面行为，也符合集资诈骗罪的客观特征❷。尽管对于刑法规定中"使用诈骗方法非法集资"的理解存在很多争议，但是，从集资诈骗罪的本质和立法本意出发，"诈骗方法"的含义应是指行为人有隐瞒真相、虚构事实的情况，但是从实然的角度出发，对集资诈骗罪的客观方面过于狭隘的界定不利于对此类犯罪的理解和认定。对于没有使用虚构事实、隐瞒真相等诈骗行为非法集资的行为，如果行为人具备非法占有的目的，那么也应当认定为集资诈骗罪。如果一定要把诈骗方法理解为虚构事实、隐瞒真相，那么对于非法占有目的的隐瞒，也应当认定为隐瞒真相；对于虚构事实、隐瞒真相的理解，也应包括作为和不作为两种行为，而不能只局限于作为形式。同理，"诈骗方法"对于认定集资诈骗罪并非关键因素，非法吸收公众存款罪的客观方面表现形式也并不排除诈骗方法。对于虽然在吸收资金的过程中使用诈骗方法，即存在虚构事实、隐瞒真相的情况，但行为人本身并没有非法占有目的的情况，也应认定为非法吸收公众存款罪。正如有学者所指出，"采取欺诈手段"是集资诈骗的主要特征，但并不排斥某些非法吸收公众存款罪也具备该特征，更不能仅仅以有欺骗手段来论证"非法占有目的"❸。

---

❶ 刘建：《资本市场安全与刑法规制》，中国人民公安大学出版社2009年版，第262页。

❷ 薛瑞麟：《金融犯罪再研究》，中国政法大学出版社2007年版，第361页。

❸ 张金丽：《非法吸收公众存款罪法理探讨》，载《合作经济与科技》2008年第15期。

还有学者认为，非法吸收公众存款罪的行为方式是到期还本付息，具有存款或变相存款的形式，而集资诈骗罪则不会到期还本付息❶。这种观点也是不能成立的。非法吸收公众存款的确以还本付息作为吸引投资人的手段，具有存款或者变相存款的手段，但这并不是其独有的行为方式。集资诈骗罪也可以有还本付息的行为方式，具有存款或变相存款的方式，因为这种方式对于投资者的吸引力最大，最容易筹集到资金。就实际情况来说，非法吸收公众存款案件中也有行为人不能按照承诺还本付息或支付高额回报的情况，集资诈骗罪的行为人为了增加吸引力，可能在集资初期信守承诺并及时支付利息或回报。集资和存款有明确的区别，但两罪的划分并非建立在存款和集资的区分上。因此，这两者在行为方式方面的区别并不明显。

（二）犯罪对象方面

有学者认为，两者侵犯的对象不同。非法吸收公众存款罪行为侵犯的对象是公众的资金，而集资诈骗犯罪行为侵犯的对象可以是公众的资金，也可以是其他单位、组织的资金❷；集资诈骗罪的对象是他人用于集资获利所交付的集资款，既可以表现为资金，又可以表现为财物；非法吸收公众存款罪的对象则是公众的存款，它只能表现为金钱的形式，并且只能以存款人用于存款并获取一定利息的形式出现❸。

上述认为两罪的犯罪对象不同的观点没有依据，因而不能成立。非法吸收公众存款是否和集资诈骗罪一样都可以吸收单位、组织的资金，法律未做出明确规定，前述学者从对"公众"的理解出发，认为非法吸收公众存款的对象不包括单位、组织的资金，不能成立。"公众"的含义应做广义理解，不仅包括自然人，也应当包括单位。相关司法解释也支持这一观点，明确指出非法吸收公众存款的犯罪对象为

---

❶ 刘宪权，卢勤忠：《金融犯罪理论专题研究》，复旦大学出版社2002年版，第340页。
❷ 全国人大常委会法工委刑法室：《刑法条文说、立法理由及相关规定》，北京大学出版社2009年版，第379页。
❸ 宫厚军：《经济犯罪与经济刑法研究》，中国方正出版社2003年版，第249页。

"单位和个人"❶ 至于有学者认为集资诈骗罪的对象包括资金和财物，而非法吸收公众存款罪的对象则仅指资金，也是没有依据的。从集资的含义理解，其对象只能指的是资金，不应当包括其他财物，否则就不当扩大本罪的适用范围。

还有学者认为，集资诈骗罪的犯罪对象既可以是不特定的人的投资，又可以是特定人的投资，法律对此并没有进行限制，而是着重突出了犯罪的目的和手段。而非法吸收公众存款罪则必须是不特定多数人的存款❷。这种观点对于集资诈骗罪犯罪对象的理解同样是不正确的。集资诈骗罪中的"集资"一词即代表行为人是面向社会不特定的多数人筹集资金，亦即表现为前文所说的"社会性"。仅面向特定人实施筹集资金的行为，不能认定为集资行为。此外，法律强调了集资诈骗罪的犯罪目的（即以非法占有为目的），但对犯罪对象的要求同样不可或缺。因此，作为集资诈骗罪犯罪对象的所谓"不特定对象"，应当把仅向关系密切的亲友进行集资的情形予以排除，在这一点上，两罪的认定标准是一致的。

有学者认为，非法吸收公众存款罪与集资诈骗罪吸收资金的性质不同。非法吸收公众存款罪的犯罪对象是公众的存款，而集资诈骗罪的犯罪对象是他人的集资款。至于存款，到期应还本付息，而投资款则不存在返还，但可以支付红利❸。笔者认为这种观点不能成立。认为非法吸收公众存款的犯罪对象是公众存款，实际上只是指出了以存款名义吸收资金的情况，这种情况比较少见，司法实践中，不以存款名义吸收资金的变相吸收公众存款的形式更为常见，比如采取投资入

---

❶ 最高人民法院《关于审理非法集资刑事案件具体应用法律若干问题的解释》第一条：违反国家金融管理法律规定，向社会公众（包括单位和个人）吸收资金的行为，同时具备下列四个条件的，除刑法另有规定的以外，应当认定为刑法第一百七十六条规定的"非法吸收公众存款或者变相吸收公众存款"：（一）未经有关部门依法批准或者借用合法经营的形式吸收资金；（二）通过媒体、推介会、传单、手机短信等途径向社会公开宣传；（三）承诺在一定期限内以货币、实物、股权等方式还本付息或者给付回报；（四）向社会公众即社会不特定对象吸收资金。未向社会公开宣传，在亲友或者单位内部针对特定对象吸收资金的，不属于非法吸收或者变相吸收公众存款。

❷ 张天虹：《经济犯罪新论》，法律出版社 2004 年版，第 134 页。

❸ 高铭暄：《新型经济犯罪研究》，中国方正出版社 2000 年版，第 656 页。

股、借贷、项目开发、会员卡等形式。而以吸收公众存款的名义从事吸收资金的行为，如果行为人具备非法占有目的，那么也同样构成集资诈骗罪。因此，非法吸收公众存款罪与集资诈骗罪在吸收资金的性质方面并无不同。此外，前述观点所称存款应还本付息，而集资款则可以支付红利，同样也是不成立的。

（三）犯罪结果方面

有学者认为，就犯罪构成要件而言，非法吸收公众存款罪是结果犯，要求非法吸收公众存款达到扰乱金融秩序的结果，方可构成犯罪，而集资诈骗罪则是行为犯，即以诈骗的方法募集公众投资，不论是否造成危害结果，均构成集资诈骗罪❶。有学者持完全相反的观点，认为集资诈骗罪是结果犯，要求使用诈骗方法非法集资的数额必须达到较大才能构成犯罪；而非法吸收公众存款罪是行为犯，即只要行为人实施了非法吸收公众存款或变相吸收公众存款，扰乱了金融秩序的即构成犯罪❷。两罪究竟是结果犯还是行为犯，应从刑法的相关规定中寻求答案。刑法规定，构成集资诈骗罪应"数额较大"，非法吸收公众存款则需"扰乱金融秩序的"才成立犯罪。这两项规定虽然表述不同，但其实质是一样的。数额较大属于比较明确的标准，因此虽然在非法占有目的支配下实施了非法集资行为，但如果犯罪数额达不到较大的标准，就不能认定为集资诈骗罪。因此，数额较大属于集资诈骗罪客观方面的要素。非法吸收公众存款罪虽然要求"扰乱金融秩序的"，但在司法实践中，对于是否扰乱金融秩序，需要从具体吸收存款数额、吸收存款人数等方面进行认定。因此，集资诈骗罪和非法吸收公众存款罪均为结果犯，前者为结果犯中的数额犯，后者为一般的结果犯。

（四）犯罪主观方面

综合上面的论述可以看出，集资诈骗罪与非法吸收公众存款罪在

---

❶ 刘建：《资本市场安全与刑法规制》，中国人民公安大学出版社 2009 年版，第 249 页。
❷ 刘松：《非法吸收公众存款罪的司法认定》，载《法制与社会》2010 年第 24 期。

犯罪手段、犯罪对象、犯罪结果等方面基本不存在特别明显的区别。司法实践中要正确区分两种罪名，主要通过主观罪责来完成。非法吸收公众存款罪与集资诈骗罪均系故意犯罪，不同点在于非法集资目的的具体内容。如果行为人是以使用吸收的资金为目的，那么仅构成非法吸收公众存款罪或者其他特定的犯罪；如果行为人以非法占有吸收的资金为目的，那么该行为的性质则由较为轻微的"使用型"犯罪转变为严重的"侵占型"犯罪——集资诈骗罪。

可见，"以非法占有为目的"是二罪的本质区别。仅从概念分析，"以非法占有为目的"是指集资人在主观上所具有的将非法集资款置于自己控制占有并且最终不予归还集资参与人的主观意图。但从司法实践来看，犯罪目的的认定又并非概念所表述的一般清晰。关于如何认定"以非法占有为目的"，理论界存在争议。有观点认为"以非法占有为目的"是指归为己有；也有观点提出"以非法占有为目的"应包含两层意思，一层为非法占有投资者资金，另一层为没有回报投资者的意图；还有观点认为，"以非法占有为目的"是指排除其他权利人，将他人的财物作为自己的所有物进行支配、利用，即包含了"排除意思"和"利用意思"。刑法意义上的占有具有临时性，因而从取证角度分析很难做到证明归为己有的程度，因此第一种观点不可取。当行为人如实交代其主观上具有非法占有目的时，可以根据第二种观点认定，但实践中上述情况极为少见，因此该观点不具有广泛适用范围。当被告人否认其非法占有目的时，"排除意思""利用意思"可以证明行为人不想归还集资款并想将集资款为自己所有的本意，从行为人客观行为表现推定其排除意思和利用意思具有操作性。因此，从司法实践出发，对"以非法占有为目的"的认定，应当系第二种观点与第三种观点的结合。

首先，当行为人供认其具有将集资款据为己有的目的时，应当采信行为人的供述，主观罪责得以证明。然而，最高人民法院于2001年发布的《全国法院审理金融犯罪案件工作座谈会纪要》（下文简称《2001年座谈会纪要》）规定，"非法占有为目的"的认定不能仅凭被告人自己的供述，而应当根据案件具体情况予以分析。这一规定有待商榷。犯罪构成整体应当坚持主客观相一致原则，在犯罪分子否认具有非法占有目的而需要借助客观行为推定主观状态时，亦应当坚持主客观相一致原则。但是，当具有刑事责任能力的行为人在自由意志状态下对自己主观罪责予以供认时，该供认是最具说服力的证据，足以完成主观罪责的证明。其次，行为人对其主观心态曾经供认后又予以翻供的，此时需要审查其翻供的理由以及前后供述是否有其他证据予以印证，如无合理理由，亦没有其他证据印证，应当采信其之前对主观目的的供述。再次，当行为人否认其具有非法占有目的的，该种情况是司法实践中的常态，从"利用意思"和"排除意思"两个方面进行考量：一方面，行为人是否具有"利用意思"，在不具有占有他人财产的合法依据情况下，行为人意图取得对他人财产的现实控制或支配地位，并进而利用、处分被害人的财产。具体而言，则又包括了利用他人全部财产的意思和利用他人部分财产的意思，在客观上则表现为未按约定将集资款用于所承诺的用途。另一方面，行为人是否具有"排除意思"，即行为人在现实地控制或支配他人财产后，还意图使财产完全脱离权利人的控制。行为人的排除意思往往可以通过其客观行为予以推定，但凡无正当理由而消耗他人财产价值的行为如肆意挥霍、用于违法犯罪活动等；或者是排除了权利人对其财产价值的占有和利用之可能的如逃匿、抽逃、转移、隐匿等行为的，原则上都反映其行为具备非法占有的目的。

第六节　集资诈骗罪中被害人过错与刑罚适用问题

一、集资诈骗罪中被害人过错理论界定及适用困境

（一）集资诈骗罪中被害人的界定

1. 被害人的基本概念界定

被害人研究发端于犯罪学领域，因此许多学者立足于犯罪学对被

害人进行定义。认为被害人理应作为犯罪人相对应的范畴，应当将其限定为犯罪行为的承受者。如有学者认为，被害人是指"因他人的非法行为而遭受损害的个人或团体"❶或定义为"犯罪行为所造成的损失或损害即危害结果的担受者"❷。从上述定义可看出，造成损害的行为可能包含除犯罪行为以外的其他社会越轨行为；只要是危害结果的承受者均为被害人，既包括了直接承受者，也包括了间接承受者（如家庭成员等）；行为造成的损害也包含了有形损害与无形损害（如精神损害等）。由此可见，犯罪学界定的被害人所承受危害结果的外延以及承受者的范围都过于宽泛，对被害人的定义也主要是对"被害"因素的关注，侧重于对被害人所承受被害事实的描述，强调被害人在犯罪事件中处于被动承受地位而非主动。再者，犯罪学中对被害人的界定无所谓其遭受的损害与行为人的行为之间是否存在刑法上的因果关系。而刑法学对于被害人的研究主要目的在于明确被害人的过错对加害人的定罪、刑事责任大小以及刑罚的适用有何影响，必须立足于与犯罪行为密切相关的立场，对被害人的界定不能如犯罪学一样宽泛，应当将间接承受者排除在外，否则不利于对当事人地位的确定。

为实现上述目的，多数学者引用"犯罪事件论"❸，构建"被害人—犯罪人"的二元动态模式，将被害人置于与犯罪人进行直接互动的动态环境当中，体现了被害人的主动性，更直观地表现出被害人行为对认定犯罪的影响。但这种关系模式只停留在具体层面，将被害人界定为遭受犯罪行为直接侵害的自然人，不包括无生命的法人（单位）和国家。但是，在我国刑法和民法领域，都已经将法人（单位）拟制为法律人格，享受具体的权利和承担相应的义务，存在由法人（单位）独享的法益。因此当法人（单位）的财产等权益遭受犯罪行为侵害时，法人等组织作为犯罪后果的直接承受者，应当确定其为被害人。然而，国家能否成为被害人，学界尚存在许多争议。有观点认

---

❶ 刘军：《刑法学中的被害人研究》，山东人民出版社 2010 年版，第 13 页。
❷ 许章润：《犯罪学》，法律出版社 2004 年版，第 123 页。
❸ 犯罪事件论，是指在所有的犯罪案件中，除所谓无被害人的犯罪，必然存在犯罪人、被害人及其双方的相互作用。

为国家应该可以成为被害人，理由如下：

首先，从被害人与犯罪人的互动关系来讲，国家作为经济秩序法益的保有者，同样与犯罪人存在抽象的社会互动关系。以集资诈骗罪为例，国家为保护社会主义市场经济秩序，规范民间的借贷行为，颁布了一系列法律、法规，设置了如"民间借贷的利率最高不得超过银行同类贷款利率的四倍"等规定。这些规定并不是僵化的，而是形成了一种特有的经济管理秩序，国家对在该秩序范围内活动的主体进行保护，对超出该范围的主体进行限制和处罚，否则便不能产生相应的社会效果。那么，国家的管理行为与犯罪人的行为之间就必然会存在相应的互动关系。而这种互动关系相对于具体自然人之间的互动关系，更具有抽象性和复杂性。

其次，从法益保护的角度来讲，国家作为社会法益和公共法益的保护者，在该种法益受到犯罪行为侵害的情况下，应当确认其被害人的地位。有学者将犯罪被害人描述为："当法益被侵害时，该法益之保有人即为被害人，故亦为犯罪之客体，……凡关于侵害国家法益社会法益之罪，国家社会常居被害人之地位，亦即直接为犯罪之客体，又关于侵害私人法益之罪，其直接受害人为私人，而间接受害者为国家，刑法上所谓被害人，是指直接被害人而言。"❶这段话以"法益—保有人"结构为中心，将被害人分为两个层次：一是国家在宏观上作为刑法法益的保有人，只要存在犯罪行为，国家就应当为恒定的被害人；二是在微观层面，具体犯罪中必然存在所侵害法益的保有人，而该保有人就应当包括自然人、法人组织等，同时也包括国家。因此，犯罪事件论否认国家作为具体法益保有人与犯罪人之间互动的解释缺乏说服力。

综上，刑法学研究的被害人是指犯罪行为所直接侵犯的具体法益的保护人，外延包括自然人、法人等组织和国家。

2. 集资诈骗罪中被害人的界定

集资诈骗罪主要表现为违反有关金融法律、法规，使用诈骗方法

---

❶ 韩忠谟：《刑法原理》，中国政法大学出版社 2002 年版，第 66 页。

非法集资。其侵害的法益分为两类：一是公民私有财产的所有权；二是国家的市场经济秩序。立法者将集资诈骗罪从《刑法》分则第五章侵犯财产罪中的诈骗罪分离出来，列在第三章破坏社会主义市场经济秩序罪之中，可见其立法意图着重在于惩治经济犯罪对市场经济秩序的破坏。因此国家作为经济秩序法益的保有人在集资诈骗罪中应当为主要被害人，财产权遭受集资诈骗行为侵害的借款人（且只能为自然人）只能作为次要被害人，但二者均为直接被害人，都属于被害人过错的对象。

（二）集资诈骗罪中被害人过错的界定

1. 刑法上被害人过错的界定

被害人的"过错"不同于刑法中犯罪人的"罪过"。"罪过"强调一种刑事责任，是对行为人的刑法否定性评价。而被害人的"过错"强调被害人会因为自己的行为承担一定的不利后果，但该不利后果并不是一种刑事责任，其承担主要体现在对犯罪人谴责程度上的减降。被害人并不是刑法评价的对象，只是刑法在评价犯罪人刑事责任时的一个参考因素。为了达到防止被害人"二次被害"和平衡与犯罪人之间责任的双重目的，必须严格将此处的被害人过错与犯罪学中的定义以及刑法中的"罪过"区分开来，进行合理从严界定。

（1）刑法上被害人过错应当与犯罪行为之间具有因果关系。在认定被告人是否承担刑事责任及责任大小时，核心问题在于确认被告人的行为与犯罪结果之间是否具有刑法上的因果关系。由此及彼，判断被害人是否有过错以及过错大小，同样需要判断被害人的行为与犯罪结果发生之间是否具有刑法规范意义上的因果关系。关于因果关系，相当因果关系说目前在刑法学界占据了主要地位，可概括为无此行为虽必不生此损害，有此行为，通常足以生此损害。具体在集资诈骗罪中，被害人与犯罪行为的因果关系即表现为如果没有被害人的贪利借款行为，犯罪人的目的就无法得逞。虽然犯罪结果的发生最终是由犯罪人决定的，但是被害人的过错行为对犯罪行为的发展以及犯罪结果的产生具有极其重要的影响力，在被害人存在过错情况下，就必须为自己施加原因力的行为承担一定的不利责任。

（2）刑法上被害人过错逾越社会相当性。德国学者韦尔兹尔认为，社会相当性是指社会生活中历史所形成的社会伦理秩序范围内，存在这种秩序所允许的行为❶。在该秩序范围内，人们也形成了相对固定的道德规范以及行为法则。若一个人的行为明显侵害了长期沉淀的社会伦理秩序，将会受到这种法情感即法益承担者的非难。社会的相当性不是机械地约束社会个体的行为自由，而是通过划定自由行为的界限以保证社会能够井然有序发挥社会功能。只有行为人（包括犯罪人和被害人）的行为损害一定法益超过规定限度时，社会中的一般人将会以普通化的价值对该行为进行否定性评价。由此可见，对于被害人而言，并不是所有不谨慎的行为都能够认定为过错。集资诈骗罪中的被害人过错符合以上两方面的定义，因此属于刑法上被害人过错之列。

2. 集资诈骗罪中被害人过错的概念和表现方式

集资诈骗罪中的被害人过错是一般被害人过错中的特殊情形，它具有被害人过错普遍性的特点，又有独有的特点。集资诈骗罪中的被害人过错，是指在社会主义市场经济秩序下，被害人违背投资规律、无视国家经济法律法规，以获得高额利息为目的，积极配合犯罪人共同实施的加害于己的集资诈骗行为，且对犯罪人定罪量刑直接产生影响的被害人故意和过失。因为集资诈骗罪侵犯的是复杂客体，因此被害人过错的具体表现方式也应当分为多个层次进行分析。

第一层次：被害人为自然人。在集资诈骗中，大部分被害人都明知自己的放贷行为存在风险，但是在集资诈骗者给出的高额利润面前，他们宁愿选择冒险，义无反顾将自己陷入风险之中。这并不是对被害人无端的指责，其过错主要表现在以下两点：一是高额利润本身具有法律风险。在最高院出台的《2015 年规定》中将合法利率界定在银行同类年利率 24%，超过年利率 36% 的部分法院不予保护。而在司法实践中，集资人许诺的或者部分兑现的利息往往都远远高于法

---

❶ 潘庸鲁：《被害人过错认定问题研究》，载《法学论坛》2011 年第 5 期。

律保护的上限。当被害人已对高利放贷行为合法性产生怀疑时，仍做出放贷行为，其本身行为的不合法性就使得集资诈骗罪的被害人过错程度强于一般诈骗罪中的被害人过错，更具有探讨过错责任的必要性。二是高额利润回报违背了投资规律。在大部分集资诈骗案件中，犯罪人的集资款并非主要用于公司的生产经营，而是偿还本金和利息，即通过"拆东墙补西墙"的方式维持资金链的运转。但被害人往往被高额利润蒙蔽了双眼，他们只看到集资者表面的光环，却忽视了这巨大的光环背后所隐藏的风险。在众多被害人中，不乏专业放高利贷者和主动送钱上门的人。在面对风险时，他们本可以选择自我保护，却基于对高额利润的追逐而主动身陷囹圄。对于集资诈骗罪中的被害人而言，他们怀着谋求高回报的心理进行投资，本身就是一种投机行为，法律是不予以保护的。因此，在司法实践中，在对犯罪人量刑时，应当将被害人过错责任纳入考量范围，否则违背公平正义原则。

第二层次：被害人为国家。有学者认为，国家作为被害人权利的保有者和责任的评价者，不应纳入被害人之列，更无谓其过错。其实不然，破坏某项社会制度及秩序的行为如果越接近一般善良理智行为人的选择，行为的责任就应当趋于轻免，该项社会制度及秩序的合理性也就越成问题[1]。在国家存在过错的情况下，我们首先应当考虑的是如何对国家制度和秩序进行改革和完善，否则法律将会失去其应有的公平和正义。集资诈骗罪作为我国实行市场经济体制以来新兴的金融犯罪，犯罪主体多为民营企业家，他们大多为求企业发展借助民间借贷，最后却走上了集资诈骗的道路。其高频发的背后也暗含了我国经济体制的缺陷和刑法保护的失衡。当国家作为被害人时，不顺应市场经济发展的经济体制和刑法制度成为集资诈骗罪频发的重要原因。对于国家作为被害人的过错责任，要客观看待，不能一味地将国家法律制度以及经济体制的缺陷归咎于犯罪人，这样既不利于社会的进步，对犯罪人也是一种欲加之罪。

---

[1] 高维俭：《试论刑法中被害者过错制度》，载《现代法学》2005年第3期。

（三）被害人过错对集资诈骗罪刑罚适用影响的困境

第一，法律困境。在我国《刑法》的总则和分则中，并没有关于被害人过错对刑罚适用影响的条文，其主要规定在一些司法解释或政策性会议纪要之中，如《全国法院维护农村稳定刑事审判工作座谈会纪要》和《人民法院量刑指导意见（试行）》等，作为一项酌定量刑情节进行考量。但由于规定缺乏系统性和实际操作性，给被害人过错在司法实践中的认定造成一定困难。

第二，社会困境。首先，由于集资诈骗罪涉及人数众多、金额巨大，属于严重破坏国家经济秩序和社会稳定的高频发经济犯罪，所以该罪成为国家打击的重点。而一些司法人员为了迎合国家"严打"政策，不愿适用被害人过错量刑情节，认为只有严刑重罚才能惩罚已然之罪、预防未然之罪。因此在对被告人适用刑罚时，对被害人过错的量刑情节基本不予考虑。其次，由于在集资诈骗罪涉案人数和金额都较多，并且受害人在案发后很难追回被骗的集资款，因此民愤较大。法官在量刑时出于维稳的考虑不会考虑被害人的过错。

二、借鉴被害人教义学理论确定刑法的保护界限

诈骗罪的行为结构要求被害人必须"陷入错误认识"进而处分财物，如果被害人对行为人的"欺诈"有所怀疑，并且客观上存在怀疑的基础，从普通人的角度看也不应当受骗，则行为人交付财产的行为是否仍然符合诈骗罪的构成要件就是需要探讨的问题。根据被害人教义学理论，客观上存在完全可以令人怀疑的事实基础，主观上被害人也产生怀疑，却仍然交付财物或者以其他方式处分财产的，可以认为被害人完全可以保护自己的法益而没有保护，在评价上属于涉足风险的投机行为，欠缺刑法保护的必要性，并不该当诈骗罪构成要件"陷于错误"这一要件[1]。也就是说，在诈骗罪的构成要件中，实施欺骗行为的相对方并没有陷入认识错误，而是出于投机心态进行交易时，

---

❶ 林钰雄：《刑事法理论与实践》，中国人民大学出版社 2008 年版，第 120 页。

根本就不存在所谓的被害人❶。

由于集资诈骗罪和诈骗罪是特殊与一般的关系，集资诈骗罪的法条为诈骗罪的法条所包容，因此可以将上述被害人教义学理论对于诈骗罪被害人的分析思路运用于集资诈骗罪中，那么在明知是非法集资行为的情况下，行为人仍基于获取高额利息的投机心理主动参与其中，在没有陷入错误认识的情况下自愿交付财产，则阻却诈骗罪的构成要件；在集资诈骗罪的复合构成要件体系中，集资人在客观上只是实现了非法吸收公众存款行为，单纯扰乱了金融秩序，并未侵害集资参与人值得刑法保护的财产法益，行为人由此可能仅实现非法吸收公众存款罪的构成要件，成立非法吸收公众存款罪。基于此，积极参与到集资诈骗活动中的参与人及其交付钱款行为可能就根本不是实现集资诈骗罪的构成要件，对于自陷其中的集资参与人在金融领域的特殊环境中提高自身被害风险，也就欠缺了作为集资犯罪被害人认定及刑事司法保护的基础。虽然这一结论与当前我国司法实践的认定存在一定的距离，但不失为论证刑法减少对非法集资参与人干预与保护的一条可行分析路径。当行为主体故意无视自己所面临的危险境地、刻意提升自我被害的风险时，刑法应尊重商业主体的自我决定权，不主动干预。对于自我损害后果，被害主体应承担相应的责任。至于侵害人的行为在经济秩序领域对其他法益产生的破坏，法律对其仍有规制的必要。

综上，在天然存在风险与投机的金融领域，刑法不应成为相关交易主体财产受损的担保人。一方面，在当前集资诈骗罪呈现出专业诱导性强、隐蔽手段高的现状下，集资参与人在投身众多打着"金融创新""投资理财"幌子实施的集资诈骗行为面前更应当擦亮眼睛、提高财产安全意识。另一方面，刑法在金融领域所充当的角色及功能与普通生活领域相比应当有所区别，应给予更多自由、宽松的发展空间，尤其是在金融创新与金融犯罪难以在特定时空背景下做出明显区分的情形下，更应当审时度势，在金融自由与金融安全之间寻求平

---

❶ 李立伟：《被害人信条学与诈欺罪》，台北大学 2006 年硕士学位论文。

衡。这也就对参与金融领域的行为主体对于自身的保护及风险防范提出了更高的自我保护义务与期待可能，对于自身不谨慎而使得被害风险提升的行为，主体应承担相应的不利后果，基于对行为人自我选择权的尊重，刑法不能过分偏重于保护某一方当事人。

第六章　高利贷刑法规制解析

第一节　高利贷概述

一、高利贷的含义和特征

(一) 高利贷的含义

高利贷并不是当下经济发展的产物，它有着长久的历史发展渊源。高利贷随着经济发展而发展以及生产力水平的提高而逐渐成熟。高利贷是针对企业或者个人发放贷款，获得高额利息为目的，是社会上一种非官方形式的借款。高利贷本质上是民间借贷，是民间借贷的一种表现形式，而高利贷行为本身表现形式是多种多样的，但有一个共同特征就是"高利率"，高利率的界定是一个关键点。学界对高利率的定义有几种观点：第一种观点认为，高利贷行为即民间借贷利率超过银行同期利率的行为；第二种观点认为，高利贷行为即为民间借贷超过法定界限的行为，不能单单以银行借款利率作为参考依据，而应该根据具体情况，不同地区制定出不同的指导利率，超过指导利率的上限即为高利贷行为；第三种观点认为，高利贷行为即民间借贷利率超过正常利率的行为，而这里的正常利率是根据相关法律规范性文件来确定的，应当着眼于有利于经济发展和规范金融市场秩序以及社会公正❶。纵观以上几种观点，第一种观点中"一刀切"的利率制定

---

❶　刘伟：《论高利贷的司法犯罪化的不合理性》，载《法学》2011 年第 9 期。

方式显然是不合理的，对于放贷人来说，本来民间借贷就是存在一定风险的行为，高于银行利率的收益是与其承担的风险相匹配的。第二种观点可取之处在于采用了辩证的眼光分析问题，将利率标准和当地经济发展挂钩，看似因地制宜，具有科学性，但是实际上操作难度太大，各地方经济发展千差万别，这么规定容易造成混乱。而第三种观点随着我国不断颁发新的法律规范性文件，已经逐渐形成了通说。

最高法在1991年颁行《关于审理借贷案件的若干意见》，第六条首次明确规定了我国民间借贷的利息可以高于同期贷款利率，但不得超过4倍，4倍利息成为分界点，只要超过银行利率4倍的民间借贷即为高利贷成为人们的普遍认识。接着在2002年中国人民银行发布的《取缔通知》中也运用了4倍利息这个概念❶，中国人民银行以规定的形式再一次强调超过银行同期利率4倍的就是高利贷，与1991年最高院司法解释相呼应。2015年最高院颁布的《2015年规定》，其中对民间借贷的上限利率做了进一步的调整和细化。根据该文件第二十六条 的规定可以得出：一是，不与银行利率挂钩；二是，将民间借贷的利率划分为两线三档，其中年利率低于24%的民间借贷受到法律保护；在24%～36%之间的区域所产生的债务被称为自然债务区，即如果已经归还了该部分的利息，再向法院起诉追回，法院是不予支持的；超过36%所产生的债务是不受法律保护的。借款人有权要求出借人返还。因此目前学界认为24%的年利率标准是民间高利贷行为的界定标准。综上，高利贷是指民事主体之间发生借贷关系，而约定的利率超过国家法律规定上限的贷款行为。

（二）高利贷的特征

1. 以追求高息回报为目的

传统意义上，高利贷的借款人其借贷目的多为解决婚丧嫁娶等家

---

❶ 《中国人民银行关于取缔地下钱庄即打击高利贷行为的通知》第二条规定："民间借贷的利率由借款双方协商确定，但协商确定的利率不得超过中国人民银行公布的金融机构同期、同档资金、借款利率（不含浮动）的4倍，超过以上标准，应界定为高利贷行为。"

庭生活之临时性急需，很少用于经营。现代意义上的高利贷主要以"赚快钱"为目的，即自有资金放贷人以追求高利息回报为目的，小额贷款公司、投资公司以及担保公司等借贷资金中介机构以追求高额"息差"为目的，融资终端以投资经营或维持资金链为目的，甚至有蓄意制造"庞氏骗局"的诈骗目的。

2. 呈现网状结构

与传统意义上的民间借贷多为"一对一"的线状结构不同，当前的民间借贷主要表现为以融资终端为圆心、以畸高利率为媒介、以融资中介组织为关节点的网状融资链结构，尽管民间金融市场上的高利贷行为亦存在一些"一对一"的原始线状结构。这种网状结构既具有高效率集聚资金的功能，同时具有高效率扩散风险的功能。并且这种网状结构往往非常复杂，很多中小企业在利益驱动下，自身既是高利贷的借款人，同时也是高利贷的放贷者，在网状结构中充当着融资中介之外的关节点。这种网状结构的外围主体数量较为庞大，并且均处于融资链条的下游，是借贷债务违约的最终承受者。鄂尔多斯、包头、温州、安阳、邯郸等地相继爆发民间金融风险后，其募集融资组织结构均表现出网状结构特征。

3. 隐蔽程度高

由于融资终端主体及融资中介组织担忧其高利放贷行为可能会触及非法吸收公众存款罪和高利转贷罪等罪名，对滋生的融资结构一般都是讳莫如深。而融资中介组织即部分融资链下游主体多采用"阴阳合同""转条""借条证券化"❶等手段，掩盖实际借贷利率畸高的事实，并且尽力通过现金交易，避免通过银行转账留下证据。因此，这个网状结构形成了两个信息不对称：一是融资终端与下游主体之间的

---

❶ "阴阳合同"：民间借贷主体双方在发生借贷关系时，债权人预先准备两份借条，其中一份载明的是高于法定利率上限的真实约定利率，而另一份则载明法律保护范围内的利率。前一份用于双方之间结算，后一份则专门准备用于诉讼。"转条"：当融资方无法按期支付本金利息时，即将应付利息加上本金一并载入新的借条，并毁弃原借条的行为。如果在短时间内多次"转条"，在效果上等同计收复利。"借条证券化"：载明放贷本金数额及债务人签章但利率月和债权人姓名均留白的借条。平时按双方口头约定的畸高利率支付利息，一旦发生纠纷，则填上债权人姓名和符合法律保护上限规定的利率，向人民法院起诉。

信息不对称；二是网状结构与监管机构之间的信息不对称。这种信息不对称决定了民间高利贷问题具有较高的隐蔽程度。

4. 伴生风险大

当前民间融资所具有的网状结构即隐蔽程度高等特点，内在地决定了其所隐藏的巨大风险。加之绝大多数融资链下游主体并非真正意义上的风险偏好投资主体，一旦融资终端主体陷入债务违约困境，极易产生暴力催收或群体性追债等影响社会稳定的高利贷风险问题。

此外，还有一些恶意发放高利贷的行为。比如，有些融资中介组织或放贷人在明知某市场主体已经陷入经营困境的情形下，乘其急需资金之机，以10%的月息向其发放贷款，并采用种种隐蔽手段，以掩饰其利率畸高的放贷行为。关于这种恶意发放高利贷的行为，有学者指出：一些市场主体不择手段地经营高利贷，导致借款人过度投机的风险很大，不仅会影响社会整体意义上的信用生态环境，而且会损害正常的人际关系。这让人们很容易联想到香港电影中的"大耳窿"，其常常在赌场附近发放高利贷——在明知借贷人违约概率畸高的情形下，依然故意向无法通过正常盈利手段获得履约能力者放贷，逼迫其在输光后通过违法甚至犯罪手段偿还借款[1]。

二、高利贷的分类

高利贷的主体包括自然人、法人、其他组织而不包括国家批准设立的金融贷款官方机构。高利贷从本质上来说就是民间借贷。在此基础上分为两种类型，即"个贷型"高利贷和"放贷型"高利贷。"个贷型"高利贷是指以年利率超过24%向社会特定的个人发放贷款的形式，而"放贷型"高利贷是指向社会上不特定对象以高利贷形式发放资金。从下面几个方面对两种类型的高利贷进行比较：

第一，从行为对象上看，分为特定对象与不特定对象，从理论界定上看，"特定对象"指的是借贷存在于一个熟人社会，而相反"不

---

[1] 许德风：《论利息的法律管制——兼议私法中的社会化考量》，载《北大法律评论》2010年第1期。

特定对象"是指存在于陌生人社会的借贷。"个贷型"高利贷行为对象比较特定，存在于民间熟人社会中。在一般情况下，借贷双方相互认识，互相熟知，此类高利借贷一般带有帮助的性质，双方基于信任承诺达成借贷合意，同时对借款者个人资信情况一般有较多了解。从本质上来看，"个贷型"高利贷行为存在的范围基本界定于熟人社会中。而"放贷型"高利贷是针对不特定公众而言的，专门以牟取暴利为目的，一般情况下，存在于陌生人社会中，借贷双方互不相识，而是通过媒体宣传、广告介绍等方式来发放贷款。

第二，从营利性上看，"个贷型"高利贷没有营利性，它仅仅是熟人之间资金的一种临时借用，借款人虽然有高额的利息回报，但是借款人并非以此作为谋生手段。因此，"个贷型"高利贷属于熟人社会的偶尔间借款。与此不同的是"放贷型"高利贷具有明确的营利性目标，放贷人以专职从事放贷为生，以不特定大众为行为对象，多次发放，高额发放等，最终以谋取巨额高利为目标。从本质来看，它已经是一种非法的金融活动。但这不意味着发放频率低，数额较少就不是"非法发放贷款"行为。若放贷者客观上采取了非法发放的行为，即使数额没有那么大，也可以推测其具有主观从事非法发放贷款的故意。

由此可见，"个贷型"高利贷与"放贷型"高利贷的区别还是很明显的，通过比较不难看出高利贷的本质特征和双向特征，从本质上来看高利贷就是民间借贷，而其又有两种表现形式，分别是"个贷型"与"放贷型"。一般地，年利率低于24%年利率的民间借贷，法律对其是予以保护的。从最高院《2015年规定》第十三条的规定中，可以看出民间借贷行为已经不仅仅属于民法调整的范围❶。可以分为两种情况，如果仅仅属于个贷型的，即使超过了一定的利率，也仍然属于民间借贷的，用民法来调整即可；但如果是放贷型的，那便很可

---

❶ 2015年最高院《民间借贷适用法律规定》第十三条：借款人或者出借人的借贷行为涉嫌犯罪，或者已经生效的判决认定构成犯罪，当事人提起民事诉讼的，民间借贷合同并不当然无效。人民法院应当根据合同法第五十二条、本规定第十四条之规定，认定民间借贷合同的效力。

能会受到行政法乃至刑法的规制❶。

三、高利贷的表现形式

目前高利贷的主要表现形式有以下几种：第一，借贷利率超过最高法《2015 年规定》中的 24%，这是最基本也是最简单的高利贷形式。第二，计算复利是高利贷"进阶"的一种形式，当然这也是建立在利率高于 24% 的基础之上的形式，复利是指在每经过一个计息周期后，都要将所得利息加入本金，用以计算下一个周期的利息。按照这种方法，利息除了会根据本金计算外，新得到的利息同样可以生息，即以利生利，因此俗称"利滚利"。该形式会将债务如同滚雪球一般，越滚越大，借贷的时间越久，最后的数额越是惊人。第三，在借款时，预先将利息扣除，这么做的结果就是放贷人减少了借款人实际借得的钱款，变相提高了利率，关于这一点，根据最高法《2015 年规定》第二十七条的规定，应以实际出借的金额作为本金。所以这种隐蔽式的高利贷行为，也是高利贷的一种表现形式。第四，吸收他人资金转手高利借出，此类行为违反国家相关法规禁止性规定的。2002 年中国人民银行出台的《取缔通知》明文规定，在民间个人借贷中，出借人的资金必须是属于其合法收入的自有货币资金，禁止吸收他人资金转手放款。

四、高利贷行为与相关行为的区分及罪数界定

（一）高利贷行为与相关行为的区分

1. 高利贷行为与民间普通借贷行为的区分

民间普通借贷行为是自然人之间以自己的合法资金帮助他人渡过经济困难的行为。同时借款人以支付一定的利息为代价（一般情况而言利息比较低，并且出借人不以放贷盈利为目的）。而高利贷则是放

---

❶ 1998 年国务院《非法金融机构和非法金融业务活动取缔办法》第二十二条规定：设立非法金融机构或者从事非法金融业务活动，构成犯罪的，依法追究刑事责任；尚不构成犯罪的，由中国人民银行没收非法所得，并处非法所得 1 倍以上 5 倍以下的罚款；没有非法所得的，处 10 万元以下的罚款。

贷人以此为谋生手段，向社会上不特定对象放贷，其获得的高额利息超过年利率24%。就二者关系而言，高利贷行为是民间普通借贷的演化升级阶段。可以通过利率、基本特征等方面对两者加以区分。从利率来看，民间借贷是熟人社会之间的一种资金周转行为，具有帮助性质，总体来看，普通民间借贷是一种资金帮助行为，借款人通常处于生活生产中，一般金额较少，而高利贷以专门放贷为生存法则，具有长期性，已经属于金融业务行列了，并且主要是为了高额利息，利息获取往往比本金还要多。

2. 高利贷行为与高利转贷行为的区分

高利转贷行为是指在银行以较低利息获取贷款后，又以高于银行贷款的利率将贷款转贷他人，以获取利润的营利性行为。高利转贷行为和高利贷行为有着本质的不同。高利转贷是通过虚假报告贷款的用途、欺骗银行以获取贷款，并未按照所报贷款用途而使用，其不仅欺骗了银行，还破坏了金融管理秩序，同时增加了银行的信贷风险。而高利贷行为是以本身的资金发放贷款（与高利转贷的资金来源不同），其实这种方式在一定程度上弥补了官方金融市场借贷的不足，其风险性更多的可能是放贷人资金难以回笼的风险，所以比较而言，高利转贷行为对社会的危害性更大。

3. 高利贷行为与非法经营行为的区分

非法经营行为一般包含以下特征：首先它发生在经营活动中；其次它违反国家明确的市场管理法规，即违反了国家市场准入和许可证制度，最终结果是市场管理秩序的严重失调，且情节严重❶。同时国家通过司法解释将12种市场经营行为纳入了非法经营的行为中。从整体来看，非法经营行为的主体是在没有获得相关许可证的前提下，从事了相关国家特许经营、限制经营的行为。在司法实践中，高利贷行为往往会被纳入到非法经营行为中乃至最终定为非法经营罪这一做法是值得商榷的，根据罪刑法定原则，以及刑法的可预测性，可以得出非法经营行为应该是国家立法、司法解释明确规定的行为，对于未

---

❶ 黎宏：《刑法学》，法律出版社2013年版，第623页。

加明确规定的行为，不应随意定为非法经营罪。这符合现当代刑法发展的方向，同时也保证了刑法谦抑性。所以不言而喻，两者的区别是很明显的。高利贷行为不应简单地被定为非法经营罪，如若此，有随意扩张解释之嫌疑。

4. 高利贷罪与敲诈勒索行为的区分

在实践中，有些放高利贷者在催收债务过程中，还采用威胁或要挟手段，以佣金、手续费为名，向借款人索取借据约定本息之外的费用。这种情形所涉及的是高利贷罪与敲诈勒索罪的界限问题，对此应以行为人索取的钱款性质来区分。如前文所述，在实际生活中，很多放贷人为规避规律，要求债务人以其他名义在借条载明的本息之外以佣金、手续费等名义另行支付部分钱款，这种钱款虽无利息之名，但实质上也是高利贷的一部分，故对于以暴力手段索取此类钱款的情形不能认定为敲诈勒索罪。如果放贷人在催债过程中，又临时起意向债务人索取事先未约定的费用，则可构成敲诈勒索罪。

（二）一罪与数罪问题

在实际生活中，很多高利贷者是利用从他人处筹集得的资金进行高利放贷，如果这些资金来源于不特定社会公众，放贷者的行为就有可能还构成非法吸收公众存款罪；还有的是用挪用来的单位钱款发放高利贷，其行为又构成挪用公款或挪用资金罪；更常见的是，很多放贷人采用暴力、非法拘禁手段催收债务，同时又构成故意伤害罪、非法拘禁罪。在上述情形下，如何区分一罪与数罪界限的基准？如果数行为之间存在牵连关系或吸收关系，则从一重罪处罚；如数行为相互独立，则应数罪并罚。刑法理论一般认为，吸收犯是指数个不同的犯罪行为，依据日常一般观念或法条内容，其中一个行为当然为他行为所吸收，只成立吸收行为的一个犯罪。牵连犯是指犯罪人以实施某一犯罪为目的，而其犯罪的方法（手段）或结果行为触犯其他罪名的犯罪，成立牵连犯的客观前提是，行为人的方法行为与目的行为或原因行为与结果行为在法律上包含于一个犯罪构成客观要件之中。就上述第一种情形而言，非法吸收公众存款并非放高利贷者筹集资金的必然手段，而放高利贷亦非吸收公众存款后唯一用途，故二者之间并不具有当然的吸收关系，不成立吸收犯；对后两种情形而言，挪用公款、暴力催收债务等行为并非放高利贷的必然手段，无法包含于同一个犯罪构成客观要件中，也不成立牵连犯。故对上述三种情形中的数行为均应独立评价，予以数罪并罚。

第二节　高利贷的产生原因及危害

一、高利贷的产生原因

关于高利贷的产生原因，学者们有着不同看法。廖天虎认为农村金融市场缺乏竞争机制，金融服务差，没有正规金融供给，相反还起到"抽血"的作用，加剧了农村高利贷现象❶。蒋致远认为银行服务网点少，正规金融信贷门槛高，导致中小企业贷款可获得性低，是高利贷一直存在的原因❷。金逍宏认为高利贷的利包括了放贷者管理的成本和风险，需要在利率上得到补偿❸。陆岷峰认为存款利率低且缺失投资渠道的经济转型期，造成资金抽离实体经济追求信贷市场的高回报❹。王晓波认为暴利预期推动资金向房地产、贵金属等领域炒作从而推动高利贷发展❺。笔者认为高利贷产生的原因主要有以下几个方面。

（一）产业利润率非理性地两极分化

我国近年暴露出的高利贷问题具有与民间借贷和非法集资伴生性的特点。从民间借贷和非法集资视角来考察，宏观经济层面上的问题主要表现在产业利润率的阶段性失衡，核心问题是未能突出科技创新

---

❶　廖天虎：《论我国农村高利贷的法律规制路径——兼议我国农金融体制的完善》，载《农村经济》2011 年第 8 期。

❷　蒋致远：《反思高利贷与金融市场的扭曲》，载《人民论坛》2012 年第 6 期。

❸　金逍宏：《高利贷的界定应考虑交易成本》，载《理论观察》2013 年第 8 期。

❹　陆岷峰，栾成凯：《高利贷盛行的机理分析与对策研究》，载《南通大学学报（社会科学版）》2012 年第 3 期。

❺　王晓波，郝宏波：《我国民间高利贷现象探析》，载《征信》2013 年第 7 期。

在成本收益上的比较优势。在以市场机制配置生产要素的条件下，一般市场主体最关注的就是其投资目标在成本收益上的比较优势，比较优势强的行业和领域就必将吸纳更多的要素资源。我国的政府主导型市场经济格局，意味着市场主体要确立其在市场竞争中的比较优势，离不开政府在宏观政策上的强力支持。在创新驱动已经成为经济社会稳续发展动力源的时代条件下，内在地要求政府在宏观调控层面超前打造科技创新领域的比较优势，以利于多种市场要素资源在科技创新方向上充分涌流。然而，科技创新项目具有投入大、风险高、周期长等先天弱势。于是，政府为了实现短期效益，最终在宏观调控层面确立了金融、房地产及能源产业在市场领域中的比较优势地位。因此，房地产和能源产业成为拉动宏观经济增长的重要引擎。房地产和能源等产业的资金密集型特点，加上阶段性畸高利润率的比较优势，以及正规金融对民营企业的政策性阻滞，客观上使其成为民间资本青睐的对象，导致了民间融资需求的爆发性增长。同时，畸高利润率也为这两大产业通过畸高利率融入民间资本实现迅速扩张提供了现实基础，这就为高利贷现象盛行提供了温床。

（二）民营企业发展空间和路径选择上的政策性局限

从政策性发展空间来看，依靠国有经济控制国民经济命脉的思想在意识形态领域长期占据主导地位，尽管对民营经济的重要性日益重视，但总体上宏观政策留给民营经济的发展空间相对较小。从路径选择上看，我国的民营经济起步较晚，目前仍处于初级阶段，大多属于技术含量低、规模小、劳动和资金相对密集的企业类型，主要从事简单的重复性生产，落后产能居多，抗风险能力较弱，向高端转型发展尚需时日。因此，民营实体经济本身的阶段性特征也是其融资难、融资贵、易于积累高利贷问题的重要原因。

（三）资金供求矛盾和资本的趋利性

供求矛盾是高利贷产生的经济根源。从借款这一方来看，随着改革开放的进程加快和中国经济的迅速腾飞，非公有制经济从"必有的、有益的补充"到"重要组成部分",并在"不断鼓励、支持、引导"的政策号召下,得到迅速发展。其中个体经济和私营经济,特别是中小企业在客观上对资金有着大量的需求,而正规金融机构贷款门槛高,手续繁杂,审核程序严格,据统计,调查数据表明:68.4%的中小企业抵押资产不合规,36.8%的民企资信状况不符合银行要求,因而许多企业只能转而向低门槛、过程简便的高利贷。从贷款这一方来看,我国作为农业大国,欠发达城市和农村占绝大多数,而我国商业银行等金融机构却又主要集中在经济发达的城市,农村或者中小城市主要以信用社为主,而信用社的贷款要求相较于商业银行更高,这样的供需使得高利贷现象在我国中小城市等欠发达的地区更加严重。

趋利性是高利贷产生的社会根源。趋利性不仅仅是市场经济的固有特性,更可以说是人的本性。无论是集体或者个人,追求现实利益的最大化是本能,当行为人发现收益远远高于成本时,那么选择该行为是个可理解的结果。发放高利贷一本万利,坐地收钱,除了金钱成本以外无需任何其他劳动,收益又远远高于银行储蓄的利息,如此高回报的收益驱使着越来越多的人做起该"生意",这也正是高利贷行为经久不衰的一个重要原因。此外,我国金融监管制度不完善,给行为人留出了许多灰色地带,这也对高利贷行为起到推波助澜的作用,当然某种行为只要不侵害到他人的合法权益,这就无可厚非,只是高利贷行为并非如此。

(四)个人信用制度建设不完善

在市场经济条件下,健全的个人信用制度日益成为减少财产性不确定风险的重要条件。但是,由于我国尚未建立起完善的个人信用制度体系,以致民间借贷和非法集资参与主体各方对相互之间的财产性信息难以核查,客观上形成了融资终端及中介组织利用信息不对称优势积聚高利贷风险的制度性缺口。目前我国个人信用数据和档案信息分散在十多个政府部门,各政府部门之间主要根据自身管理职能的需要统计相关信息,相互之间所掌握的信息既有重复交叉又有一定区别,缺乏系统的整合管理。再加上财产登记制度的缺位,即使将这些部门所掌握的个人征信信息全部整合起来，依然无法全面、真实地反映公民的财产信用情况。由于目前个人信用方面的制度建设不健全，民间融资相对人无法真实、全面、动态地了解融资主体个人信用信息和兑付能力。另外，个人财产信息记录和权利变动情况等制度的不完善，还为民间借贷和非法集资融资终端的不动产重复抵押行为提供了条件，而这种重复抵押行为也是导致高利贷的诱因。

二、高利贷的危害

虽然现有的金融制度体系下，高利贷解决了一些在银行无法得到贷款的个人和中小微企业的融资问题，解决了个人的一些生活急缺资金问题，催生了一批民间金融机构的雏形，具有一定的合理性，但是高利贷的危害又是巨大的。

第一，扰乱利率市场，危害经济安全。高利贷往往游离于国家金融机构的监管之外，其发展不受国家控制，使得国家无法正确了解和掌握市场的资本供求状况，对正规金融机构造成影响，也对国家宏观金融政策调节作用的发挥产生影响。而且，还有些高利贷者潜伏在正规金融机构和借贷者之间，充当金融机构和借贷者的中介，从中获利。他们通过优势条件或其他关系网从银行获得资金，然后又以高出银行利息几十倍的利息借给资金需求者，赚取"好处费"或"手续费"，这无疑更加危害了国家正规金融市场秩序，侵害了国家的金融安全。在高利润的引诱下，现在许多人将房子抵押到银行后取得贷款，然后以每月 3 分、4 分甚至更高的利率出借给担保公司、小贷公司，让他们二次放款。

第二，妨碍实体经济发展。目前我国中小微企业难以从正规金融机构得到贷款的现状仍然没有得到改善，民间高利借贷看似可以缓解企业融资难的问题，但实际上却增加了企业的成本，使企业负担更加沉重。在实践中，民营企业在得到借款后，由于经济不景气又会盲目投资，然后又开始从另一处借高利贷还之前欠下的高利贷，拆东墙补西墙，造成恶性循环，使企业面临生产危机。另外，加上放高利贷的利润如此之高，对比实体经济经营的困难，很多民营企业家无心继续经营自己的产业，转而将资金投入资本市场进行放贷，使得实体经济缺乏资本支撑，这样又从一个侧面阻碍了民营企业发展。

第三，易引起扰乱社会秩序的犯罪。除了高利贷本身具有严重的社会危害性以外，其收债行为也往往会引起扰乱社会秩序的犯罪。在国内外的相关报道中时常有因为催债而引发的悲剧，日本作为当今经济发展的大国，也依然摆脱不了因高利贷问题产生暴力催债行为。我国近期典型案例就是发生在 2016 年的山东"辱母杀人案"，此案件一出立刻引起了社会的广泛关注，各种媒体争相对案件的审理保持高度关注，山东省高级人民法院更是采取以微博的方式通报庭审信息。在该案件中，于欢母亲由于企业发展需求转而向吴学占借取高利贷，最后因为资金链断裂而无法偿还，吴学占纠结 10 余名社会闲散人员对于欢母亲实施非法拘禁并进行心理与精神的侮辱，导致当时在场的于欢因目睹母亲受辱而精神崩溃并进而采取暴力手段维护母亲尊严，最终造成一死、两重伤、一轻伤的后果。山东省高级人民法院对于欢以故意伤害罪判处 5 年有期徒刑，后吴学占等人因涉嫌组织参加黑社会性质组织于 2017 年被山东聊城法院起诉。这个案件充分说明高利贷极易引起扰乱社会秩序的犯罪，民间高利贷以其高昂利息为代价必然会加重债务人的负担，影响其生活并且有可能让本就处于"资不抵债"的人来说坠入终身还债的过程，从而加剧社会的贫富分化现象❶。

第三节 我国高利贷法律规制的
现状及存在的问题

一、我国高利贷法律规制现状

（一）我国高利贷法律规制沿革

我国并没有专门规制高利贷行为的法律法规，主要通过以下的法

---

❶ 于丽红：《中国农村二元金融结构研究》，沈阳农业大学 2008 年博士论文。

律法规及部门规章等对高利贷行为进行规制。1981 年《国务院转批
〈中国农业银行关于农村借贷问题的报告〉的通知》，明确了自然人之
间的借贷与农村高利贷的区分，并对过高的利率要通过经济措施来调
整。1991 年《审理意见》（已废止），规定民间借贷行为若超过银行
同期贷款利率的 4 倍行为就属于发放高利贷的行为。❶ 1998 年国务院
出台的《取缔办法》界定了非法金融机构，非法金融机构存在的方
式，以及国家对取缔非法金融机构的坚决态度❷。1999 年最高院发布
《关于如何确认公民与企业之间借贷行为效力问题的批复》，明确了公
民与企业之间借贷属于民间借贷性质，并明确了哪些行为是无效的❸。
2002 年中国人民银行颁布《取缔通知》，严格限定了民间借贷行为，
规定民间的个人借贷必须严格遵守国家相关法律、行政法规规定，秉
承自愿互助、诚实信用的原则。同时对民间借贷的利率也做出了相关
规定❹。2008 年银监会与中国人民银行出台《关于小额贷款公司试点
的指导意见》规定，小额贷款公司以市场化原则为基础进行经营，贷

---

❶ 1991 年《法院审理借贷案件若干意见》第六条：民间借贷的利率可以适当高于银行的利率，各地人民法院可依据本地区的实际情况具体掌控，但最高不得超过同类贷款利率的 4 倍（包括利率本数）。超过此限度的，超过部分的利息不予保护。

❷ 1998 年国务院《非法金融机构和非法金融业务活动取缔办法》第二条：任何非法金融机构和非法金融业务活动，必须予以取缔。第三条本办法所称非法金融机构，是指未经中国人民银行批准，擅自设立从事或者主要从事吸收存款、发放贷款、办理结算、票据贴现、资金拆借、信托投资、金融租赁、融资担保、外汇买卖等金融业务活动的机构。非法金融机构的筹备组织，视为非法金融机构。第四条本办法所称非法金融业务活动，是指未经中国人民银行批准，擅自从事的下列活动：（一）非法吸收公众存款或者变相吸收公众存款；（二）未经依法批准，以任何名义向社会不特定对象进行的非法集资；（三）非法发放贷款、办理结算、票据贴现、资金拆借、信托投资、金融租赁、融资担保、外汇买卖；（四）中国人民银行认定的其他非法金融业务活动。

❸ 1999 年最高人民法院《关于如何确认公民与企业之间借贷行为效力问题的批复》：公民与非金融企业（以下简称企业）之间的借贷属于民间借贷。只要双方当事人意思表示真实即可认定有效。但是，具有下列情形之一的，应当认定无效：（一）企业以借贷名义向职工非法集资；（二）企业以借贷名义非法向社会集资；（三）企业以借贷名义向社会公众发放贷款；（四）其他违反法律、行政法规的行为。借贷利率超过银行同类贷款利率 4 倍的，按照最高人民法院（民）发［1991］21 号《法院审理借贷案件若干意见》的有关规定办理。

❹ 2002 年中国人民银行《关于取缔地下钱庄及打击高利贷行为的通知》：民间个人借贷利率由借贷双方协商确定，但双方协商的利率不得超过中国人民银行公布的金融机构同期、同档次贷款利率（不含浮动）的 4 倍。超过上述标准的，应界定为高利借贷行为。

款利率上限放开，但同时不得超过司法部门规定的上限利率。2015年最高院出台的《2015年规定》规定了民间借贷的利率、本金、复利、逾期利息、利息约定不明等问题。第二十六条规定："借贷双方约定的利率未超过年利率24%，出借人请求借款人按照约定的利率支付利息的，人民法院应予以支持。借贷双方约定的利率超过年利率36%，超过部分的利息约定无效。借款人请求出借人返还已支付的超过年利率36%部分的利息的，人民法院应予支持"；第二十七条规定了本金的认定，第二十八条规定了复利率，第二十九条规定了逾期利率，第三十条规定了出借人可以主张的利息和费用，第三十一条规定了自然债务，第三十二条规定了提前偿还的利息，等等。自此，民间借贷利率与"银行贷款利率"脱钩，"四倍红线"标准废止，并且国家承认复利，明确了复利、逾期利息、利息约定不明情况下利息的计算方法。

通过对以上法律文件的解读，我们可以发现我国没有一套系统的法律规范文件对高利贷行为进行明确规制，所以也就造成我国民间高利贷市场的各种乱象，同时也导致司法工作人员对高利贷行为的定性出现较大差异，甚至出现同案不同罚的情况，影响司法公正。

（二）我国高利贷法律规制的制度框架

1. 高利贷的刑法规制

目前我国刑法中没有直接规范高利贷行为的刑法条文，没有设置"高利贷罪"的罪名，在司法实践中大多数情况下法院将高利贷按照非法经营罪定罪，此种情况起始于2004年武汉"徐汉江案"，在该案中涉及了最高院的复函❶对高利贷行为的定性，并对高利贷行为定以非法经营罪予以了肯定。自此以后，非法经营罪成为规制高利贷行为的常用罪名，各地都出现了类似判决，如2004年陕西省首例私放高利贷入刑案、2007年南京首例私放高利贷入刑案、2010年湖南常德

---

❶　最高人民法院《关于徐汉江非法从事金融业务行为性质认定问题的复函》（2003）中明确答复：高利贷行为系非法从事金融业务活动，数额巨大，属于刑法第二百二十五条第四项所规定的"其他严重扰乱市场秩序的非法经营行为"，构成非法经营罪。

首例私放高利贷入刑案、2011 年江苏无锡首例私放高利贷入刑案等。此后以非法经营罪规制高利贷行为的司法处理方式呈现上升趋势，在全国各地处于一种"蔓延"的状态。后来最高院关于高利贷行为是否属于非法经营的批复对前述复函❶进行了否定。但是在司法实践中仍然存在将高利贷按照非法经营罪论处的倾向和趋势，然而由于缺乏明确的有关量刑方面的法律条文依据，导致全国各地司法机关在具体执法过程中的标准却并不统一，在定罪量刑方面存在较大差异。

2. 高利贷的非刑法规制

从我国政府现行监管职责的分配来看，主要由中国人民银行和证监会承担着监管金融领域中的高利贷行为。对高利贷的行政监管主要围绕着以下几个方面出台监管文件：一是关于如何认定高利贷及其定性的文件。如中国人民银行 2011 年出台的《关于高利贷认定标准的函》和《以高利贷形式向社会不特定对象出借资金行为法律性质问题的批复》分别对何为高利贷以及合法与非法发放贷款行为做了区分。二是针对机构和从业人员的高利贷行为进行监管的文件。如中国人民银行 2002 年出台的《取缔通知》及银监会 2009 年出台的《银行业金融机构从业人员职业操守指引的通知》和 2012 年出台的《严禁银行业金融机构及其从业人员参与民间融资活动的通知》，分别针对银行及其从业人员抵制高利贷的监管，以及对地下钱庄非法吸存和放贷做出原则性规定。此外，国务院办公厅分别于 2011 年和 2013 年出台了《关于促进融资性担保行业规范发展意见的通知》和《关于加强影子银行监管有关问题的通知》，教育部于 2016 年出台了《关于开展校园网贷风险防范集中专项教育工作的通知》，分别对融资担保公司、影子银行及网络借贷平台提出原则性的监管措施。

此外，在《民法通则》和《合同法》中也有相关规定。《合同法》第四条规定，借贷关系的当事人之间可以自由缔结合同，但不得

---

❶ 最高人民法院《关于被告何伟光、张永泉等非法经营案的批复》〔2012〕刑他字第 136 号认为：高利放贷的行为有一定的社会危害，但此类行为是否属于刑法第二百二十五条规定的"其他严重扰乱市场秩序的非法经营行为"，相关立法解释和司法解释尚无明确规定，故不宜以非法经营罪定罪处罚。

违法。《民法通则》第九十条及《合同法》第二百一十一条规定，意在表明民间借贷不得超过国家规定的利率管制上限。2015年最高院颁布的《2015年规定》中关于利率上限的规定可以印证，对借贷利率区分为"两线三区"，对处于不同利率借贷的利率予以不同的保护。

二、我国高利贷法律规制存在的问题

（一）未对借贷主体与用途进行分类认定

高利贷应当是高于正常利率水平的借贷。"正常利率"可根据借贷主体及用途的"可负担性"与"生产力"的不同予以分类认定，不能简单等同于高利率。但我国在制定相关司法解释时，回避不同借贷主体与借贷用途的差异性，有违公平原则。利率管制是一个重要的政府调控手段，是通过政府的强制干预，限制放贷人的资金议价能力，使得弱势借款人与放贷者处于相对平等的地位。因此，利率管制的重点应当是保护弱势借款人，而不是所有的借款人。而当前所采取的"一刀切"的利率上限，不但保护不了弱势借款人，反而降低了资金配置效率。对于企业经营借贷，本质上议价能力和风险预判能力都强于消费者借贷个人，且其借贷目的是为了营利，承担更高的风险溢价也是合理的。对此类借款在进行高利贷认定时，应当给予更大的利率上限，现有利率上限反而会限制双方的议价能力，从而使得通过"砍头息"的形式规避监管红线的隐性高利贷大量存在，反而不利于金融安全。

（二）未对放贷主体进行分类认定

我国经许可的广义上"只贷不存"的机构有典当行、小贷公司与融资租赁公司等，该类主体经过严格的审批，取得许可牌照，从事融资业务。但在实践中，大量自然人专门从事高利贷业务，由于司法能动性不足、举证困难以及行政监管的缺位，这类主体利用司法资源反复涉诉，通过诉讼形式保护了自己的非法利益。该类主体放贷成本远低于合法放贷机构的运营成本，能获取巨额利润。与其相比，经许可的小额公司不仅需承担高额成本，还需接受严厉监管以及承担"支农"任务，显然现有认定标准不足以激励游离在监管之外的个人或机构"阳光化"。相反，在司法实践中，该类主体的放贷普遍被认定为普通借贷行为。取得许可的放贷主体最大的优势不应仅止于放贷业务合法化，而应允许其有更大的定价空间，能够在覆盖运营成本之外，能有相对可观的利润。因而，基于隐性高利贷的监管困境，可以对放贷主体予以分类认定，不仅有利于有效规制非法放贷主体而且能激励其"走进"监管范围。

（三）职业放贷人存在监管缺位

职业放贷人是指以营利为目的专门从事放贷业务的机构和个人，其并非法律意义上的概念。在实践中，我国存在诸多企业和个人以合法借贷形式，暗地从事高利贷业务。其中包括小贷公司、典当行，也包含其他未经批准的机构和个人。以小贷公司为例，根据《指导意见》的规定，其一般受银监局和金融办双重监管，理应能够有效规范其发展。但从实践运行来看，其试点初衷为引进"民间资本"服务三农，促进民间资本"阳光化"及民间借贷规范化发展。但实践至今，根据调研获取的资料和见诸报端的新闻可知，试点政策已异化，因违背了"营利性"的基本原则，小贷公司"脱农"现象严重，部分小贷公司沦为专门发放高利贷的"影子银行"或者"资金掮客"。另有数据表明，2015 年有 50% 的小贷公司涉及高利贷。可想而知，其不仅未促进民间借贷的健康发展，反而促使民间借贷危机越演越烈，为何小贷公司能"欺上瞒下"脱离金融办与地方银监局的双重监管，发放高利贷以及"斥农"现象突出，值得反思。2016 年引发社会高度关注的"裸条事件"中，因借贷利率远超过年利率 36%，甚至月息高达 30%、以女生手持身份证的"裸照"或"视频"作为担保以及无力偿债者"肉偿"等新闻受到广泛关注。该事件早在 2016 年 6 月就被有关媒体报道，但并没受到有关部门的处罚与制止，直到涉事女学生"10G"裸照被曝出，才对涉事放贷者予以惩处。有违公序良俗的"裸条事件"得以持续发酵，直至造成严重后果才得到有效遏制，也是监管缺位的体现。

（四）权责分配不均衡

针对高利贷行为的刑法规制，虽然，我国在刑法上暂未设置高利贷罪，但司法实践中常以非法经营罪予以规制。该罪与"高利转贷罪"相比，后者的社会危害性明显大于前者，而非法经营罪的最高量刑却重于后者，有违"罪刑均衡"原则。此外，将以自有资金放高利贷的行为纳入刑法规制，有泛刑法化的嫌疑。高利贷在一定程度上属于契约自由的范畴，是双方当事人意思自治的结果。放贷者单纯以其自有资金无论向特定或者不特定对象发放高利贷，均不应该构成犯罪。其高利贷行为本身不属于社会危害性大的范围，还达不到入刑的标准，应当放在私法层面规制或者给予行政处罚予以规范。因此，现行高利贷的刑法治理，与契约自由精神相违背，其违法性与法律责任不对等。

在经济领域，通过严苛的市场准入制度，批准获得准入的机构"只存不贷"，但对其融资、利率都予以严格监管。面对融资需求旺盛的市场，许多机构无款可贷。面对市场实际利率不断推高、市场风险增加时，许多机构也只能按设定的法定利率进行放贷，导致许多机构不能收回运营成本，亏损者众多。政府过分干预企业自主权，有违权责均衡，将更加进一步促使地下钱庄及其他非法职业放贷人的增加，不利于民间借贷市场的有序发展。

在民法领域，根据最高院《2015年规定》的规定，对超出年利率36%的利率部分属于绝对无效，应按不当得利予以返还。而对约定利率属于年利率在24%~36%之间所形成的利息，则属于自然之债，由借款人自愿给付。年利率24%范围内则属于法律保护的范围。在司法实践中，非法职业放贷人从事放贷业务，往往被作为合法借贷所处理，即使被认定合同无效，部分法院还支持依照银行同类贷款计算利息损失。现行制度并未贯彻《取缔办法》的精神，不利于打击该类非法职业放贷人，反而会放纵其野蛮生长。

第四节 我国高利贷处置模式及犯罪化的争议

我国现行刑法中没有设置专门的高利贷罪，只规定了套取银行贷款后又以高利率贷出的构成高利转贷罪，对于以自有资金进行高利贷是否追究刑事责任在刑事立法上没有规定，而当下民间高利借贷越来越活跃，司法实务部门出现将高利贷行为以非法经营罪入罪情况，这引起了理论界和实务部门关注，并进一步探讨刑法是否要增设高利贷罪。在刑法没有设立高利贷罪的情况下，司法实践中却常以非法经营之罪等模式处置高利贷，这就导致了在讨论高利贷是否犯罪化问题时要分两部分。首先刑事立法上没有设置高利贷罪时，现有对高利贷行为司法处置模式是否合理；其次刑事立法是否有必要设立单独的高利贷罪，规制高利贷行为。

一、我国高利贷处置模式

（一）按非法经营罪处理

这是目前对高利贷行为最主要的刑事处置模式，其中典型案例是目前被学界称为"高利贷第一案"的湖北武汉涂某等人被判非法经营一案❶。2004 年 2 月，武汉市汉江区法院判决认定，武汉市某某公司于 1997 年 6 月注册成立，注册资金为人民币 60 万元，由被告人涂某出资人民币 520 万元，任法定代表人兼公司董事长。1998 年 8 月至 2002 年 9 月期间，被告人涂某、胡某为了谋求非法利益，或以某某公司、涂某的个人名义，或假借某银行及未经批准成立的某某互助基金会的名义，采取签订借据的形式，按月息 2.5%、超期按月息 9% 的利率，以某某公司、涂某的个人资金、胡某的个人资金，先后向 21 家单位及个人发放贷款共计人民币 907 万元，并从中谋取利益共计人民币 114 万余元。胡某为帮助涂某发放贷款，筹集个人资金人民币 68

---

❶ 刘伟：《论民间借贷的司法犯罪化的不合理性》，载《法学》2011 年第 9 期。

万元，并保管涂某的放贷账目、资金存折及某某公司的公章。涂某还组织清收队，对于贷款期限届满未归还的进行催收。法院认为，被告人涂某、胡某对外发放高息贷款，从事非法金融活动，情节严重，根据国务院发布的《取缔办法》第二十二条的规定，应当追究刑事责任；根据《刑法》第二百二十四条的规定，涂某、胡某的行为构成非法经营罪❶。

在本案处理过程中，由于对高利贷是否属于《刑法》第二百二十四条规定的其他非法经营行为没有把握，相关办案部门向中国人民银行、最高院刑二庭、公安部进行了请示，上述三个部门在答复中指出，放高利贷系从事非法金融活动，属于《刑法》第二百二十四条第四项规定的其他非法经营行为。从上述批复的逻辑来看，首先是将高利贷认定为违反国家规定的非法金融业务活动，然后归入严重扰乱市场秩序的非法经营行为之中，法院也正是据此做出了有罪判决。本案的判决在全国范围内产生了一定的示范效应，此后出现了多起对高利贷以非法经营定罪的案例。如南京市下关区法院于 2010 年 11 月对被告人邵某、蔡某涉嫌非法经营罪做出判决，认定邵、蔡自 2007 年以来，以邵某成立的一家投资管理公司为平台，采用无利息约定或每月 2.5% 的利息约定的方式，与借款人签订固定格式的借款协议书，并有借款人以房产等做抵押或提供担保人，同时办理相关抵押及授权委托手续，再按 4% ~20% 不等的月息和约定的借款期限，将利息直接从本金中扣除，余款给付借款人，但借款协议书上仍然以本金数额为借款额。通过上述方法，两名被告人先后向多人非法放贷 315 万元。下关区法院认为，被告人邵某、蔡某以并无金融产品经营资格的公司为平台，向不特定的社会公众发放高息贷款，属于非法金融活动，应认定为"其他严重扰乱市场秩序的非法经营行为"；由于两名被告人非法从事金融业务活动历时长、次数多、数额大、社会影响恶劣，属于情节严重，故认定邵某、蔡某的行为构成非法经营罪❷。2011 年，

---

❶ 湖北省武汉市汉江区人民法院（2003）汉刑初字第 711 号刑事判决书。
❷ 南京市下关区人民法院（2010）下刑二初字 42 号刑事判决书。

无锡市北塘区法院对两名通过印发小广告发放 16.5 万元高利贷的被告人做出有罪判决，认定二人的行为构成非法经营罪，分别判处有期徒刑一年六个月、一年❶。同年，四川合江县法院对何某高利贷一案做出判决，认定何某用个人资金，以月息 2%～20% 的利息出借给 12 人资金 600 余万元，何某的行为构成非法经营罪，判处有期徒刑七年六个月，并处罚金 500 万元。

尽管关于高利贷是否属于非法经营行为的问题已有前述权威部门做出答复，且多地法院做出了有罪判决，但在司法界和理论界对此仍存在很大争议，如 2010 年曾为媒体广泛报道的应某等七人发放高利贷涉嫌非法经营案，被称为上海首例以高利贷追究刑事责任的案件❷。但该案在公安机关移送起诉后，检察机关最终以法律依据不足而未提起公诉。

（二）按非法吸收公众存款罪处理

如前文所述，在民间高利贷活动中，很多借款人是以高额利息为条件，向社会不特定公众借款；还有些出借资金的人是以相对较低的利息从社会不特定公众筹集钱款后再借给放高利贷者。上述两种吸纳资金的情况均符合《刑法》第一百七十六条规定的非法吸收公众存款罪的特征，故司法实践中对于其中情节严重的一般是按非法吸收公众存款罪追究，而对高利贷行为则不予处理。

（三）按高利转贷罪处理

在民间高利贷活动中，有部分资金来源于从正规金融机构所获得的贷款，对于此类行为，实践中是按《刑法》第一百七十五条规定的高利转贷罪追究刑事责任。由于从银行套取资金后转投高利贷在民间高利贷活动中仅占一小部分，故对大多数高利贷行为并不能以本罪处理。

---

❶ 袁国芳，刘彦丽：《少年私放高利贷，非法经营获刑罚》，http://law.eastday.com/dongfangfz/2010dffzftsy/u1a52781.html，2017 年 9 月 2 日访问。

❷ 赵进一：《法槌重击高利贷》，载《检察风云》2011 年第 8 期。

（四）按敲诈勒索罪处理

司法实践中对于高利贷还有以敲诈勒索罪定罪的案例。如吉林某地法院判决认定，自 2005 年 5 月起，被告人夏某以月息 10% 向李某等三人经营的公司提供借贷。到了当年 12 月，本息达 70 万元。由于李某等行为人未及时还款，夏某就纠集多人对其殴打、辱骂、罚跪、逼迫还款，此后，夏某还将一台 2002 年购买的帕萨特轿车，强行以 30 万元本金的形式作为高利贷借贷给李某等三人。在催讨过程中，夏某还以其手下讨债需要"劳务费"为由，向李某索要 20 万元。法院审理后，认定夏某等人的行为构成敲诈勒索罪❶。

（五）仅处理高利贷引发或涉及的其他犯罪，高利贷行为作为量刑情节考虑

如前文所述，高利贷容易引发非法拘禁、故意伤害等犯罪，且常与赌博犯罪相互交织。由于非法拘禁、故意伤害、赌博罪均有法律明文规定，而对高利贷行为能否追究刑事责任仍存在较大争议，故在实践中，很多司法机关在处理高利贷引发或涉及的其他犯罪活动时，只追究非法拘禁、故意伤害、赌博等犯罪的刑事责任，对高利贷行为则作为从重处罚的情节予以考虑。

二、高利贷犯罪化的争议

关于高利贷立法入罪争议，包含着高利贷是否应该入罪、高利贷如果入罪应该以既有罪名入罪，还是应该在刑法中增设高利贷罪。因为高利贷司法入罪存在诸多争议，为了避免司法实务的不统一，也为了更好规制高利贷犯罪，就需要解决高利贷立法问题。

---

❶ 网易新闻：《女子领导黑社会性质组织放高利贷获刑》，http：//news. 163. com/09/0329/05/55I2K8T70001129. html，2017 年 9 月 3 日访问。

（一）反对高利贷入罪的观点

第一，增设高利贷罪违背法的契约自由精神。民间借贷利息高低取决于借贷双方的意思，只有双方自愿，借贷才能完成，不是一方强迫另一方。如果将这种双方自愿的行为作犯罪处理，就与民法契约自由精神明显背离。刑法的处罚极其严厉，涉及对人身自由的限制和剥夺，而对于这样双方自愿达成协议并履行的高利借贷行为，一定要用刑法予以规制，违背契约精神，在契约不损害他人权利、不危害社会利益的时候，如果契约双方自愿，刑法不能过多干预。

第二，增设高利贷罪反映了刑法对经济领域的过度干预，有违市场经济发展。当下中小微企业不容易从正规金融机构得到贷款，为解决生产危机，他们情愿寻求民间资本的帮助而支付高额利息❶。首先，我国尚处于经济转型期，对各种经济违法行为，刑法不宜介入过早。其次，经济犯罪具有特殊性，如果能使用经济手段处置就不需要动用刑法。只有经过了民法、行政法等法律法规的调整，对行为调整没有起到作用的严重不法行为才需要动用刑法手段。金融制度的不完善才会诱发犯罪，如果我国的金融制度建设完备，经济犯罪也就不容易发生，治理犯罪不能只依靠刑法或重刑❷。刑法如果过早介入会影响市场的自主性，限制市场调节。

第三，增设高利贷罪有违刑法的特性，罪名设置应当体现谦抑性。刑法是解决社会矛盾的最后屏障，只能是在运用其他手段不能达到效果时才能动用刑法手段❸。高利贷行为在历史的长河中从未消灭，虽然它有很多弊端，但是还没有达到需要用刑法进行调整的程度。如果高利贷行为侵犯了公民个人或社会的利益，是否可以考虑先用其他手段进行控制，当其他的控制不充分时，再启动刑法，这体现了刑法谦抑性。民间高利借贷合法化，放贷人的利益能得到有效救济，他们

---

❶ 茅于轼：《重新认识高利贷》，载《商业文化》2009 年第 7 期。
❷ 陈兴良：《刑事政策视野中的刑罚结构调整》，载《法学研究》1998 年第 6 期。
❸ 徐志红：《高利贷行为非罪化研究》，载《青年科学》2013 年第 8 期。

就不会轻易走上非法讨债的道路，这种调整手段在刑法介入之前就取得了很好的效果，抑制了高利贷负面效果，是谦抑性的表现。

第四，易引发犯罪不是高利贷本身犯罪化的理由❶。高利贷有其自身的缺陷，容易引发犯罪，比如当借款人预期不能还贷时，放贷人就会采取一系列不合法手段进行催债，逼得借款人家破人亡，成为影响社会稳定的因素，所以社会各界对高利贷行为多持否定态度，但是不能将两个问题等同看待，高利贷引发犯罪发生是一个问题，高利贷是否犯罪化是另一个问题。不能因为民间高利借贷容易引发犯罪就否定它，将它作犯罪处理，高利贷引发的犯罪在刑法中已经有明文禁止，刑法已经追究这些犯罪的责任。至于高利贷的危害为什么还在不断发生，这就不是刑法本身所能解决的问题，不是靠增设高利贷罪就有治理效果的。

第五，高利贷不具有刑法意义上的危害性，不具可罚性，不宜增设单独罪名。犯罪的本质是具有应受刑法处罚的社会危害性，而民间高利借贷没有应受刑法处罚的社会危害性。对借款者而言，高利贷并没有对之造成法益损害，借贷者和放贷者是在双方自愿的情况下才达成的借贷交易，无从谈起损害之说，反而是放贷者要承受资金不能如数归还的风险。对国家而言，高利贷也没有侵害其金融秩序，至多是对金融界的一种冲击，不能说是侵犯。正视民间资本竞争，才能激励银行等机构完善业务。所以，高利贷不具备刑法意义上的社会危害性，刑法不能增设单独罪名。

（二）反对将以自有资金进行高利贷行为以非法经营入罪

首先，司法入罪本身不当，是对国家立法权的破坏。立法权具有独立性，在国家刑事法律没有明确规定将一行为界定为犯罪的情况下，司法介入干预，追究行为人刑事责任，就存在司法对立法的干预之嫌。追究刑事责任需要刑事法律规定，依据《立法法》，拥有刑事

---

❶ 扈晓芹：《高利贷现象及其性质认定》，载《山西高等学校社会科学学报》2010年第8期。

立法权的只有全国人大及其常委会，所以追究刑事责任的依据只能是全国人大及其常委会制定的刑法、刑法修正案，司法解释不是由其制定颁布，不是刑事法律。司法实务部门打着释明法律的旗帜，左右立法，介入具体经济事件的追究维度，明显侵犯了立法权。司法解释对行政违法行为的越位干预，实际上就是司法解释超越了刑法设置犯罪的原意，超出了刑法规定的犯罪范围，把刑事法律的强制力直接侵入到行政违法的领域❶。另外，在高利贷行为司法入罪的过程中，不仅司法机关职权越位，还有行政机关也参与到其中，这个行政机关就是中国人民银行。在武汉涂汉江非法经营案中，人民银行认定了案件中嫌疑人的行为为非法金融活动，才有下一步最高人民法院和公安部得出嫌疑人"违反国家规定"的结论。这种入罪方式赤裸裸地体现了政府部门越权，对立法机构的权力形成挑战。实务中行政解释经常被司法工作人员误用为定罪的依据❷。司法部门、行政部门介入都会对立法产生侵蚀，将高利贷司法入罪从国家权力分配角度来看不可行。

其次，以自有资金从事放贷业务，即使利息较高，也不具备刑法要求的非法性❸。只有违反国家规定，才可能触及非法经营范围。我国《刑法》第九十六条规定，国家规定是指全国人大及其常委会的法律，国务院颁布的行政法规，由此可见，政策性文件、部门规章等都不在"国家规定"之内。《取缔通知》看似可以作为高利贷违法性的证明依据，该通知明确规定了严禁高利贷，可是央行只是国务院的一个部门，它的通知属于部门规章，不满足刑法所称"国家规定"要件，违反它只是行政违规，不是刑事犯罪。

国务院《取缔办法》虽然属于行政法规，但是没有明确规定对以自有资金进行高利贷行为追究刑事责任。因为它虽然规定了什么是非法金融业务犯罪，但是高利贷并没有明确列出；《取缔办法》第九条

---

❶ 薛进展：《论刑事司法解释对行政违法行为的越位干预》，载《东华刑事司法评论》2006 年第 8 期。

❷ 林维：《刑法解释中的行政解释因素研究》，载《中国法学》2006 年第 5 期。

❸ 邱兴隆：《高利贷的泛刑法分析》，载《现代法学》2012 年第 1 期。

规定应当提交公安侦查机关立案侦查的范围，高利贷行为也没有明确规定在内；高利贷也不在第四章列明的应当予以追责范围内。所以，对于以自有资金从事高利贷业务的行为，我国现行的法律和行政法规都无禁止，所以该类行为并不具有刑法意义上的非法性。

最后，非法经营罪最高刑高于高利转贷罪规定，追究自有资金放贷行为刑事责任违背刑法本意。我国刑法只规定了高利转贷罪，也就暗示刑法不追究以自有资金从事高利贷。刑法关于高利转贷罪的法定刑设置是三年以上七年以下有期徒刑，也就是说，高利转贷罪最高刑是七年，而非法经营罪的最高刑却比高利转贷罪高。试想以自有资金从事放贷业务的危害大还是从银行套取资金从事放贷业务的危害大，以自有资金从事高利贷业务虽然也有风险，但是借贷者不能归还本息的风险仅由放款者自己承担，而在高利转贷中，借贷者如果到期不能偿还本息，不仅转贷人要承担损失，银行也会成为坏账买单者，可见高利转贷的行为危害更大。所以，将自有资金从事放贷业务以非法经营论处，追究刑事责任的入罪做法违背立法本意，会导致刑法量刑设计上的矛盾。

（三）赞成高利贷入罪的观点

关于高利贷司法入罪争议，就是司法实践中各司法部门对高利贷行为是否入罪有不同的处理意见。虽然各地司法机关对高利贷是否应该司法入罪的解读不一样，没有达成统一的处理意见，但实践中已有许多地方将其作入罪处理，也有不少学者赞成司法入罪。赞成司法入罪的学者主要考虑如下几点：

第一，将部分具有社会危害性的以自有资金进行高利贷的行为以非法经营定罪是多个部门的共识，是司法部门内部协调的结果，具有合理性。如前文所述，最早以非法经营罪追究高利贷行为刑事责任的案例始于 2004 年湖北涂汉江案，而影响该案判决的具有决定性作用的文件主要是关于该案的复函，而该复函又是公安部给湖北省公安厅关于此案回复的基础。央行也对该案给侦查机构做了答复。可以看出，中国人民银行、公安部、人民法院对该案件的处理意见是一致的。❶ 许多学者认为这种通过各个职能部门之间的协调形成的文件具有合理性，虽然不是法律规定，但说服力强。就连马克昌教授也在一开始对湖北涂汉江案的法律意见书中写到应定擅自设立金融机构罪，而后发表意见认为定非法经营罪比较合适。

第二，高利贷行为有违政府行政法规，符合违法性要件❷。《取缔办法》明确写道：非法金融业务包括非法发放贷款行为，涉嫌刑事犯罪，依法追究刑事责任，这些条款都是行政法规明确的。以自有资金进行放贷违反了行政法规规定，具有违法性，司法部门将其以非法经营入罪，追究其刑事责任，是合理、合法的。

第三，高利贷危害大，不对其进行司法入罪，将产生更大的影响。高利贷往往会滋生和助长很多犯罪，造成极严重后果。正因为目前我国刑法典没有设定单独的高利贷罪，但是高利贷的危害其实已经达到了刑法所要求的社会危害性，如果不将其进行司法入罪，就会放纵犯罪，使犯罪结果扩散。高利贷行为会滋生各种暴力犯罪，如非法拘禁、故意伤害等。而且从高利借贷资金的使用看，这些资金也多是用于非法途径，往往会涉及赌博、贩卖毒品等，还会涉及一些黑社会组织，造成严重社会危害，如果不对其采取刑法规制，无法打压其不断发展的势头。

第四，近年来，很多民众受到高利贷影响，蒙受了极大损失，民间借贷缺乏有效的监管，如果不将高利贷行为入罪，司法机关就存在没有履行应尽职责之嫌。由于我国现行的金融体系存在极大不完善，许多市场行为存在监管空白的情况，这就给许多职业放贷者机会，在没有任何监督限制的情况下，从事高利贷业务，造成市场混乱，增加社会不稳定因素。而各个职能机构本着行政行为遵守"法无明文授权即禁止"的原则，在没有相关法律规范赋予其监管职能的情况下，都没有对此类现象进行监督和管理。而在这种情况下，如果司法部门再

---

❶ 刘伟：《论高利贷的私法犯罪化的不合理性》，载《法学》2011年第9期。
❷ 李忠强，陈艳：《放高利贷行为的刑法评析》，载《人民检察》2013年第2期。

放纵高利贷行为危害社会，必然存在失职之嫌。

第五节 外国关于高利贷的法律规制

社会经济条件的变化导致了有关高利贷观念的变化，而相应地对高利贷的规制模式也发生了变化。在西方中世纪时期，凡是有息借贷行为均被视为违法犯罪行为。在资本主义生产方式取得全面胜利后，契约自由成为司法的基本原则之一，很多西方国家如德国、英国废除了对利率上限的限制，对借贷利息任由当事人约定；还有少数国家如法国、日本，在商法中废除了利率的限制，但在民法中则予以保留，规定对超过法定最高利率的法律不予保护，而是以自然债务处理，即超出部分利息由当事人任意给付，如已给付，债务人不能要求索还；尚未支付的，债权人也不能请求法院强制执行❶。19 世纪末期，国家干预经济的思想兴起，契约的绝对自由受到限制。在民间借贷方面，很多国家不仅以民商事法律对民间借贷规定最高利率标准，还对高于法定利率标准的高利贷行为采取刑法手段予以规制，以下重点介绍境外较为典型的有关高利贷的刑法规定。

一、德国、瑞士

德国刑法并未专门规定高利贷罪，而是在"应处罚的利欲性犯罪"中规定了暴利罪。《德国刑法典》第二百九十一条规定："一、乘他人处于困境、缺乏经验、缺乏判断能力或严重的意志薄弱，让他人为自己或第三人为下列财产利益的允诺或给付，而其给付或为给付的允诺显失公平的，处三年以下自由刑或罚金：……。二、情节特别严重的，处六个月以上十年以下有期徒刑。具备下列情形之一的，一般认为情节特别严重：1. 犯罪行为致使他人陷于穷困的，2. 以犯本罪为职业的，3. 以汇票使他人为暴利性财产利益的允诺。"

与德国刑法较为相似，瑞士刑法也未专门规定高利贷罪，而是规

---

❶ 郑孟状，薛志才：《论放高利贷行为》，载《中外法学》1992 年第 3 期。

定了暴利罪。《瑞士联邦刑法典》第一百五十七条规定："1. 利用他人的困境、从属性、不知情或判断能力低下，让他人为自己或第三人给付财产利益或允诺给付财产利益，而此等给付或为给付的允诺显失公平的，或者购得具有暴利性质之债权且将其继续转让或索要债款的，处 5 年以下重惩役或罚金。2. 行为人以此为职业的，处 10 年以下重惩役。"

从上述规定来看，德国和瑞士两国对于高利贷犯罪的规定具有以下特点：

（1）在罪质方面，高利贷被视为"利欲性犯罪"即以谋取经济利益为目的的犯罪。

（2）在罪名方面，并未规定专门的高利贷罪，而是将高利贷与其他如索取过高租金等暴利行为一并规定为暴利罪。

（3）从犯罪构成的客观要件方面，一是要求行为人在客观上利用了被害人处于困境、缺乏经验和判断能力或严重的意志薄弱；二是要求被害人给付的财产利益显失公平，但是对何谓显失公平并未明确规定诸如利率上限等标准。此外，构成本罪不要求行为人已实际获利，获得允诺给付的也可构成。

（4）在刑罚方面，规定了一般情节和情节特别严重两个档次，后者包括以暴利为职业的或者造成严重后果的等情形，最高可处 10 年有期徒刑或重惩役，由此可见，在德国和瑞士两国高利贷行为均可构成重罪。

二、美国

在美国，通常将贷款看作是私人主体之间的交易，不会对利率进行管制，但联邦最高法院可赋予国会基于美国宪法第一章的州际商业条款的管制权力。国会通过《诈骗影响和腐败组织法》规定"不法债务"，从联邦立法层面对利率进行限制，即如果贷款利率超过州法律所设定的利率上限的两倍并试图收回不法债务，则构成联邦重罪。美国国会在《反犯罪组织侵蚀合法组织法》中规定，以超过当地两倍高利贷界限的利率放贷的属非法债务，试图收受该"非法债务"的构成联邦重罪。美国各州对高利贷的刑法规制做法不一。例如佛罗里达州法律规定，贷款年利率超过 25% 但不超过 45% 构成二级轻罪，超过 45% 则构成三级重罪。而纽约州法律规定当行为人未经法律授权或许可而故意以超过年度 25% 的利率或者更长或者更短期间内相等利率，索取、接受金钱或其他财产作为贷款或者任何金钱或其他财产延期的利息，构成二级高利贷犯罪；如果行为人已经实施过高利贷犯罪或者试图实施高利贷犯罪，或者行为人的行为是发放高利贷或者收回高利贷债务计划或者交易的一部分，则行为人构成一级高利贷犯罪。密西西比州规定借贷利率的上限为 10% 或者为联邦储备利率加 5%，如属消费信贷则为 17%。

三、日本

日本的高利贷诞生于 20 世纪 70 年代，最初是民间金融公司向一般消费者发行信用卡，随着 70 年代末美国等外国消费金融公司涌入日本，出现了以月薪族为主要对象的"月薪者金融"，这一时期是日本信贷业的黄金时期，为日本的经济发展提供了不少支持。但随着 80 年代后期日本的过剩融资，高利贷被暴利追债等名词替代，曾因消费者金融难以承受过高利率和暴力讨债而被迫自杀或沦落至个人破产的利用者不计其数。后来日本政府为重拾消费者的金融信心，制定了许多对贷款利率进行限制的法律，但是日本刑法典中并未专门规定有关高利贷的犯罪，而是在单行经济法规中规定了高利贷的刑事责任。1975 年就制定了《利息限制法》和《高利贷取缔规定》。后者将利率上限定为 29.2%，2005 年修改为 20%，取消了对前期《出资法》与《利率限制法》的利率"灰色地带"。而且日本还允许按日计息，利率要求不超过 54.75%，但实际上大部分非法的高利贷公司利率高达 100% 或更高，使得日本的借贷行为倍感压力。近些年来，日本开始以降低利率上限、加重处罚措施等手段，加强对高利贷的管制。根据日本《关于取缔接受出资、存款及利息等的法律》（简称为《出资法》）、《利息限制法》的规定，超过法定利率上限发放高利贷的，处

3 年以下惩役，可并处或单处 300 万日元罚金❶。2007 年修订的《出资法》则将行为人区分为一般放贷人和以放贷为主营业务的人，规定了不同的处罚标准。当行为人是一般放贷人时，如其订立合同以收取年度利息超过 109.5%，将被处于 5 年以下的监禁或最高 1000 万日元的罚款或二者并罚。这项规定同样适用于接受或者要求超过规定利率的利息的行为人。

四、我国香港地区

我国香港地区将利率上限设定为年息 48% 和 60% 两个档次进行规制。香港《放债人条例》规定："关于任何贷款的还款协议或关于任何贷款利息的付息协议，如其所订的实际利率超逾年息 48%……单凭该事实即可推定该宗交易属敲诈性；但除非该利率超逾第二十四（1）条所指明的利率，否则法庭在顾及与该协议有关的所有情况后，若认为该利率并非不合理或不公平者，则可宣布就本条的施行该协议并不属敲诈性"，同时规定"任何人以超过年息 60% 的实际利率贷出款项或要约贷出款项，即属犯罪""已经循简易程序定罪，可处罚款 50 万元及监禁两年；已经循公诉程序定罪，可处罚款 500 万元及监禁 10 年。"根据《放债人条例》，贷款年息超过 60% 即受刑罚，贷款年息不超过 60% 但超过 48% 的，由法官判定是否属敲诈性交易。

五、我国台湾地区

我国台湾地区"刑法"在第 32 章《诈欺背信及重利罪》中，以第三百四十四条规定了重利罪："乘他人急迫、轻率或无经验贷以金钱或其他物品，而采取与原本显不相当之重利者，处 1 年以下有期徒刑、拘役或科或并科一千元以下罚金。"从上述规定来看，台湾地区重利罪的构成条件为：（1）客观上借款方有急迫、轻率或无经验的情由；（2）主观上贷款方明知对方有上述情由，并加以利用；（3）贷款方由此取得与原本显不相当的重利。显不相当，指的是原本、利

---

❶ ［日］芝原邦尔：《经济刑法》，金光旭译，法律出版社 2002 年版，第 32－38 页。

率、时间三者进行核算，并参酌当地经济状况，显著超过一半债务利息❶。

综上，境外对高利贷犯罪的刑事立法主要有以下特点：（1）在罪质上，多数是纳入侵犯财产类犯罪；（2）在构成要件上有两种立法例，一种是规定只有行为人利用了借款人处于困境或缺乏经验等状态而放贷，才能构成本罪；另一种则只求放贷的利率超过法定标准，则可构成本罪；（3）在刑罚方面，多数是按重罪设置法定最高刑，而且一般设置了两个以上量刑档次，对于严重的高利贷犯罪设置了大大高于一般高利贷行为的法定刑。

第六节 高利贷刑法规制设想

通过将前文反对高利贷入罪和支持高利贷入罪的观点进行比较，可以得知之所以会出现两种截然相反的观点，是对民间高利贷所具有的内涵和持有不同的看法。支持入罪者认为民间高利贷行为应被纳入刑法规制范围内，因为其具有严重的社会危害性，理应受到刑法处罚；反对入罪者认为民间高利贷行为就是民间借贷，民间借贷是被社会认可的，因此该评价标准理应适用于民间高利贷上，其不具有社会危害性。笔者认为，对高利贷行为的规制不能采用"一刀切"的方式，而应该分类进行。

一、高利贷入罪的必要性

根据我国《合同法》第二百一十一条规定，自然人之间约定的借款利率不得违反国家有关限制借款利率的规定；1991 年最高院《审理意见》规定民间借贷利率最高不得超过银行同类贷款的四倍；2002年 1 月中国人民银行《取缔通知》亦做出了类似规定。这表明，高利贷属于不法经济行为，此为高利贷的基本性质。但是，对不法经济行为并非一律能够入罪，正如德国、日本刑法学者所指出的那样，"在

---

❶ 林山田：《刑法特论》（上册），台湾三民书局 1978 年版，第 375－376 页。

旨在保护自由市场经济秩序的法律领域以及统制经济的法律领域的经济法规上，不能原封不动地把违法行为看成是犯罪，而是应该探究因这些违法行为所造成的实际损失是什么，从而从理论上区别什么是经济犯罪行为和什么是违反经济秩序行为。"❶ 高利贷问题同样如此，只有能够证明其社会危害性严重到必须以刑罚制裁的程度，才能得出应予犯罪化的结论。而对社会危害性的判断，应当坚持定性因素和定量因素相统一的原则，通过那些最基本的、足以表明侵害社会的性质和程度的客观事实特征来审查❷。实践表明，高利贷对社会具有多重的严重危害。详述如下：

（一）高利贷破坏了国家的正常金融秩序

所谓金融秩序，是指保证金融市场正常发展和有效运用的机制和规则，具体包括三方面的秩序，即金融市场主体行为的秩序、金融市场客体（货币和资金）机制的秩序以及金融市场规制的秩序❸。在目前对高利贷入罪问题的研究中，肯定者一般都将对国家金融秩序造成破坏作为论证的重要理由，但对高利贷行为如何破坏金融秩序、为什么破坏秩序的不法经济行为要按犯罪处理则缺乏进一步的探讨，这种仅以某种行为侵犯了抽象的经济秩序为由径行得出应予入罪的论证方式是不够的，容易给人以鼓吹刑法万能主义的印象❶。高利贷对金融秩序的破坏主要体现在四个方面。

1. 高利贷有违金融交易的公平、等价原则，破坏了金融市场交易秩序

金融秩序化的关键是必须遵循共同的交易规则，它主要包括自主原则、等价原则、公平原则和信用原则。民间借贷是整体金融的一部分，对民间借贷利率的上限进行限制，是当前大多数国家包括主要市

---

❶ ［日］神山敏雄：《经济刑法的理论框架》，尹琳译，上海人民出版社2003年版，第21页。

❷ 王新：《金融刑法导论》，北京大学出版社1998年版，第59页。

❸ 何炼成，邹东涛：《中国市场经济发展的无序与有序》，西北大学出版社1993年版，第39页。

场经济国家如美国、英国、德国等国的共同选择，其本意就在于防止放贷人乘人之危或利用优势地位与借款人之间达成不公平、不等价的交易，损害借款人的正当利益，并保护公平、对等的民间借贷市场秩序。高利贷利用借款人对资金的刚性需求，以超出法定利率上限的畸高利率放贷，违背了金融交易的公平、等价原则，破坏了金融市场交易秩序。

2. 高利贷有违金融市场的主体准入规制，从而破坏了国家规范金融市场主体的秩序

从实践情况来看，无论其资金来源于自有资金还是从他人处筹集到的资金，从放款对象来看，高利贷大多是向不特定的社会公众发放，这种行为在实质上属于贷款业务性质，而对贷款业务实行经营许可制度是世界各国的普遍做法。放高利贷者大都是指未获得金融业务经营许可的情况下，以公司的名义对外放款，这就对国家规范金融市场主体的秩序造成了破坏。

3. 高利贷活动在一定程度上削弱了国家通过理论杠杆调节宏观经济的能力

运用理论杠杆调节宏观经济，是现代国家的普遍做法，恰当运用利率工具，有利于加强经济管理和经济核算，加速资金周转，提高资金的使用效率。而从利率的确定来看，除了社会平均利润率起关键作用外，资金供求关系也起到重要的作用，借贷资本如果供大于求，利率就会下降，反之就会上升❶。而由于民间高利贷黑数❷的存在，国家无法准确掌握社会整体的资金供求状况，在利率的决定上就会产生偏差，以至于难以妥善运用利率工具对宏观经济进行调节。值得注意的是，由于近些年来募集高利贷的规模不断膨胀，高利贷的这一负面效应也随之不断提高。

---

❶ 刘隆亨：《银行金融法学》（第五版），北京大学出版社 2005 年版，第 212 页。

❷ 高利贷黑数：此处的"高利贷黑数"由犯罪学中的"犯罪黑数"而来，是指在一定的时空范围内社会上实际发生的高利贷数量与相同时空范围内官方统计数据之间的差值，这个差值所代表的高利贷已经真实发生，只是由于各种原因而未计入官方统计。用公式可以表示为：高利贷黑数＝实际发生的高利贷数量－官方统计的高利贷数量。

4. 高利贷活动破坏了国家金融安全

由于超高利率的诱惑，高利贷吸引了社会各路资金，其中有相当一部分是银行资金，有的是放高利贷者从银行以相对较低利率获得贷款后用于高利放贷，有的是从银行获取贷款后用于归还高利贷，由于利率畸高，极易发生资金链断裂，造成银行资金无法收回，这就对国家金融安全造成了破坏。

（二）高利贷严重扰乱了社会经济正常秩序

首先，正如多数论者指出，高利贷直接引发了非法拘禁、故意伤害等犯罪，加剧了黑社会性质的组织犯罪、赌博犯罪，并成为挪用公款、集资诈骗等犯罪的诱因。来自司法实务部门的统计分析数据显示，在非法拘禁案件中，由于被害人无法偿还高利贷而引起的占了多数。如 2006 年以来浙江省安吉县法院受理非法拘禁案件 8 件 16 人，其中 6 件 12 人是由于被害人未及时归还高利贷债务造成的，比例高达 75%❶；上海浦东新区法院在 2007 年度审理由于赌债而引起的非法拘禁案 9 起，其中 7 起是涉嫌高利贷赌债的，比例高达 77.7%❷。更为严重的是，放高利贷者往往与黑社会性质的组织相互勾结，从而加剧了黑社会性质的组织犯罪。由于高利贷超出利率保护上限的部分难以得到法律的保护，加上高利贷中很多是无抵押担保的信用借贷，放贷者无法收回资金的风险极大，这使得采用暴力手段催收债务成为世界范围内高利贷活动的常态。从国外反高利贷立法的动机来看，打击有组织犯罪是其中的重要因素，如美国国会就是在《反犯罪组织侵蚀合法组织法》中规定高利贷犯罪的。在我国，通过黑社会性质的组织催收高利贷债务的案例也时见报端。有些放贷者与黑社会性质的组织勾结，依靠后者使用暴力等手段收债，并为后者提供资金援助，有的甚至本身就是黑社会性质组织的一部分。因此，高利贷活动对黑社会

---

❶ 豆丁网：《民间借贷请勿光顾高利贷》，载 http://www.doucin.com/p-905586521.html，2017 年 6 月 23 日访问。

❷ 张晓涛：《高利贷引发刑事犯罪的治理》，载《人民论坛》2011 年第 8 期。

性质的组织犯罪起到了推波助澜的作用，严重破坏了社会正常秩序。反对将高利贷入罪的人提出，实践中有很多利用计算机实施的犯罪，但我们不能因此禁止使用计算机，同理，不能因高利贷诱发其他犯罪而禁止高利贷。这一观点貌似有理，实则经不起推敲。从表面来看，高利贷和计算机在可能引发多种犯罪上较为相似，但二者存在本质的区别，前者本身是一种不法的经济行为，后者则仅是一种工具，本身并无非法性，二者之间并无可比性。

其次，由于高利贷的利率一般都大大超过社会平均利润率，将资金投入正常行业的借款人因此背上了沉重的债务负担，一旦发生整体金融环境恶化（如2008年的全球性金融危机）或国家产业正常调整（如近年推行的房地产严控政策），很难实现收支平衡；而对于将资金投入股市等投机性行业的借款人来说，则存在投资失败的高风险。因此，在民间高利贷借贷中，借款人发生资金链断裂的概率相当之高。近年来在温州、鄂尔多斯、湘西等民间融资发达的地区，正是由于借贷利率过高等因素，造成借款人无法偿还借款而逃跑甚至自杀，并因此酿成大规模群体事件，严重影响区域的社会稳定。

再次，高利贷活动使部分借款人和出资人的生活陷入绝境，影响社会稳定。一方面，由于高利贷的重利盘剥，很多低收入的负债人因无法还债而在生产生活中陷入绝境，因此甚至酿成了负债人自杀等恶性事件；另一方面，在超高利息的诱惑下，不少城乡平民以个人平生积蓄或从亲友处筹集的钱款借给放高利贷者或从事高风险投资的企业，一旦后者发生资金链断裂，出借人的基本生活都无从保障，严重影响了社会稳定。

（三）高利贷侵犯了借款人的合法财产

从表面上看，高利贷是基于借贷双方的合意而形成，有些甚至是贷方应借方的请求而放款，借款人或因获得贷款而在经营中获利，或借此渡过了生产、生活难关，并未受到财产损失。有些研究者就据此提出对高利贷不应入罪。但是，如果深入考察高利贷的发生机制，可以发现实情并非如此。在民间高利贷活动中，借方接受高额利息的主要原因是由于生活、经营问题而产生对资金的刚性需求，但由于融资渠道匮乏而求借困难；贷方则由于掌控资金这一相对稀缺的资源而处于优势。在此情形下，双方在交易中的地位是不平等的，在利率的议价能力上也完全不对等。此外，还有部分借款人是由于轻率、缺乏交易经验甚至是对方的逼迫而接受超高利息。在上述情形下形成的借贷契约显然是不公平的，借款人的财产权益实质上受到了损害。

（四）民事或行政制裁手段抑制效果有限

如前文所述，高利贷实质上属于民间借贷，是当事人双方基于合意形成的意思表示，当前我国法律对高利贷行为的规制主要表现在民事法律中和行政制裁措施中，内容不集中，缺乏对高利贷行为的专门性法律规制。在现有的规制措施中，高利贷立法位阶低，大部分出现在司法解释、部门规章和规范性文件中，高利贷的相关内容比较模糊，如对高利贷放贷人的制裁措施的缺失，导致制约高利贷行为的力度远远不够，从而无法更好地维护金融和社会秩序。在上述的民事和行政法律中存在这两方面的问题，首先是缺乏引导性，我国没有健全的诚信保证制度，增加了民间借贷风险。对于高利贷的内容在法律上处于空白状态，从而无法保证其向健康方向发展；其次是缺乏统一性，不同法律之间可能会产生冲突，如有的行为符合《合同法》的规定，但是却违反了《贷款通则》的内容；最后是缺乏可控性，由于缺少较为详细的引导，在实践中容易失控，法律规制不到位。因此，我国现有的民事和行政制裁措施力度有限，有必要在我国刑法中制定专门的高利贷相关罪名，和我国民事、行政等制裁手段相呼应，形成对高利贷的全面规制。

综上所述，从定性角度分析，高利贷行为对国家金融秩序、社会秩序及借款人的合法财产权益均造成了损害，具有社会危害性；而从定量角度来分析，与刑法分则中有关破坏社会主义市场经济秩序的既有罪名相比较，高利贷对社会危害的严重程度并不亚于高利转贷、非法吸收公众存款等犯罪。因此，高利贷行为具有严重的社会危害性，现有的民事制裁手段和行政制裁手段已经无法满足当前形势的迫切需要，将高利贷行为入罪，可以构建起民事责任、行政责任和刑事责任相衔接的违法责任体系，这一民刑量刑互动的综合预防措施将合理和有效地规制高利贷行为。据此，高利贷行为已经完全符合入罪的标准。

二、我国高利贷分类规制的相关问题

（一）高利贷分类规制的概念

在我国高利贷法律规制的现行框架下，现有规定并未从借贷用途抑或是借贷主体的性质上进行区别规制，而主要依靠设定的利率上限予以统一规制。但由于不同类型的借款人和借款用途对利率的承受能力不同，单一的利率上限根本无法反映市场实际利率，势必会影响市场交易的效率或者公平。此外，利率市场化将成为历史发展的主流趋势，但由于我国金融体系不健全，特别是农村金融体系建设缓慢，致使中小企业在发展中普遍存在资金短缺的情况，从金融机构获得信贷支持的比例偏低。因此，我国目前还不能全面取消利率管制，而是应当进行分类规制。西南政法大学岳彩申教授提出应采取分类规制的立法模式对以营利为目的的且专门从事借贷业务的不同机构和个人的放贷行为分别予以规制❶。笔者认为，高利贷分类规制应该是指在对高利贷的法律认定上，应当依据借款主体和借款用途进行分类认定和规制。

（二）我国高利贷分类规制的必要性

1. 我国高利贷具有特殊性

在我国现行金融制度体系背景下，中小企业与"三农"的"贷款难""贷款贵"问题，是我国农村金融制度改革力求解决的关键问题。我国一系列密集的农村金融供给制度并未"落到实处"，屡屡受挫，"贷款难""贷款贵"问题普遍存在且严峻。前述问题的出现，主要

---

❶ 岳彩申：《民间借贷规制的重点及立法建议》，载《中国法学》2011 年第 5 期。

是由市场主体"嫌贫爱富"的本性以及金融机构市场准入的"行政壁垒"所导致。我国国有商业银行的资金主要流向于国有企业和上市公司，诸多乡镇存在金融机构缺位或者银行机构营业网点萎缩退居城市，留存的农商行（原农村信用社）和邮储银行只存不贷，"虹吸现象"凸显。此外，银行通过设定较高的"信贷门槛"，以实现自身利润最大化，诸多小微企业只能望而却步。在农村金融改革中，小贷公司作为正规金融机构的有益补充，承担着"支农""支小"的重大使命。但小贷公司"弃农"现象严重，最根本的原因是现行制度下"支农"使命与其"营利"本质存在冲突。因而，资金流向高利贷市场是市场选择的结果。小微企业的融资权受到了挤压，其巨大的资金规模需求推动了高利贷的发展，高利贷对缓解小微企业融资困境起到了一定的积极作用。

在此背景下，政府虽然可以通过制度安排，干预银行"信贷自主权"，通过对其"支农""支小"信贷规模予以考核，促使其履行社会责任。但是，实际效果并不尽如人意。因此，对高利贷不加区分予以严格打击的方式，并不能有效解决问题。因为，企业的融资需求并未减少，市场的资金供给也未增多。现行严厉的利率规制制度和刑法治理措施，并不能彻底改变市场主体的逐利本性，只会促使其从事更加隐蔽的高利贷行为，加剧市场资金缺口增大。高利贷对解决企业融资做出了积极贡献，帮助许多中小企业渡过经营危机，甚至是化解其面临倒闭的风险。因此，在现行环境下，要真正解决高利贷问题，现行规制措施是行不通的，必须遵循"堵不如疏"的路径，赋予民间放贷主体更大的金融参与权，通过增加资金供给的形式，去降低整个市场利率。但这一制度的实施，需要对高利贷予以分类规制，一方面堵住非法机构的高利贷行为，另一方面保护合法放贷组织的利率水平，辅之以合理的市场准入，以激励民间资金的进入。此外，也要严防形式公平下可能存在实质的不公的借贷而损坏弱势群体。因而，不分类的管制模式，无法解决现行高利贷问题。需要通过分类规制，对弱势群体施以倾斜保护，对资金强势主体施以强制性规范规定义务，以约束上述主体的行为，保护弱势群体的利益。具体来看，可以通过对特定用途和特定主体的借贷形式设置一个强制性的利率上限，放贷主体不得逾越此利率上限从事放贷行为。

2. 现行制度未兼顾消费性与经营性借贷的价值诉求

从我国现有利率管制制度来看，并未对高利贷予以分别规制。通过"一刀切"的利率上限予以调整，不符合消费性借贷和经营性借贷的价值诉求。第一，我国现阶段民间借贷虽然以经营性借贷为主、消费性借贷居其次，但不能因消费性借贷不突出而摒弃该类型借贷者的利益。消费性借贷的借款对象往往为弱势特定主体，更需要法律予以倾斜性保护，而且在我国农村地区高利贷问题突出，消费性高利贷普遍存在，更需要法律规范予以调整，以维护个体正义，该类借贷的用途主要涉及医疗、教育等。对于处于弱势群体的家庭因医疗和教育等生存需要而产生的消费借贷，应当予以倾斜性保护。第二，在农村地区，因农业具有天然的季节属性和抗风险能力弱的特征，涉农高利贷普遍存在。而农林渔牧等领域本属于国家支持行业领域，对促进农村经济发展大有裨益，但因其行业抗风险能力差，且利润回报率普遍低于平均社会利润率，因而也无法承受该利率上限，需要区分规制。第三，虽然现行利率上限基于社会平均利润率而设定，但是，对于其他经营性借贷，因企业具有足够的商业风险预判能力与风险识别能力，应当以效率为中心，发挥利率对资金配置的效率。且不同行业对利率承受能力不同，应当充分保护当事人的真实意思表示，不应予以强制干预。

3. 现行制度无法构建协调的权责分配机制

监管规则与模式以监管理念为基石，在监管理念的指导下运行。我国现行规制框架下，以"金融安全"为首要目标，严格的"金融管制"手段是监管者为保证达到此预设目标的核心手段。这一严苛的管制手段，不仅体现在政府对银行信贷权的干预上，更加体现在政府对民间放贷权的严格管控上。例如，一方面，以较高的市场准入门槛，赋予部分民间融资机构以放贷权。另一方面，又通过预设较低的入罪标准，予以重刑化处理，导致诸多放贷组织如履薄冰，艰难运行，无法实现可持续发展。虽然，我国贷款业务属于银行的核心业务，对实施信贷政策有重要作用，合理的监管民间借贷规模有利于提前预防风险。但对于经许可的放贷组织而言，无论是融资规模和融资途径都处于严格的监管之下，其主要以自有资金从事放贷业务，其风险并不高。而未经许可的职业放贷人，才是民间借贷市场真正的高风险群体。因其游离于监管之外，难以及时管控其融资渠道和融资规模，往往无法及时有效规制。因民间融资本身具有隐蔽性和内生性，政府并非万能的，作为有限政府有其监管的不足，何况政府可能存在寻租行为。因此，在现行资金需求旺盛的民间借贷市场，严厉的监管措施难以有效规制该类组织的发展，实践证明也是如此。既然现行统一的严厉监管制度无效，就有必要寻求制度突破。通过分类规制方式，强调合法放贷组织利率自主定价权，提高其入罪标准，来构建权责均衡的法律体系，引导非法放贷组织"阳光化"。

4. 不做区分的利率管制与利率市场化背道而驰

我国对民间借贷与银行借贷采取了不同的利率管制模式。我国商业银行贷款业务已完成利率市场化改革，而民间借贷依然以统一的利率上限予以管制。目前，我国民间借贷呈现的利率水平为市场实际利率水平，最高院基于社会平均利润率而划定的利率上限意在对资金借入方的保护。但人为地剥夺了平均利润率以上企业的议价范围，忽视生产经营性借款人与放贷者的具有相当议价能力的客观事实，人为地损害放贷者获取资金收益的权利，此举有违利率市场化的大趋势。因我国金融制度不完善，不宜贸然全面取消利率管制，实行利率市场化。但可以通过分类规制稳步有序地推进民间借贷市场的利率市场化的进程。主要理由如下：一是，通过分类规制对特定群体即特定用途的借款类型设置较低利率管制，以保护该等弱势借款人。对消费性借贷进行重点监管，以保护弱势借款人的权益。针对其他经营性借贷，因借款人议价能力和风险识别能力并不亚于放贷者，因此应当赋予更大的利率议价空间，尊重借贷双方的真实意思表示，充分发挥利率的资金配置功能，有利于培育市场实体识别风险及抵御风险的能力。二是，加强监管。在不引发金融系统性风险的基础上，降低市场准入及经营性借贷的利率空间，可激励社会闲散资金进入民间借贷市场，从而增加市场的竞争度，提高民间资本的供给量，充分发挥市场定价的功能，将有利于形成健康稳定的市场利率定价机制。

（三）我国高利贷分类规制的可行性

1. 高利贷分类规制已有立法及司法实践经验

早在1988年，最高院《关于贯彻执行〈中华人民共和国民法通则〉若干问题的意见（试行）》第一百二十二条就对生活性借贷与生产性借贷予以区分规制，确定前者适当高于后者，并以实际情况为断❶。2009年，浙江高院《关于审理民间借贷纠纷案件若干问题的指导意见》规定，借贷利率原则性不得超过4倍利率，但当事人自愿给付则予以保护。充分尊重当事人的真实合意结果，并未统一按犯罪处理。在司法审判中，根据学者的研究材料显示，法院根据借款用途、期限及主体的不同，在双方约定的利率上予以不同程度的调整❷。综上可以得知，在司法实践中，法院的司法自由裁量权有利于分类规制的实现，对维护个体正义具有重要作用。

2. 高利贷分类规制不会增加司法认定难度

维护个体正义，是法律所追求的价值，也是司法所追求达到的目的。过多地阻碍消费性借贷者维护自身利益，容易放纵该类高利贷的发展。此外，从立法技术上来看，针对借贷用途的举证困难，可以通过证据责任的重新分配，赋予消费性借贷方对借贷用途的举证义务，且该类用于医疗、教育等用途，易于获取相关消费记录，并不会增加司法裁判的工作量。将高利贷类型化，更加有利于法院对该类案件予以分类处理，快速查清案件事实，以解决纠纷。况且在借贷过程中，出借方完全可以通过书面合同的形式，对借贷用途予以记载，并约定

---

❶ 最高院《关于贯彻执行〈中华人民共和国民法通则〉若干问题的意见（试行）》第一百二十二条规定：公民之间的生产经营性借贷的利率，可以适当高于生活性借贷利率，如因利率发生纠纷，应本着保护合法借贷关系，考虑当地实际情况，有利于生产和稳定经济秩序的原则处理。

❷ 程金华：《四倍利率规则的司法实践与重构——利用实证研究解决规范问题的学术尝试》，载《中外法学》2015年第3期。

一定的违约责任，以减少该类借款的道德风险。

（四）我国高利贷分类规制模式具体设想

1. 转变高利贷监管理念

（1）对高利贷进行分类规制

我国规制高利贷的现行制度，主要通过"两线三区"的利率管制模式来协调公平与自由的价值目标。在"两线三区"的利率管制模式下，并没有将借贷主体与借贷用途等因素考虑在借贷利率的范围内。现行"两线三区"的利率管制模式，并不利于公平价值的保护，例如缺乏风险识别意识及风险承受能力的大学生借贷群体，现行所谓受保护的利率并不能有效保护该群体。在经营性借贷活动中，现行利率又将起到限制借贷效率的副作用，严重违背了契约自由精神。现行司法判例中，约定借贷利率超过24%甚至36%案例众多，且多数请求法院予以调整利率。此外，借贷利率处于24%～36%之间的借贷合约将处于严重不确定性，对借款方起到一个负面激励的作用，有违契约严守的原则。因此，要协调自由与公平的价值，我国应建立分类规制的管制模式，一方面从借贷主体间分类规制，另一方面从借款用途的角度进行分类规制。从而确保平衡借贷双方的利益，实现借贷双方的利益平衡，形成良好的市场秩序。

（2）采用放管结合的管制模式

我国在民间金融制度的变革中，一直遵循严格管制的路径，严防民间借贷组织的放贷权扩张。虽然，在市场发展的强烈客观需求下，现有制度已经突破了有关放贷权只归金融机构的限制。但是，现行制度背景下并未对民间借贷组织予以足够的激励和引导。民间借贷组织的发展现状背离制度目标安排，出现制度异化。要建立有效的民间金融秩序，需要政府改变以"金融管制"为主的规制模式，应该采用"放管协调"的模式。"放管协调"需要政府树立权利主导的思想，充分尊重市场配置资源的决定性作用，尊重民间借贷主体间的契约自由以及放贷组织的企业自主经营权。在规范民间借贷市场秩序进程中，侧重对民间融资自主权以及普惠性融资权提供制度保障，侧重保护合法放贷组织的经营自主权和公司内部治理。此外，政府应加强对非法职业放贷人的监管，预防其利用高息从事非法集资行为，及时处置该类主体的非法放贷活动。同时通过降低准入门槛，为该类主体进行合法正规经营创造条件，同时将其纳入有效的监管范围，形成竞争性的市场氛围。

（3）协调金融安全与金融效率的冲突

金融安全一直以来都是我国金融监管制度追求的核心目标，在民间借贷市场上尤为凸显，政府甚至不惜舍弃金融效率的目标价值。在重安全而轻效率的失衡金融监管环境下，我国民间借贷市场并没有形成良好的市场秩序，反而是阶段性地爆发民间借贷危机，实体企业深受其害。究其原因，一味追求金融安全的制度环境，将妨碍市场配置资源的效率，影响资源利用率。民间借贷市场本质为正规金融市场的有益补充，充分调动社会资本的积极性，发挥民间借贷资金的效率才能有效解决社会自己需求缺口的问题。因此，政府应协调金融安全与金融效率的冲突，引导民间金融主体有序地参与其中，在确保金融安全的前提下，鼓励民间借贷主体的市场行为，培育竞争有序的民间借贷市场。

2. 构建我国高利贷分类规制的认定标准

我国民间借贷实行利率管制在很大程度上是基于金融安全的考虑，人为地限制利率上限。由于不同类型的借款人及借贷用途对利率的承受能力和敏感度不同，单一的利率上限无法反映市场实际利率，势必会影响市场交易的效率或者公平。利率从正规管制转向市场调节将是历史的潮流。但由于整个金融体系不健全，特别是农村金融体系建设缓慢，信息不对称客观存在，中小企业在发展中普遍存在资金短缺、从金融机构获得信贷支持的比例偏低的情况，我们目前还不能一步到位地取消利率管制，应该构建类型化的利率认定标准，对民间借贷实行分类监管，同时有利于促进非法职业放贷人进行合法正规经营。

（1）以放贷主体为区分的认定标准

在我国民间借贷实践中的放贷主体主要有进行相互借贷的亲朋好

友、互相拆借的企业、专门从事放贷业务的职业放贷人。针对上述放贷主体，如何进行分类规制？岳彩申教授曾提出将营利为目的作为区分民事和商事借贷的标准。商事借贷的放贷主体应当是指以营利为目的专门从事放贷业务的机构和个人。除此以外，偶发性的有偿或者无偿的民间借贷应视为民事借贷❶。该分类契合了我国金融领域的立法原旨。从《中华人民共和国商业银行法》第十一条，《中华人民共和国银行业监督管理法》第十九条以及《取缔办法》第三条、第四条及第五条规定可知发放贷款业务为金融业务，应当由经批准设立的金融机构从事，除非经中国人民银行批准，否则属于被取缔的非法金融业务或非法金融机构的范围内。我国将贷款业务视为金融机构从事的专属核心业务，其他机构和个人未经批准不得从事该业务。因而，在我国从事商事借贷的机构和个人应当经人民银行批准，否则属于非法从事金融业务或者非法金融机构。

但在由于信贷紧缺，信贷门槛高，经济处于转型的特殊时期的情况下，非法职业放贷人与日俱增，诱发社会问题。此外，非法职业放贷人在司法实践中普遍受到司法保护，不仅占用了司法资源，而且有违司法公正。因此，在私法层面应当将民事借贷与商事借贷进行区分规制，并对非法商事借贷予以严厉规制。同时在司法领域应当贯彻金融立法原旨，将非法商事借贷排斥在保护范围之外。具体可以从以下几方面建立认定标准：一是，区分设置民商事借贷的利率管制上限。商事借贷可参照香港的放贷人许可牌照制度，如只要不超过年利率48%，原则上受到法律保护，但对于借贷主体和用途的利率上限另有规定的除外。对年利率在48%~60%之间的借贷由法官根据实际情况自由裁量，但年利率必须低于60%。二是，对于民事借贷，主要属于互助行为，虽然有偿但不以营利为目的。因此，可以适用固定的利率上限予以调整，如年利率不超过20%，但对于借贷主体和用途的利率上限另有规定的除外。三是，对于非法商事借贷，可以通过认定借款合同无效，并对其约定的利率不予保护，当事人已经给付的利息，可

---

❶ 岳彩申：《民间借贷规制的重点及立法建议》，载《中国法学》2011年第5期。

以要求返还。

（2）以借款主体和用途为区分的认定标准

为了均衡契约自由与弱势借款人的保护，需要在区分民商事借贷的基础上对借款主体与用途进一步区分，意在保护弱势借款人的利益，可以从以下几个方面设定利率上限予以分类用途认定：一是，针对典型的以解决基本生存用途的借贷，如用于医疗、教育而发生的借贷，不能超过合理的利率借贷上限。该类型的高利贷应当严格以该利率上限为基准判断是否为高利贷。此外，政府应当通过建立风险补偿金机制，以提高该类贷款的可获得性。二是，涉农林牧渔企业，应当使该类借贷利率不能高于特定的利率水平，涉农贷款的认定可参照《涉农贷款专项统计制度》文件进行认定。但由于涉农贷款具有小额的特征，且农业抗风险能力弱，所以该类贷款往往交易成本高，需要政府通过税收减免政策以及风险补偿机制来降低利率成本。三是，针对"校园贷"这类贷款服务，应当严格控制利率上限，且该类放贷平台向该群体发放贷款时应当履行特定的程序。

3. 完善我国高利贷分类规制的相关制度

（1）构建类型化的利率上限规定

在我国传统观念的认识下，高利贷者似乎都是妖魔的化身，是嗜血的剥削者，人们会对高利贷者进行道德谴责。实践证明，高利贷者并非一直处于强势地位，多数案例表明高利贷者处于弱势一方，往往需承担更高的风险。此外，高利率的形成由诸多无可厚非的客观（例如有无抵押担保、借款期限、借款人资信状况以及政府的货币政策等）因素所决定。因此，应当摒除高利贷为剥削供给的传统道德认知，建立类型化的利率上限规定，以确立高利贷实为客观经济现象的法治理念，更好地促进民间借贷领域的立法、司法活动。现行利率管制模式无法回应高利贷的类型化，应当舍弃"两线三区"的利率管制模式。依据前述高利贷的分类规制认定标准构建多层次的利率管制模式。针对特定用途的借款和特定主体的高利贷认定，应当严格以利率上限为认定标准。在区分民商事借贷的情况下，针对其他具有资金议价能力及风险抵御能力的高利贷认定，应当尽可能尊重契约自由精神，对其利率约定予以保护。此外，对于违反利率上限获取的利息，应当双倍返还借款方，未返还部分折抵本金。

（2）完善职业放贷人的监管机制

近年来，我国职业放贷人尤其是非法职业放贷人激增，由高利贷引发的非法集资及暴力催债等违法事件增多，市场秩序混乱。我国对职业放贷人的日常监管，普遍属于"多头监管"，如小贷公司、融资性担保公司及 P2P 平台。此外，"单一监管"的则有典当行及提供金融服务的中介机构。从我国民间金融的现行监管来看，遵循着"严进宽管"的路径，事中与事后监管缺位，主要因监管主体责任不清，能动性不足。因此，面对新形势下职业放贷人隐蔽性增强，反"侦查意识"提高的现状，需要改变监管措施，遵循"宽进严管"的路径，建立协调监管机制。可以从以下几个方面完善现有的监管机制：一是，明确各级监管主体的职责与协调方式；通过追究法律责任倒逼监管主体，能动执法，提高执法效率。二是，落实事中和事后监管的牵头机构和职责；通过明确牵头机构，有利于协调各方分工合作，避免监管真空。三是，建立联合执法机制。对前述民间融资机构和与之相关的中介机构，开展联合执法。现行背景下，各职业放贷人业务日益细分、更加专业，财务处理更加隐蔽化，因此需要联合行动。四是，建立信息共享渠道。各监管主体应当加强信息共享，尤其是与司法部门构建有效的信息沟通渠道。因为，司法部门更容易从受理的案件中，发现职业放贷人参与违法行为的"痕迹"，有利于监管部门及时发现，有效治理。

三、高利贷的入罪途径探讨

在肯定高利贷应予入罪的观点中，对于如何入罪还存在两种观点：第一种认为可以根据现行刑法规定予以处理，持此观点的人中多数认为可以按照非法经营罪处罚，司法实践中也已出现多起以非法经营罪判决的案例；少数法院则按敲诈勒索罪处理。第二种观点认为，根据现行刑法，尚不能追究高利贷的刑事责任，而应增设专门的条款规定高利贷罪，这种观点在学界占了相当高的比例。笔者赞同第二种观点。理由详述如下：

（一）对高利贷行为按非法经营罪处理的法律依据不足

根据《刑法》第二百二十五条的规定，非法经营罪是指违反国家规定从事非法经营行为，扰乱市场秩序，情节严重的行为。与多数金融犯罪一样，本罪是采用空白罪状的方式来表述犯罪构成要件，对其构成要件的解释需要以相关非刑事法律法规为前提。具体而言，刑法对非法经营行为的规定采取了明示列举式和兜底式条款相结合的方式，即在明确规定三种非法经营行为之外，又规定："其他严重扰乱市场秩序的非法经营行为"亦可构成本罪。从目前最高院刑二庭、公安部、中国人民银行总行就高利贷定性问题批复和审判实践既有定罪案例来看，对高利贷按非法经营罪定罪的思路是：首先是依据国务院1998年《取缔办法》，认定高利贷行为属于非法经营金融业务的性质，然后归入《刑法》第二百二十五条第四项规定的其他严重扰乱市场秩序的行为予以定罪。笔者认为，这种处理模式并不符合《刑法》第二百二十五条的规定，理由如下：

1. 高利贷行为并未违反《刑法》第二百二十五条所要求的"国家规定"

刑法理论界普遍认为，对于以空白罪状方式规定犯罪客观行为的经济犯罪而言，在考虑是否应予追究刑事责任时，需要从以下三个方面进行考察：首先应考察非刑事法律法规有无关于某种金融不法行为的具体规定，如果没有，那么即便该行为被认为应予刑罚处罚，也不能认为该行为符合经济犯罪空白罪状中"违反国家规定"的要件❶。所谓"违反国家规定"，根据《刑法》第九十六条的规定，是指违反全国人民代表大会及其常务委员会制定的法律和决定，国务院制定的行政法规、发布的决定和命令。而在目前关于民间高利贷的规范性文件中，并不存在要求追究高利贷刑事责任的国家规定。从最高院、公安部、中国人民银行认定高利贷属非法经营所援用的国务院1998年

---

❶ 肖中华：《经济犯罪的规范解释》，载《法学研究》2006年第5期。

《取缔办法》来看，该规定第四条只是将未经中国人民银行批准非法发放贷款规定为非法金融业务中的一种，而未列明高利贷属于非法金融业务。我们也不能认为高利贷就是非法发放贷款行为，因为在高利贷与非法发放贷款之间并不具有同质性，高利贷的本质是民间借贷活动，其违法性在于违反了国家有关规范性文件对利率上限的规定；而此处的非法发放贷款强调的是经营许可性，其违法性在于未经中国人民银行的批准，凡是未经批准从事贷款业务的，无论利率高低，均可构成非法发放贷款。况且，发放贷款是一种向社会不特定公众提供资金的经营行为，而民间高利贷的形态具有多样性，既有以公司形式向社会不特定公众放贷的，也有个人之间的零星借贷。近年的立法实践也表明，立法者对于"其他严重扰乱市场秩序的非法经营行为"的认定也持慎重态度，这突出表现在《刑法修正案（七）》第五条的规定，该条将非法从事自己支付结算业务明确规定为《刑法》第二百二十五条的非法经营行为，而1998年《取缔办法》第四条已将未经批准办理结算、票据贴现列为非法金融业务活动，故可以按其他严重扰乱市场秩序的非法经营行为径行认定为非法经营罪。立法者仍以立法修正的方式明确规定为犯罪，充分说明对"其他严重扰乱市场秩序的非法行为"的认定不应无限扩大。其次，尽管2002年《中国人民银行取缔通知》明确规定对高利贷行为构成犯罪应予追究刑事责任，但该通知并不属于《刑法》第九十六条所定义的"国家规定"。再次，国务院1981年5月8日颁布的《国务院批转中国农业银行关于农村借贷问题的报告的通知》也只笼统地要求，对于严重危害社会的职业高利贷者要按国家法令、规定严肃处理，并未提及具体的刑事责任，当时也无可资援用的具体"法令、规定"，因此，该通知只是一种政策性的要求，亦非可据以追究高利贷刑事责任的国家规定。

2. 高利贷行为不属于《刑法》第二百二十五条规定的"其他严重扰乱市场秩序的非法经营行为"

根据《刑法》第二百二十五条第四项规定，其他严重扰乱市场秩序的非法经营行为亦可构成非法经营罪，这是经济犯罪中典型的兜底条款。所谓"兜底条款"，是指刑法对犯罪的构成要件在列举规定之外，采用"其他……"这样一种概然性方式所做的规定，以避免列举不全，亦称为"堵漏条款"❶。对于此类概括性、开放式的构成要件，最为重要的是采取体系解释的方法❷。即以同类规制比照同一法条中明确列举的行为特征，来理解兜底条款的适用范围。从《刑法》第二百二十五条前三项的规定来看，三类非法经营行为的本质特征均为违反国家专营、限制或禁止经营的制度而从事的经营行为，只有同样具备这一特征的行为才可能纳入"其他非法经营行为"的范围。正如立法机关所指出，第二百二十五条第四项是"针对现实生活中非法经营犯罪活动的复杂性和多样性所做的概括性规定，此处的其他非法经营行为应具备以下条件：（1）这种行为发生在经营活动中，主要是生产、流通领域；（2）这种行为违反法律、法规的规定；（3）具有社会危害性，严重扰乱市场经济秩序。"就高利贷行为本身而言，其本质是民间借贷关系，而非发生在生产、流通领域的经营行为。应当指出的是，实践中有很多放高利贷者是以公司为平台对外发放高利贷，从而具备了违法经营的特征，但这种经营行为的非法性在于其违反了国家对金融机构和金融业务专营的许可制度，而不在放款利率的高低，因为无论利率高低，上述行为均因未经许可而构成非法发放贷款，如果构成犯罪，可按《刑法》第一百七十四条第一款规定的擅自设立金融机构罪处理；尚未达到犯罪程度的，则按《取缔办法》中对非法发放贷款的处置规定予以处理即可。

3. 从罪质来看，高利贷行为不属于非法经营罪规制的对象

罪质是指犯罪行为侵害的法益性质及其程度，对特定犯罪的性质认定应当着力从罪质角度来把握❸。如前文所述，高利贷行为侵害的法益包括金融管理秩序、社会秩序以及公民、法人的合法财产权益；而非法经营罪侵害的法益为市场管理秩序，刑法规定非法经营罪，旨在保护国家通过法律、法规加以规范的稳定、有序的经济状态，以维

❶ 陈兴良：《刑法的明确问题：以刑法第 255 条第 4 款为例的分析》，载《中国法学》2011 年第 4 期。

❷ 肖中华：《经济犯罪的规范解释》，载《法学研究》2006 年第 5 期。

❸ 黄详青：《罪质分析法与转换定罪规制的适用》，载《人民司法》2010 年第 17 期。

护市场经济的健康发展❶。因此，对于高利贷行为以非法经营罪处理并不妥当。

（二）在刑法中增设"高利贷罪"

由上文可见，在现行刑法框架中，对高利贷按犯罪处理并无依据。在此情形下，要依法追究高利贷行为的刑事责任，除了通过刑事立法将高利贷明确规定为犯罪外别无他途，这也是目前多数国家和地区的选择。关于具体的入罪模式，涉及三个问题：一是刑法条文的规定模式，即对高利贷是设定独立的条件予以规制，还是附属在现有其他刑法条文之下，或者与其他同类危害行为共同规定一个新的罪名；二是如何确定罪名；三是罪质的划分上，应归入哪类犯罪。

1. 关于刑法条文的规定模式

从外国相关立法例看，有的是在刑法典或非刑事法律中单独规定高利贷犯罪的条文，如我国香港；有的则是将高利贷作为暴利行为的一种而将其纳入暴利罪中，如德国刑法将高利贷与租赁房屋收取过高租金等暴利行为一并归入暴利罪中。笔者认为，在对某一不法经济行为犯罪化时，是否要规定单独的条文应看行为是否具有普遍性和独立的罪质，如果该行为在现实生活中普遍存在，且在侵害的法益和程度上具有其独特性，则以单独的条文予以规制为宜，这不仅有利于对此类犯罪的打击，也有利于社会公众对新罪名的理解。在我国，相对于其他暴利活动而言，高利贷是当前民间融资领域内的普遍现象，对社会造成的危害也有异于其他大多数犯罪，符合上述增设新罪名的条件，故应设置专门的条文规制高利贷犯罪。

2. 关于罪名的确定

从国外立法例看，对高利贷犯罪有"高利贷罪""重利罪"等几种罪名。笔者认为，罪名的确定应简洁明了、通俗易懂，且能准确反映行为的特征。由此原则出发，对高利贷犯罪的罪名可参照意大利刑法第六百四十四条的规定，确定为"高利贷罪"，该罪名简明、准确，

---

❶ 周道鸾，张军：《刑法罪名精释》，人民法院出版社 2007 年版，第 395 页。

而且由于高利贷一词长期为社会公众耳熟能详，新罪名也易为社会公众所接受。"暴利罪"或"重利罪"则过于笼统，不易于理解；而且由于各行各业都可能存在暴利，容易沦为新的"口袋罪"。

3. 关于罪质的划分

在刑事立法学中，罪质的划分对于新定罪名的构成要件设置具有十分重要的意义。正如有论者指出：决定犯罪化之后，构成要件如何安排（实害的或危害的构成要件），关键在于法益❶。因此，有必要对高利贷行为的罪质做进一步的探究。目前理论界对高利贷的罪质问题存在分歧，如在台湾刑法学界存在两种观点，一种观点是重利罪侵害的是经济秩序，这种观点认为：因为重利行为出现太多，经济活动会相当沉重，所以重利罪的规范，是在保护合乎秩序的经济功能的依赖。另一种观点认为，重利罪直接侵犯的是个人财产，间接侵犯了经济秩序，这种观点认为：重利罪之设——直接保护个人在发生急迫情况时，不必再面对不平等的契约，招致财产损害（包括实害与具体危险）。间接保护经济秩序，保护资金市场的秩序。外国立法例则大都将高利贷犯罪规定在侵犯财产罪中。相较而言，第一种观点较为妥当。在一个行为侵犯多重法益的情况下，应以其主要、直接侵犯的法益来决定罪质的归属。尽管高利贷侵犯了资金融通秩序、债务人的合法财产利益和社会秩序等多重法益，但就行为人本身而言，高利贷系因违反有关利率上限的规定而入罪，而国家规定利率上限的出发点在于维护正常的资金融通秩序，间接实现对债务人合法利益的保护，故高利贷主要、直接侵犯的是国家的金融管理秩序，此为高利贷最本质的特征。至于对社会秩序造成破坏，主要是因高利贷引发的其他犯罪行为所致，属间接侵害的法益，亦不宜作为其罪质的归属。因此，对高利贷罪以纳入《刑法》第三章破坏社会主义市场经济秩序罪的破坏金融管理秩序罪一节为宜。

---

❶ 林东茂：《刑法综览》，中国人民大学出版社 2009 年版，第 216 页。

四、高利贷罪若干要件设定

（一）犯罪客观要件设定

1. 利率上限标准的设定

高利贷罪的核心问题是如何界定"高利"，即收取的利息高到何种程度可构成高利贷。这关系到利率上限标准的设定这一技术性极强的复杂问题，因为利率受到社会平均利润率、社会整体资金供求状况、物价的变动、放贷者本身承担的风险和成本、借款的期限和担保方式、借款发生的时间和地域等多重因素的影响，具体体现在：社会平均利润率高，则利率相应提高；如资金供求紧张，利率也会提高，反之则会降低；短期民间借贷的利率通常低于长期借贷；在年末等关口利率高于平时；信用借款的利息高于抵押借款；在民间融资发达的经济发达地区，利率反而要低于经济落后地区等。确定合理的利率上限标准对社会经济活动具有重要影响，如果规定得过高，则不利于保护借款人的利益和维护公平的经济秩序，而且有可能诱发道德风险，有的借款人为偿还贷款可能不惜铤而走险，实施违法暴利行为❶；如果规定得过低，则会迫使大量资金退出民间借贷领域，造成信贷供给短缺；或者使部分放贷者采取各种手段规避法律，进而产生未能降低法律风险成本反而抬高利率的后果。因此，制定利率上限的标准应以兼顾公平与效率为原则，既要注重对债务人合法利益和资金融通公平秩序的保护，又要注意避免妨碍民间借贷市场的资金正常融通。

从民间借贷市场的实际情况来看，根据最高院颁布的《2015年规定》内容，有两条利率红线：24%和36%，因此事实上等于划分了两线三区，24%以下为一区，24%～36%为二区，36%以上为三区。一区属于司法保护区，二区属于自然之债区，三区属于司法禁止区。鉴于高利贷的严重社会危害性，本着严厉打击该行为的司法精神，只要是司法保护区的对立面都应该属于刑法规制的范围，因此高于24%

---

❶ 岳彩申：《民间借贷规制的重点及立法建议》，载《中国法学》2011年第5期。

年利息标准是放贷行为入罪的标准，并且24%的利息计算方法是实际计算所得利息。24%的年利率标准基本能够满足放贷人的正当利益。对于民间放贷人而言，其收取的利息至少应达到适当高于社会平均利润率的利润、放贷成本和放贷风险等费用的总和。有关数据显示，除了房地产行业、银行业、资本运作等极少数行业的利润率高于两位数外，大多数实体经济如工业部门的利润率仅7%左右，由此可以推算出，24%的年利率可以满足放贷人的正当经济利益诉求，故该标准并不会造成妨碍资金正常融通、降低社会资金利用率等负面效应。

2. 利率上限标准规定模式的设定

利率上限标准规定模式所要解决的是对利率上限的具体标准采用何种方式规定的问题。从境外立法例来看，对于高利贷标准的借贷主要有三种方式：一是采用刑法典与其他法律相结合的方式，即在刑法典中并不规定法定利率上限，而是规定参照其他规定利息限度的法律，如根据意大利刑法第六百四十四条的规定，对高利贷的主要判断标准是看有关法律对利息限度的规定；二是明确规定超出一定的利率即构成犯罪，美国很多州的高利贷刑事立法也采用了这一做法；三是自由裁量模式，即在法条中原则性地规定以收取的财产性利益是否显失公平为标准，而对于何谓显失公平则无明确的标准，如德国、瑞士刑法；意大利刑法也规定，收取的利息虽未超出法定利率，但结合借贷发生当时情状可认定为明显有失公平的，也可认定为高利贷。

第一种模式较为合理，即以刑法典与其他附属刑法相结合的方式来规定高利贷的借贷标准。因为利率的确受到社会平均利润率、资金供求状况、物价水平、放贷者本身承担的风险和成本等多重因素的影响，上述前三个因素会随着社会经济状况的变化而变化，最后一个因素也因不同的借款担保方式、借期等有所区别，这就决定了利率上限标准并非是固定的，而是变动不居的。刑法典作为国家基本法，其修改要经过复杂的立法程序，故不宜对容易发生变化的利率问题直接做出规定。具体而言，可在刑法典中仅规定"违反国家规定"，以此作为高利贷构成的基本前提；同时，制定规范民间融资行为的民间借贷法，在其中规定利息超出年利率24%的放贷即构成高利贷，并明确对构成犯罪的应依法追究刑事责任。由于银行会随着社会经济的发展对贷款利率进行调整，故这种模式既能为司法实践提供高利贷的统一认定规制，又能适应社会经济变化对利率带来的影响，具有兼顾原则性和灵活性的优势。第二种模式尽管便于操作，但无法适应社会经济发展的变化，有可能使利率上限标准因诸种利率制约因素的变化而过高或过低，以至于无法有效规制高利贷犯罪或者妨碍资金的政策融通。第三种规定模式则存在不便操作即可能引起执法不统一之弊。由于涉及利率这一经济问题，对绝大多数法官来说，由于不具备金融学、经济学专业等方面的知识背景，要求其对此做出妥当的判断实为强人所难；而且，听任执法者对此等复杂又重要的问题自由裁量，往往会由于各自的理解差异而造成司法机关之间的执法不统一。

3. 利息组成的设定

在高利贷活动中，采用各种手法规避利率上限规定的情况十分常见，比较典型的如放款人在借据上将利率写低，另以手续费、调查费、佣金等名义要求借方在利息之外再支付费用。因此，高利贷能否成立，不能仅看借贷双方约定的利率，而应看实际可取得的利息金额。境外立法例大都对此做了规定，最典型的如意大利刑法第六百四十四条第四款明确规定，为确定具有高利贷性质的利率，需计算佣金、任何名义的报酬和费用，但与提供信贷有关的纳税数额不予计算。此类规定能够对高利贷活动中的各种规避手段形成有效制约，值得借鉴。因此，在认定高利贷的利息时，应将双方明示的利息及以其他名义的借款回报如佣金、手续费等都计算在内。

4. 情节严重程度的设定

对于不法经济行为，应视其对社会的危害程度做区别对待，只有情节严重的才能以刑法手段干预，情节一般的则以民事、行政手段来处理，此为我国经济犯罪立法的基本原则。从《刑法》第三章规定的破坏社会主义市场经济秩序各种罪名来看，一般均以情节严重作为客观方面的构成要件，对情节严重的判断标准则主要有以下几种：犯罪行为直接涉及的数额、经济损失数额、违法所得数额、非物质性的犯罪后果等。因此，对于高利贷行为的入罪同样应坚持上述原则。民间借贷利率超过法定利率上限的，属于高利贷性质，但只能对其中情节严重的按犯罪处理。对于情节严重的判断，参照现有的立法例，可从发放高利贷的金额、规模、次数、获利额、催债手段、造成的后果等方面来把握。具体而言，可以通过司法解释的方式将以下情形规定为情节严重：以放高利贷为常业的；发放高利贷数额巨大的；违法所得数额巨大的；多次放贷的；造成债务人破产或自杀的；采用暴力手段催收债务的；造成恶劣社会影响的。对于个人偶尔以超出法定标准发放高利贷，且数额不大的，则不宜以犯罪处理。

（二）犯罪主观要件设定

本罪的行为人在主观方面以牟取暴利为目的，只能由直接故意构成，过失和间接故意不构成本罪。从国内外的立法例和学界研究情况来看，在高利贷罪的主观方面还值得探讨的一个问题是：本罪在主观方面是否要求行为人明知借款人处于急需钱款的急迫状态或无经验状态。笔者认为在高利贷的主观认识因素方面不需要行为人具有上述明知内容，因为，与以往高利贷大都发生在熟人社会不同，当前的高利贷有很多是面向不特定社会公众，放款人难以了解借款人的具体情况；而且，放款人主要考虑的是利息回报的高低和资金安全性，至于借款人的借款原因、实际状况等并非决定其是否放款的因素。此外，对"主观明知"的证明一直是司法实践中的一个难题，如果放款人明知对方处于急迫等状态而拒不交代，又无旁证，就难以追究其刑事责任，以至于轻纵犯罪。因此，本罪在主观方面无需要求行为人对借款人处于急迫或无经验、轻率具有明知。

（三）犯罪主体要件设定

本罪的主体为一般主体，任何个人和单位均可构成。从实践情况来看，发放高利贷的多数是以公司名义进行，如一些典当行、寄售行、小额贷款公司、投资咨询公司等在经营范围之外，向社会公众发放高息借贷。有单位实施的高利贷行为在放贷数额、范围上一般比个人之间的高利贷更大，且有一定的隐蔽性，应以刑法手段予以制约。

（四）高利贷罪的刑罚设置

对新增罪名刑罚的设置应考虑以下原则：一是罪刑相适应原则，即对法定刑的配置应与犯罪的危害程度相适应；二是刑法的谦抑原则，该原则要求，如果规定较轻刑罚足以抑制犯罪和保护社会的，就不应规定更重的刑罚；三是刑罚体系的协调原则，即应注意维持新设罪名与同类犯罪之间刑罚配置的协调性。具体而言，应以犯罪行为的社会危害程度为基础，参考现行刑法同类罪名的规定并借鉴境外立法例，来决定新罪名的刑罚配置。从境外立法例来看，对高利贷犯罪的刑罚配置具有较大差距。多数是对高利贷罪配置了两个以上的法定刑幅度，对于具有以高利贷为职业的、造成他人陷入贫困等严重后果情节的，最高刑可判处有期徒刑十年，如德国、瑞士、意大利和我国的香港地区。仅有少数配置的刑罚较低，如我国台湾地区2006年7月起生效的新"刑法"规定对重利罪最高仅处有期徒刑一年。

从我国现行刑法关于破坏金融管理秩序罪的规定来看，除了对伪造货币罪和出售、购买、运输假币罪等几个罪名最高处无期徒刑以外，绝大多数罪名规定的刑种为拘役、有期徒刑和罚金。就高利贷行为的社会危害性来看，在我国，高利贷犯罪侵犯了金融管理秩序、债务人的合法财产权益及社会秩序，但由于在实际生活中发放高利贷存在多种情形，故具体危害程度因放贷金额、获利金额、造成的后果、是否属于常业等因素而存在较大差异。

基于上述分析，根据我国目前高利贷活动的实际情况，参考境外立法例及与我国现行刑法对同类罪名的刑法规定相比较，对高利贷罪的刑罚可做如下配置：将以下情形规定为情节严重，作为本罪基本的犯罪构成条件：一是放贷金额巨大的，二是违法所得数额巨大的，三是多次发放高利贷的。对于高利贷罪的基本犯，处三年以下有期徒刑、拘役，并处或单处罚金。将以下情节认定为情节特别严重，作为本罪加重的犯罪构成条件：一是以高利贷为常业的；二是造成社会恶劣影响的；三是造成债务人自杀或其他严重后果的；四是采用暴力手段催收债务的；五是与黑社会性质的组织勾结，发放高利贷的。对于情节特别严重的，处三年以上十年以下有期徒刑，并处罚金。

综上，对高利贷罪的条文可设计为："违反国家规定，发放高利贷，情节严重的，处三年以下有期徒刑或者拘役，并处或单处违法所得一倍以上五倍以下罚金；情节特别严重的，处三年以上十年以下有期徒刑，并处违法所得一倍以上五倍以下罚金。单位犯前款罪的，对单位判处罚金，并对其直接负责的主管人员和其他直接责任人员，依照前款的规定处罚。"

参考文献

著作类

[1] 博登海默. 法理学——法律哲学与法律方法 [M]. 邓正来, 译. 北京: 中国政法大学出版社, 2004: 486.

[2] 甘培忠, 吴韬. 民间融资法律规制问题研究 [M]. 北京: 北京大学出版社, 2016: 10.

[3] 陈蓉. "三农"可持续发展的融资拓展: 民间金融的法制化与监管框架的构建 [M]. 北京: 法律出版社, 2010: 55.

[4] 高晋康, 康清利, 等. 我国民间金融规范化的法律规制 [M]. 北京: 法律出版社, 2012: 31.

[5] 甘培忠, 吴韬. 民间融资法律规制问题研究 [M]. 北京: 北京大学出版社, 2016: 73.

[6] 王曙光. 金融发展理论 [M]. 北京: 中国发展出版社, 2010: 63.

[7] 胡必亮, 刘强, 李晖. 农村金融与村庄发展——基本理论、国际经验与实证分析 [M]. 北京: 商务印书馆, 2006: 189.

[8] 中央财经大学金融学院课题组. 中国地下金融调查 [M]. 上海: 上海人民出版社, 2006: 56.

[9] 柯葛壮. 中国经济刑法发展史 [M]. 哈尔滨: 黑龙江人民出版社, 2009: 32.

[10] 卢汉川. 中国农村金融历史资料 (1949—1985) [M]. 长沙: 湖南出版社, 1986: 56.

[11] 郎胜. 关于惩治破坏金融秩序犯罪的决定释义 [M]. 北京: 中国计划出版社, 1995: 62.

[12] 高铭暄, 马克昌. 刑法学 [M]. 北京: 北京大学出版社、高等教育出版

社，2011：405.

[13] 利子平，胡祥福. 金融犯罪新论 ［M］. 北京：群众出版社，2005：140.

[14] 周道鸾，张军. 刑法罪名精释 ［M］. 北京：人民法院出版社，2003：226 –
395.

[15] 王作富. 刑法 ［M］. 4 版. 北京：中国人民大学出版社，2009：344.

[16] 赵秉志，等. 刑法学 ［M］. 北京：北京师范大学出版社，2010：503.

[17] 胡学相，薛云华. 经济犯罪的定罪与量刑 ［M］. 广州：广东人民出版社，
2001：206.

[18] 王凤垒. 金融犯罪研究 ［M］. 北京：中国检察出版社，2008：203.

[19] 陈兴良. 罪名指南（上）［M］. 北京：中国人民大学出版社，2008：410.

[20] 屈学武. 金融刑法学研究 ［M］. 北京：中国检察出版社，2004：263.

[21] 李永升. 金融犯罪研究 ［M］. 北京：中国检察出版社，2010：166.

[22] 张军. 破坏金融管理秩序罪 ［M］. 北京：中国人民公安大学出版社，
1999：199.

[23] 张明楷. 刑法学 ［M］. 北京：法律出版社，2011：687.

[24] 屈学武. 金融刑法学研究 ［M］. 北京：中国检察出版社，2004：267.

[25] 张明楷. 刑法学 ［M］. 北京：法律出版社，2007：585.

[26] 张明楷. 刑法学（下）［M］. 北京：法律出版社，1997：634.

[27] 丁天球，陈吉双，孙景仙. 经济犯罪情节法律规定理解与适用（下）
［M］. 北京：人民法院出版社，2006：905.

[28] 郑健才. 刑法总论 ［M］. 台北：三民书局，1982：93.

[29] 张明楷. 刑法学 ［M］. 北京：法律出版社，2011：682.

[30] 孙国祥，魏昌东. 经济刑法研究 ［M］. 北京：法律出版社，2005：327.

[31] 马克昌. 经济犯罪新论 ［M］. 武汉：武汉大学出版社，1998：321.

[32] 郎胜. 《〈关于惩治破坏金融秩序犯罪的决定〉的讲话》［M］. 北京：法律
出版社，1995：35.

[33] 林山田. 刑罚学 ［M］. 台北：台湾商务印书馆，1985：127.

[34] 全国人大常委会法制工作委员会刑法室. 中华人民共和国刑法条文说明、
立法理由及相关规定 ［M］. 北京：北京大学出版社，2009：38.

[35] 张天虹. 经济犯罪新论 ［M］. 北京：法律出版社，2004：131.

[36] 刘远. 金融诈骗罪研究 ［M］. 北京：中国检察出版社，2002：279 – 280.

[37] 张明楷. 诈骗罪与金融诈骗罪研究 ［M］. 北京：清华大学出版社，

2006：411.

[38] 赵秉志，鲍遂献，等. 刑法学 [M]. 北京：北京师范大学出版社，2010：69.

[39] 强力. 金融法通论 [M]. 北京：高等教育出版社，2010：1.

[40] 高铭暄，马克昌，赵秉志. 刑法学 [M]. 北京：北京大学出版社、高等教育出版社，2016：414.

[41] 刘宪权. 金融犯罪案例研习 [M]. 上海：上海人民出版社，2011：91.

[42] 李永升. 金融犯罪研究 [M]. 北京：中国检察出版社，2010：445 – 450.

[43] 庄建南. 刑事案例诉辩评审 [M]. 北京：中国检察出版社，2014：7.

[44] 刘宪权. 金融犯罪刑法学专论 [M]. 北京：北京大学出版社，2010：25.

[45] 赵秉志. 金融诈骗罪新论 [M]. 北京：人民法院出版社，2001：61.

[46] 魏东，白钟钊. 非法集资犯罪司法审判与刑法解释 [M]. 北京：法律出版社，2013：214.

[47] 陈正云. 经济犯罪的刑法理论与司法适用 [M]. 北京：中国方正出版社，1998：323.

[48] 孙国祥，魏昌东. 经济刑法研究 [M]. 北京：法律出版社，2005：386.

[49] 卢松. 金融领域犯罪问题研究 [M]. 北京：经济管理出版社，2000：276.

[50] 赵秉志. 金融诈骗罪 [M]. 北京：中国人民公安大学出版社，2003：18 – 19.

[51] 林山田. 刑法特论（上）[M]. 台北：三民书局，1978：333.

[52] 田宏杰. 单位犯罪适用中疑难问题研究 [M]. 长春：吉林人民出版社，2001：20 – 21.

[53] 全国人大常委会法制工作委员会刑法室. 中华人民共和国刑法条文说明、立法理由及相关规定 [M]. 北京：北京大学出版社，2009：38.

[54] 张天虹. 经济犯罪新论 [M]. 北京：法律出版社，2004：131.

[55] 马克昌. 犯罪通论 [M]. 武汉：武汉大学出版社，1999：639 – 646.

[56] 李文燕. 金融诈骗犯罪研究 [M]. 北京：中国人民公安大学出版社，2002：80.

[57] 赵秉志. 金融诈骗罪新论 [M]：北京：人民法院出版社，2001：106.

[58] 李文燕. 金融诈骗犯罪研究 [M]. 北京：中国人民公安大学出版社，2002：83 – 84.

[59] 曲新久. 金融与金融犯罪 [M]. 北京：中信出版社，2003：281 – 282.

[60] 刘建. 资本市场安全与刑法规制 [M]. 北京：中国人民公安大学出版社，

2009：262.

[61] 薛瑞麟. 金融犯罪再研究 [M]. 北京：中国政法大学出版社，2007：361.

[62] 刘宪权，卢勤忠. 金融犯罪理论专题研究 [M]. 上海：复旦大学出版社，
2002：340.

[63] 全国人大常委会法制工作委员会刑法室. 中华人民共和国刑法条文说、立
法理由及相关规定 [M]. 北京：北京大学出版社，2009：379.

[64] 宫厚军. 经济犯罪与经济刑法研究 [M]. 北京：中国方正出版社，
2003：249.

[65] 高铭暄. 新型经济犯罪研究 [M]. 北京：中国方正出版社，2000：656.

[66] 刘建. 资本市场安全与刑法规制 [M]. 北京：中国人民公安大学出版社，
2009：249.

[67] 刘军. 刑法学中的被害人研究 [M]. 济南：山东人民出版社，2010：13.

[68] 许章润. 犯罪学 [M]. 北京：法律出版社，2004：123.

[69] 韩忠谟. 刑法原理 [M]. 北京：中国政法大学出版社，2002：66.

[70] 马克昌. 刑罚通论 [M]. 武汉：武汉大学出版社，1995：273.

[71] 周德文. 跑路——疯狂的高利贷 [M]. 厦门：厦门大学出版社，2012：3.

[72] 黎宏. 刑法学 [M]. 北京：法律出版社，2013：623.

[73] 芝原邦尔. 经济刑法 [M]. 金光旭，译. 北京：法律出版社，2002：32－38.

[74] 王新. 金融刑法导论 [M]. 北京：北京大学出版社，1998：59.

[75] 何炼成，邹东涛. 中国市场经济发展的无序与有序 [M]. 西安：西北大学
出版社，1993：39.

[76] 陈子平. 刑法总论 [M]. 北京：中国人民大学出版社，2009：10.

[77] 袁林. 民间融资刑法规制完善研究 [M]. 北京：法律出版社，2016：
94－96.

[78] 诺内特，塞尔兹尼克. 转变中的法律与社会 [M]. 张志铭，译. 北京：中
国政法大学出版社，1994：58.

[79] 阙方平，曾繁华. 中小企业金融边缘化与融资制度创新研究 [M]. 北京：
中国金融出版社，2012：2－3.

[80] 毛玲玲. 证券市场刑事责任研究 [M]. 北京：法律出版社，2009：66－67.

[81] 梁根林. 刑事法网：扩张与限缩 [M]. 北京：法律出版社，2005：217.

[82] 林钰雄. 刑事法理论与实践 [M]. 北京：中国人民大学出版社，
2008：120.

[83] 神山敏雄. 经济刑法的理论框架 [M]. 尹琳, 译. 上海: 上海人民出版社, 2003: 21.

[84] 王新. 金融刑法导论 [M]. 北京: 北京大学出版社, 1998: 59.

[85] 何炼成, 邹东涛. 中国市场经济发展的无序与有序 [M]. 西安: 西北大学出版社, 1993: 39.

[86] 刘隆亨. 银行金融法学 [M]. 5 版. 北京: 北京大学出版社, 2005: 212.

[87] 林东茂. 刑法综览 [M]. 北京: 中国人民大学出版社, 2009: 216.

[88] 刘宪权. 金融犯罪刑法学专论 [M]. 北京: 北京大学出版社, 2010: 68 – 70.

[89] 郎胜. 关于惩治破坏金融秩序犯罪的决定释义 [M]. 北京: 中国计划出版社, 1995: 48 – 49.

期刊类

[1] 李有星, 张传业. 民间融资的类型及其法律特征 [J]. 法制与经济, 2011 (8): 139.

[2] 李有星, 张传业. 民间融资的含义、类型及其法律特征 [J]. 山西青年管理干部学院学报, 2011 (3): 68.

[3] 黄茂钦, 李晓红. 民间借贷的软法治理模式探析 [J]. 西南政法大学学报, 2013, 15 (5): 52 – 59.

[4] 岳彩申. 互联网时代民间融资法律规制的新问题 [J]. 政法论坛, 2014, 10 (3): 3 – 10.

[5] 胡睿喆. 中国互联网金融的现状与发展 [J]. 上海经济, 2014 (7): 18.

[6] 彭冰. 非法集资活动规制研究 [J]. 中国法学, 2008 (4): 50.

[7] 李晶. 非法集资的界定与集资犯罪的认定——兼评非法集资的司法解释 (法释 [2010] 18 号) [J]. 东方法学, 2015 (3): 146.

[8] 蔡清新. 中国中小企业融资方式的选择研究 [J]. 时代金融, 2008 (1): 49.

[9] 任森春. 非正规金融的研究与思考 [J]. 金融理论与实践, 2004 (9): 10.

[10] 桑海燕. 民间金融谈 [J]. 上海投资, 2004 (3): 21.

[11] 张承惠. 非公有资本应当成为推动中国金融业发展的生力军 [J]. 中国金融, 2005 (15): 15.

[12] 李富有. 民间金融的比较优势、发展动因与前景探析 [J]. 经济体制改

革，2008（4）：112.

[13] 钱一一，谢军. 非法吸收公众存款罪适用扩大化及回归 [J]. 长白学刊，2017（3）：86 - 88.

[14] 刘道云. 民间借贷的法律类别及其区分意义 [J]. 新金融，2013（1）：32.

[15] 周韶龙. 对高利贷的法律规制 [J]. 西南政法大学学报，2013（2）：112.

[16] 何璐伶. 我国民间金融的发展历程及社会背景分析 [J]. 广西青年干部学院学报，2008（5）：68.

[17] 淳安，郑侠. 民间融资的法律分析 [J]. 特区经济，2008（6）：242.

[18] 赵秉志，万云峰. 非法吸收公众存款罪探讨 [J]. 人民司法，2004（2）：59 - 60.

[19] 冯亚东，刘凤科. 非法吸收公众存款罪的本质及立法失误 [J]. 人民检察，2001（7）：19.

[20] 刘远. 金融欺诈犯罪的概念及其功用 [J]. 刑法论丛（第13卷），法律出版社，2008：390.

[21] 王强. 非法吸收公众存款罪刍议 [J]. 行政与法，2006：3.

[22] "涉众型经济犯罪问题研究"课题组. 非法吸收公众存款罪构成要件的解释与认定 [J]. 政治与法律，2012（11）：52.

[23] 彭冰. 商业银行的定义 [J]. 北京大学学报（哲学社会科学版），2007（1）：120.

[24] 李希慧. 论非法吸收公众存款罪的几个问题 [J]. 中国刑事法杂志，2001（4）：38.

[25] 刘伟. 非法吸收公众存款罪的扩张与限缩 [J]. 法律与政治，2012（11）：40 - 49.

[26] 刘媛媛. 论非法吸收公众存款罪的认定——以民间融资和非法吸收公众存款的区分为基础 [J]. 浙江金融，2010（11）：23.

[27] 李希慧. 论非法吸收公众存款罪的几个问题 [J]. 中国刑事法杂志，2001（4）：39.

[28] 王韬，李孟娣. 论非法吸收公众存款罪 [J]. 河北法学，2013（31）：6：107.

[29] 李政辉. 论民间借贷的规制模式及改进——以民商分立为线索 [J]. 法治研究，2011（3）：67.

[30] 王强. 非法吸收公众存款罪刍议 [J]. 行政与法, 2006 (3): 128.

[31] 刘为波. 非法集资特征的理解与认定 [J]. 中国审判, 2011 (2): 72 - 75.

[32] 孙炜, 孙立波, 孙慧敏. 非法经营罪的司法认定 [J]. 潍坊学院学报, 2010, 10 (5): 116.

[33] 钱一一, 谢军. 非法吸收公众存款罪适用扩大化及回归 [J]. 长白学刊, 2017 (3): 86.

[34] 李学良. 网络借贷刑法规制——以非法吸收公众存款罪为切入点 [J]. 西部金融, 2016 (1): 26.

[35] 刘宪权. 论互联网金融刑法规制的"两面性" [J]. 法学家, 2014 (5): 85.

[36] 刘燕. 发行金融监管的制度逻辑——对孙大午案件的一个点评 [J]. 法学家, 2004 (3): 131.

[37] 胡榕. 非法集资的由来和监管. 知识经济 [J]. 2011 (2): 58.

[38] 李硕, 李浼. 关于非法集资等涉众型金融犯罪适用法律问题研究 [J]. 河北法学, 2011, (29) 6: 183.

[39] 肖国耀, 陈增宝. 非法集资类犯罪的司法认定 [J]. 人民司法, 2012 (2): 14.

[40] 李娜. 集资诈骗罪构成要件探析 [J]. 广西社会科学, 2005 (10): 88.

[41] 魏昌东, 胥宁. 刑法规范合理性视角中的集资诈骗罪 [J]. 南京政治学院学报, 2005, 21 (2): 86.

[42] 肖业忠. 数额犯中数额认识错误的评判 [J]. 政法论丛, 2014 (4): 8.

[43] 非法集资犯罪问题研究课题组. 涉众型非法集资犯罪的司法认定 [J]. 国家检察官学院学报, 2016, 24 (3): 106.

[44] 李洁. 定罪量刑情节若干问题研究 [J]. 北华大学学报, 2001 (3): 12.

[45] 李冠煌. 试论中国的非刑罚化改革 [J]. 湖北大学学报, 2003 (4): 24.

[46] 张明楷. 论诈骗罪中的欺骗行为 [J]. 甘肃政法学院学报, 2005 (3): 2.

[47] 高艳东. 诈骗罪于集资诈骗罪的规范超越 [J]. 中外法学, 2012 (2): 420 - 423.

[48] 陈兴良. 金融诈骗罪主观目的的认定 [J]. 刑事司法指南, 2000 (1): 62.

[49] 黄玉庭. 主观超过因素新论 [J]. 法学研究, 2005 (3): 73.

[50] 许美. 集资诈骗罪非法占有目的的认定问题研究 [J]. 安徽警察职业学院

学报，2012（4）：31.

[51] 石奎，陈凤玲. 集资诈骗罪"非法占有目的"的司法认定——基于样本的抽样统计分析 [J]. 江西社会科学，2016（4）：172.

[52] 钟合. 集资诈骗还是正当民间融资——湘西曾成杰非法集资案的回顾与思考 [J]. 上海企业，2013（8）：90 – 92.

[53] 何德辉. 集资诈骗罪认定的难点及对策 [J]. 甘肃行政学院学报，2010（5）：121 – 125.

[54] 戴贤义，徐激浪，王晓青. 民间借贷与非法集资类犯罪的实务认定 [J]. 人民检察，2012（6）：41 – 46.

[55] 孙明. 试论集资诈骗罪的认定 [J]：经济师，2005（5）：71 – 72.

[56] 张金丽. 非法吸收公众存款罪法理探讨 [J]. 合作经济与科技，2008（15）：116 – 117.

[57] 刘松. 非法吸收公众存款罪的司法认定 [J]. 法制与社会，2010（24）：109.

[58] 潘庸鲁. 被害人过错认定问题研究 [J]. 法学论坛，2011（5）：159.

[59] 高维俭. 试论刑法中被害者过错制度 [J]. 现代法学，2005，27（3）：127.

[60] 冯军. 刑法中的自我答责 [J]. 中国法学，2006（3）：96.

[61] 刘伟. 论高利贷的司法犯罪化的不合理性 [J]. 法学，2011（9）：132 – 142.

[62] 刘曼. 民间信贷成因及政策研究 [J]. 西南农业大学学报（社会科学版），2005，3（3）：43 – 46.

[63] 翁海华，王小波，熊峰. 揭秘高利贷游宗 [J]. 财经国家周刊，2011（7）：33.

[64] 岳彩申. 民间借贷规制的重点及立法建议 [J]. 中国法学，2011（5）：90 – 94.

[65] 茅于轼. 重新认识高利贷 [J]. 商业文化，2009（7）：18.

[66] 陈兴良. 刑事政策视野中的刑罚结构调整 [J]. 法学研究，1998（6）：50.

[67] 徐志红. 高利贷行为非罪化研究 [M]. 青年科学，2013（8）：79.

[68] 扈晓芹. 高利贷现象及其性质认定 [J]. 山西高等学校社会科学学报，2010（8）：25 – 28.

[69] 李忠强，陈艳. 放高利贷行为的刑法评析 [J]. 人民检察，2013（2）：16 – 19.

[70] 薛进展. 论刑事司法解释对行政违法行为的越位干预 [J]. 东华刑事司法

评论，2006（8）：165.

[71] 林维. 刑法解释中的行政解释因素研究 [J]. 中国法学，2006（5）：137.

[72] 邱兴隆. 高利贷的泛刑法分析 [J]. 现代法学，2012（1）：116.

[73] 赵进一. 法槌重击高利贷 [J]. 检察风云，2011（8）：42.

[74] 郑孟状，薛志才. 论放高利贷行为 [J]. 中外法学，1992：（3）33.

[75] 程金华. 四倍利率规则的司法实践与重构——利用实证研究解决规范问题
    的学术尝试 [J]. 中外法学，2015（3）：685－710.

[76] 张宇润. 金融自由和安全的法律平衡 [J]. 法学家，2005（5）：92.

[77] 陈蓉. 对中国民间融资法律规制理念的思考 [J]. 武汉金融，2011
    （8）：48.

[78] 张洪成. 非法集资行为违法性的本质及其诠释意义的展开 [J]. 法治研
    究，2013（8）：93.

[79] 黄文艺. 谦抑、民主、责任与法制——对中国立法理念的重思 [J]. 政法
    论丛，2012（4）：3.

[80] 陈谦信. 中国刑法：犯罪化与非犯罪化 [J]. 云南财贸学院学报（社会科
    学版），2008，23（1）：136.

[81] 郑丽萍. 犯罪化和非犯罪化并趋——中国刑法现代化的应然趋势 [J]. 中
    国刑事法学，2011（11）：3.

[82] 张洪涛. 西方法律运行动力机制研究——西方走上法治之路的一种社会学
    解释 [J]. 湖北社会科学，2009（3）：162.

[83] 许德风. 论利息的法律管制——兼议私法中的社会化考量 [J]. 北大法律
    评论，2010（1）：183.

[84] 廖天虎. 论我国农村高利贷的法律规制路径——兼及我国农村金融体制的
    完善 [J]. 农村经济，2011（8）：76－79.

[85] 蒋致远. 反思高利贷与金融市场的扭曲 [J]. 人民论坛，2012（6）：52.

[86] 金逍宏. 高利贷的界定应考虑交易成本 [J]. 理论观察，2013（8）：66.

[87] 陆岷峰，栾成凯. 高利贷盛行的机理分析与对策研究 [J]. 南通大学学报
    （社会科学版），2012（3）：110－116.

[88] 王晓波，郝宏波. 我国民间高利贷现象探析 [J]. 征信，2013（7）：
    75－78.

[89] 岳彩申. 民间借贷规制的重点及立法建议 [J]. 中国法学，2011（5）：
    84－96.

[90] 程金华. 四倍利率规则的司法实践与重构——利用实证研究解决规范问题的学术尝试 [J]. 中外法学, 2015 (3): 685 - 710.

[91] 张晓涛. 高利贷引发刑事犯罪的治理 [J]. 人民论坛, 2011 (8): 82.

[92] 肖中华. 经济犯罪的规范解释 [J]. 法学研究, 2006 (5): 58 - 70.

[93] 陈兴良. 刑法的明确问题: 以刑法第 255 条第 4 款为例的分析 [J]. 中国法学, 2011 (4): 116.

[94] 黄详青. 罪质分析法与转换定罪规则的适用 [J]. 人民司法, 2010 (17): 75 - 80.

网络类

[1] 尹志超. 我国民间借贷高 8.6 万亿近 5 成用于购房 [J/OL]. (2013 - 07 - 07) [2017 - 07 - 28]. http: //bj. leju. com/news/2013 - 07 - 07/0822888653. shtml.

[2] 网贷之家. 2015 年中国网络借贷行业年报 [R/OL]. (2016 - 01 - 07) [2017 - 07 - 30]. https: //www. wdzj. com/news/baogao/25661. html.

[3] 网贷之家. 2017 年中国网络借贷行业年报 [R/OL]. (2018 - 01 - 08) [2018 - 03 - 05]. https: //www. wdzj. com/news/yc/1757515. html.

[4] 中国典当联盟. 增速放缓 典当已在逐渐转身 [J/OL]. (2015 - 02 - 15) [2017 - 05 - 05]. http: //www. cnpawn. cn/pawnnews/shou. php? itemid = 53496.

[5] 吴红毓然. 2015 年非法集资案件达历史最高峰值 [J/OL]. (2016 - 04 - 27) [2017 - 08 - 02]. https: //new. qq. com/cmsn/20160427/20160427052894.

[6] 凤凰网财经. 太子奶之父李途纯被批捕 涉非法吸收公众存款罪 [J/OL]. (2010 - 07 - 28) [2017 - 08 - 03]. http: finance. ifeng. com/news/special/zjtzn/20100728/2452203. shtml.

[7] 中研网. P2P 借贷行业在 2014 年继续爆发式增长 [J/OL]. (2015 - 01 - 06) [2017 - 06 - 23]. http: //www. chinairn. com/news/20150106/172214934. shtml.

[8] 茅于轼. 孙大午案揭示企业家命运的政治含义 [J/OL]. (2013 - 12 - 22) [2017 - 08 - 23]. http: //people. chinareform. org. cn/ m/mys/Article/201312/t20031224_22861. htm.

[9] 张曙光. 由孙大午案件看中国民企的生存 [J/OL]. (2003 - 08 - 12) [2017 - 08 - 24]. http: //www. aisixiang. com/data/1784. html.

［10］凤凰网. http：//finance. ifeng. com/news/special/srwuyings/. 2017 年 8 月 26 日访问.

［11］张维迎. 吴英案意味着在中国没有融资自由［J/OL］. （2012 – 10 – 16）［2017 – 08 – 27］. http：//finance. ifeng. com/a/201204/5534586_0. shtml.

［12］袁国芳，刘彦丽. 少年私放高利贷，非法经营获刑罚［J/OL］. （2011 – 03 – 23）［2017 – 09 – 02］. http：//law. eastday. com/dongfangfz/2010dffzftsy/u1a52781. html.

［13］网易新闻. 女子领导黑社会性质组织放高利贷获刑［J/OL］. （2009 – 03 – 29）［2017 – 09 – 03］. http：//news. 163. com/09/0329/05/55I2K8T70001129. html.

［14］曾里. 2015 年小贷发展报告：超五成小贷公司在放高利贷［R/OL］. （2015 – 12 – 10）［2017 – 08 – 26］. http：//hb. ifeng. com/economic/jr/detail_2015_12/10/4642024_0. shtml.

［15］舜网首页. 10G 裸条照片事件揭秘 放贷者如何一步步诱导女性卖淫［J/OL］. （2016 – 12 – 07）［2017 – 08 – 27］. http：nrws. e23. cn/shehui/2016 – 12 – 07/2016c0700073. html.

［16］翁仕友，杨中旭. 温州钱殇［J/OL］. （2011 – 10 – 08）［2017 – 08 – 28］. http：//www. doc88. com/0p – 068817344. html.

［17］中国法院网. 人民法院依法严厉惩处非法集资犯罪［EB/OL］. （2013 – 11 – 25）［2017 – 03 – 22］. https：//www. chinacourt. org/article/detail/2013/11/id/1149998. shtml.

［18］网易新闻. 非法集资案件高发 全国 87% 地市牵涉其中［EB/OL］. （2014 – 04 – 22）［2017 – 03 – 18］. http：//news. 163. com/14/0422/09/9QE52O4E00014JB5 – all. html.

［19］网易财经. 解读吴英案：罪犯还是先烈［J/OL］. （2013 – 03 – 14）［2017 – 05 – 16］. http：//money. 163. com/12/0314/10/7SI4O48Q00253G87_all. html.

［20］郭锋. 现代契约理论与资本市场法制创新［J/OL］. （2015 – 02 – 17）［2017 – 05 – 06］. http：//www. doc88. com/p – 9621838379632. html.

［21］豆丁网. 民间借贷请勿光顾高利贷［J/OL］. （2014 – 08 – 14）［2017 – 06 – 23］. http：//www. doucin. com/p – 905586521. html.

学位论文

［1］滕昭君. 民间金融法律制度研究［D］. 北京；中央民族大学法学院，2011.

［2］郑启福. 中国合会法律问题研究［D］. 福州：福建师范大学马克思主义学院，2010.

［3］刘鑫. 论民间融资的刑法规制［D］. 上海：华东政法大学法律学院，2012.

［4］王奕刚. 金融发展理论视角下的民间金融规制问题研究［D］. 江西财经大学法学院，2016.

［5］汪丽丽. 非正规金融法律规制研究［D］. 上海：华东政法大学法律学院，2013.

［6］叶吉红. 民间融资法律规制研究［D］. 武汉：华中师范大学法学院，2015.

［7］魏倩. 中国金融管制的历史与变革［D］. 上海：复旦大学经济学院，2007.

［8］车丽华. 我国非正规金融规制研究［D］. 长沙：中南大学商学院，2012.

［9］邓永生. 民营中小企业民间融资风险防范研究［D］. 重庆：重庆理工大学MBA教育中心，2015.

［10］肖琼. 我国民间金融法律制度研究［D］. 长沙：中南大学法学院，2012.

［11］任虹铮. 论非法吸收公众存款罪［D］. 上海：华东政法大学刑事司法学院，2014.

［12］李立伟. 被害人信条学与诈欺罪［D］. 台北：台北大学法学系，2006.

［13］于丽红. 中国农村二元金融结构研究［D］. 沈阳；沈阳农业大学经济与管理学院，2008.

报纸类

［1］李玉敏. 假创新之名非法集资案发攀峰值14部委联手"剥羊皮"拟建预警"打早打小"［N］. 21世纪经济报道，2016－04－28（10）.

［2］陈颖婷. 高利贷"黑手"屡屡伸向青少年［N］. 上海法治报，2014－07－07（04）.

［3］王华逸. 男子借钱放高利贷被判3年6个月［N］. 华西都市报，2014－08－21（09）.

［4］罗书臻. 最高人民法院出台司法解释明确非法集资法律界定与适用［N］. 人民法院报，2011－01－05（01）.

［5］张先明. 人民法院依法严厉惩处非法集资犯罪［N］. 人民法院报，2013－01－26（01）.

［6］欧阳洁. 警惕伸向你财富的黑手［N］. 人民日报，2014－04－22（10）.

［7］叶檀. 中国民间金融不需要吴英血祭［N］. 南方都市报，2011－04－09（01）.